DEUXIÈME ÉDITION

LES CACHOTS DU PAPE

PAR

J.-B. CHARLES PAYA

> Pour que tout châtiment ne soit pas un acte de violence exercé par un seul ou par plusieurs contre un citoyen, il doit essentiellement être public, prompt, nécessaire, proportionné au délit, dicté par des lois, et le moins rigoureux possible dans les circonstances données.
>
> BECCARIA.

PARIS
ACHILLE FAURE, LIBRAIRE-ÉDITEUR
23, BOULEVARD SAINT-MARTIN, 23

1865

LES

CACHOTS DU PAPE

Paris. — Imp. Poupart-Davyl et Comp., rue du Bac, 30.

LES

CACHOTS DU PAPE

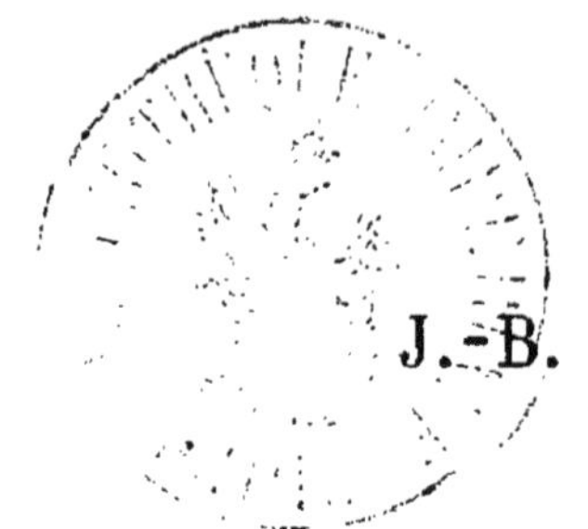

PAR

J.-B. CHARLES PAYA

> Pour que tout châtiment ne soit pas un acte de violence exercé par un seul ou par plusieurs contre un citoyen, il doit essentiellement être public, prompt, nécessaire, proportionné au délit, dicté par des lois, et le moins rigoureux possible dans les circonstances données.
>
> BECCARIA.

DEUXIÈME ÉDITION

PARIS

ACHILLE FAURE, LIBRAIRE-ÉDITEUR

23, BOULEVARD SAINT-MARTIN, 23

1865

LES

CACHOTS DU PAPE

CHAPITRE PREMIER

I. Départ de Naples. Défiance qu'inspire le gouvernement des prêtres. — II. Tribulations à Civita-Vechia. Ennuis communs à tous les étrangers. Comment on évite l'inquisition des *gabelous*. Le passeport et la *carta di sicurézza*. Ce qu'on pense de la poste pontificale. Du Pape-Roi.

I

Dans les premiers jours du mois de mars 1861, comme je causais, à Naples, avec quelques amis, du projet que j'avais de me rendre à Rome, l'un d'eux me dit : « Que voulez-vous aller à Rome? Vous vous ferez arrêter. » — Je répondis qu'avec un ambassadeur pour nous protéger, et une garnison de plus de vingt mille soldats français, sans lesquels il en serait fait du pouvoir du Pape, il n'y avait pas apparence que le gouvernement romain osât mettre la main sur un Français qui n'aurait commis aucun délit. — « Vous savez, répliqua-t-on, que les prêtres osent tout : à votre place, je ne m'y fierais point. » — Pour mon malheur, je repoussai ce sage avis ; et, après avoir fait viser mon passe-port par le consul de France, par la police napolitaine et par le délégué papal lui-même, je m'embarquai plein de confiance, le 10 mars au soir, sur le vapeur *le Blidah*, de la compagnie Frayssinet.

II

Arrivé à Civita-Vecchia, mes tribulations commencèrent, et je m'aperçus déjà que je n'étais plus dans un pays libre. Le bateau avait jeté l'ancre à dix heures du matin : il était plus de midi quand la police du port nous permit de débarquer. Après ces longues formalités de douane, et ces frais de toutes sortes, timbre, bulletin, plombage, droit des *facchini* (portefaix), corde, etc., bien connus des voyageurs que leur mauvaise fortune conduit dans l'État romain, on nous prévint que nos passe-ports étaient à la direction de la police, où nous devions aller les retirer si nous voulions poursuivre notre chemin. J'avais déboursé à Naples 26 *carlins* (environ 10 fr. 60 c.) pour droits ; il me fallut ici payer les frais d'un nouveau visa. Et si encore on m'eût laissé mon passe-port ! mais nullement : quand j'allai prendre ma place au chemin de fer, on le retint ; et l'on me donna en échange un chiffon de papier dans lequel il était dit que mon passe-port serait entre les mains de la police romaine, laquelle me remettrait, pour m'en tenir lieu jusqu'à mon départ de Rome, une carte de sûreté (*di sicurèzza*). C'est ce que nous nommons en France carte de séjour. On verra plus tard pourquoi je n'eus jamais cette carte, et le parti que le gouvernement papal sut tirer de son absence.

Mais auparavant je désire montrer que les ennuis dont j'ai été accablé, tous les étrangers les éprouvent, et que ce ne sont pas seulement les hommes politiques qui ont à les subir. Voici ce que m'écrivait de Rome, après que j'eus quitté cette ville, un Français voyageant pour des affaires de commerce :

« La libération du plus grand nombre des provinces d'Italie fait qu'on voyage aujourd'hui dans presque toute la Péninsule sans passe-port ou à peu près, et le système des douanes, déjà fort adouci, tend tous les jours à s'améliorer. Il en est bien autrement pour Rome et Venise, encore soumises au joug, l'une des prêtres, l'autre des Autrichiens ; et n'y eût-il que les vexations que vous fait éprouver la police dans ces deux provinces, il faudrait désirer de se débarrasser des uns et envoyer promener les autres. Parlons de Rome, puisque j'y suis.

« Lorsque nous sommes arrivés à Civita-Vecchia. croyez-vous que nous ayons pu débarquer au bout de quelques instants, comme on le fait à Gênes ou à Naples? Pas du tout; il s'est passé plus de deux heures avant que le bureau de sûreté nous ait délivré le permis nécessaire. Nos bagages à terre, avons-nous pu les envoyer au chemin de fer et avoir la disposition de nous-mêmes? Nullement : il a fallu nous rendre à la douane afin de payer quelque chose comme 10 *carlini* d'impôt, et laisser procéder à la visite de nos effets. Ici s'est passée une chose vraiment comique. J'avais au fond d'une malle deux ou trois volumes dont l'entrée dans les États du Pape aurait peut-être offert quelque difficulté. Voyant que l'employé commençait à soulever le linge, j'ai eu l'idée de mettre et de tenir d'une manière ostensible une pièce de deux carlins entre mes doigts. Le gabelou n'a pas tardé à détourner la tête. J'ai aussitôt remis la pièce d'argent au faquin chargé de présenter les effets à la vérification, et, au même instant, ma valise a été fermée, mon sac de nuit et mon étui à chapeau, non encore ouverts, emportés, cordés, et plombés par le faquin, sans que personne songeât à opérer le moindre examen.

« Voilà, pour le dire en passant, à quoi servent les ennuis d'un bureau de douane dans les États du Pape !

« Cependant tout n'était pas fini. On m'a prévenu que mon passe-port était à la police de la ville, et que je ne pouvais partir pour Rome avant de l'avoir retiré. Il m'a donc fallu consigner mes bagages à la garde de gens que je ne connaissais point, pour aller en quête du bureau de police. Les employés de police faisaient la sieste. Néanmoins, au bout d'un quart d'heure, l'un d'eux a paru, et, moyennant un *paolo*, il a apposé son visa et m'a remis mon passe-port.

« Je ne l'ai pas gardé longtemps, cet infortuné passe-port ! Quand je suis allé prendre ma place au chemin de fer, on me l'a encore retenu en me disant qu'il me serait rendu à Rome. On m'a donné en échange une espèce de déclaration, imprimée en lettres rouges, dans laquelle j'étais menacé des peines les plus sévères et des mesures les plus rigoureuses, si je ne me présentais dans les vingt-quatre heures pour retirer ledit passe-port ou obtenir une carte de séjour. Mais quand, rendu enfin dans la ville éternelle, j'ai voulu avoir l'un ou l'autre, il m'a été répondu que la carte de séjour n'était pas nécessaire, et que mon passe-port me serait rendu, visé, la veille de mon départ. Je connaissais vos infortunes pour avoir été privé des deux, et comme je n'avais nulle envie de faire connaissance avec les sbires pontificaux, j'insistai pour qu'on me remit ou le passe-port ou la *carta di sicurézza* ; mais toutes mes instances furent inutiles. Heureusement je suis négociant et non journaliste : jusqu'à ce moment il ne m'est rien arrivé de fâcheux.

« Il faut dire aussi que je me défie singulièrement des mouchards, et que je ne dis point ma pensée au premier venu. J'aurais même redouté de vous écrire, si cette lettre avait dû partir par la poste papale, car mes compatriotes m'ont assuré que la police se gêne peu pour arrêter au passage tout ce qu'elle soupçonne contenir un mot de politique. Mais j'ai une occasion sûre pour la France, et alors je me risque.

« Vous saurez donc que rien ne peut donner une idée de la haine que l'on a ici pour le gouvernement des prêtres. Vraiment celui-là serait habile qui réconcilierait le pouvoir temporel avec l'Italie, et particulièrement avec Rome. Une dame dont le métier n'est pas de faire de la politique me disait, il y a deux jours : — « Le « Pape serait un ange, que nous n'en voudrions point « pour roi ! » — Voilà où ont conduit les abus sans nombre dont l'État pontifical est témoin. »

CHAPITRE II

I. Arrivée à Rome. Avertissement sur les voleurs. Un guet-apens. — II. Le *facchino* gardien de la *roba*. — III. Pourquoi tant de voleurs dans les États de l'Église. Mot d'un employé de la police française. — IV. L'*hôtel de la Minerve*. Jésuites et zouaves pontificaux. L'extermination des excommuniés. L'ex-roi et l'ex-reine de Naples. Les anciens serviteurs de François II. Énigme à propos d'argent.

I

Nous voilà à Rome : trois Français, venus ensemble de Naples, un financier parisien, dont je regrette d'avoir oublié le nom ; un jeune homme qui voyageait pour une maison d'horlogerie suisse, et moi. Le financier, qui avait déjà expérimenté le peuple romain, avili, disait-il, par le gouvernement des prêtres, me prévint que, dans la basse classe, les voleurs étaient nombreux, et que j'eusse, en prenant une voiture pour nous conduire nous et nos bagages, à bien poser mes conditions. Je le fis, mais cela ne servit de rien. J'avais parfaitement expliqué que chacun de nous avait une malle, un étui à chapeau, un sac de nuit ; et le prix fut fait en conséquence pour le tout, bagages et voyageurs. Arrivés à l'hôtel, un monsieur se disant propriétaire de la voiture dont l'homme qui avait traité avec moi n'aurait été que le cocher à gages, ce monsieur prétendit que le prix convenu était seulement pour les voyageurs, et que les bagages devaient être payés en sus. Et il demanda pour les bagages plus que pour les voyageurs. Le résultat de ce guet-apens fut qu'une course de voiture, n'ayant pas pris une demi-heure, nous coûta 14 *paoli*, ce qui fait environ 8 fr. 25 c. de France! Ce n'est donc pas seulement du bas peuple qu'il est bon de se défier à Rome.

II

J'oubliais le plus curieux de l'affaire. En partant du débarcadère, nous vîmes se hisser sur la voiture une espèce de *facchino*, qui prit sans façon nos effets pour siége. Le financier parisien, sans cesse obsédé par la crainte qu'on écrasât sa malle, jeta les hauts cris et demanda que cet homme descendît. Un quidam, assis à côté du cocher, dit alors, en vertu de je ne sais quelle autorité : — « Je le ferai descendre si vous voulez ; mais je vous préviens que nous arriverons à l'hôtel sans *roba* (1), parce que d'ici-là les voleurs auront tout pris. » — Et nous n'étions pas à un demi-mille de Rome! L'argument était concluant : le financier lui-même consentit à garder le *facchino*, qui se fit bientôt largement payer son voyage.

(1) Les Italiens appliquent ce mot à une foule de choses : effets, marchandises, habits d'homme, vêtements de femme, valises, malles, caisses, étuis à chapeau, etc.

III

Le nombre des voleurs dans l'État romain et leur hardiesse peu commune tiennent à ce que la police s'inquiète peu de les poursuivre et garde toutes ses sévérités pour les hommes qui s'occupent de politique. A propos de la naïveté que je viens de relater, on nous raconta que des voleurs ayant dérobé à la femme d'un Français pour environ 1,200 fr. de bijoux, le mari, ancien officier de l'Empire, alla pour déposer une plainte à la police française. L'employé auquel il s'adressa lui dit ces propres paroles : — « Prenez un écu de 5 francs, jetez-le dans la mer, il sera plus facile à un plongeur de le retrouver, qu'à vous de découvrir votre voleur. » — « Merci de l'avis, » répondit le volé, « je ne dépenserai pas mon argent à chercher le voleur. » — Vous ferez bien, ce serait autant de perdu. » — « Je me tiens pour averti ; mais à mon tour je vous préviens que désormais je serai toujours armé d'un revolver, et qu'à la moindre tentative de vol je tue mon homme sans miséricorde. » — « Ce sera on ne peut mieux, » répliqua l'employé, « vous n'en tuerez jamais assez ! »

IV

Je reviens à mes aventures. Parmi les hôtels de Rome que nos amis nous avaient recommandés, se trouvait l'*hôtel de la Minerve*. De plus, c'était là que notre financier avait logé dans un premier voyage à Rome. Nous y descendimes tous trois. Mais je ne tardai pas à m'apercevoir que je m'étais fourré dans une jésuitière. Les hommes noirs, les zouaves pontificaux y abondaient, et l'on n'entendait parler à table que de l'extermination des excommuniés.

Il n'était pas moins question de l'ex-roi de Naples que du Pape. Les brigandages dont on le disait l'instigateur faisaient que son nom se trouvait dans toutes les bouches.

Des personnes qui prenaient leurs désirs pour la réalité prêtaient à François II le projet de se rendre en Bavière avec sa jeune femme; mais il n'en était rien. Malgré la vente de sa belle propriété du mont Palatin, connue sous le nom de *Jardin-Farnèse*, le fils de Ferdinand ne songeait nullement à quitter Rome, si favorable à ses intrigues. Il semblait, au contraire, persuadé, à moins que ce ne fût de sa part un jeu de comédie pour encourager ses partisans, qu'il ne tarderait point à remonter sur le trône de ses ancêtres. En attendant, on le voyait se rendre presque tous les jours sur la magnifique promenade du Pincio, où, donnant le bras à l'ex-reine, il parcourait solitairement des heures entières une allée de prédilection. Le peu de personnes qui se hasardaien de temps à autre sur les pas du jeune couple remarquèrent que, dans leurs conversations, le prince et la princesse parlaient constamment français. François II, cependant, n'a jamais passé pour plus habile dans notre langue que son père; et l'on sait si celui-ci l'écorchait!

Quant aux anciens serviteurs de François II, de tous les militaires qui s'étaient échappés de Capoue et de Gaëte, par besoin ou calcul, pour entrer dans les États de l'Église, il ne s'en trouvait, lors de mon séjour, presque plus un à Rome. Après la capitulation de Messine, il y avait dix-huit cents soldats ou officiers bourboniens, dont six cents à peu près casernés en ville et le reste en dépôt à une lieue des murs. Le nombre des officiers était de trois cent quatre-vingts, et celui des aumôniers de régiment de onze. Supérieurs et inférieurs étaient dans un état pitoyable, et l'on voyait que les uns et les autres avaient considérablement souffert pendant les siéges endurés. Leur misère à tous était extrême, et l'on citait des officiers demandant l'aumône d'une baïoque pour acheter un cigare. Mais cette triste condition vint bientôt s'améliorer. Voici à quelle occasion :

Autant officiers que soldats, tous montraient une très-vive irritation contre Victor-Emmanuel. Ils disaient qu'ils ne lui pardonneraient jamais de les avoir chassés de leur patrie, et qu'ils aimeraient mieux servir un souverain étranger que lui.

Un seul d'entre eux, m'assura-t-on, consentit à prendre volontairement du service dans l'armée d'Italie. C'était un colonel, à qui il manquait seulement quelques mois pour avoir droit à la pension de retraite, laquelle eût été perdue s'il avait refusé de prêter serment au nouveau roi. Mais il disait bien haut que, sa position liquidée, il ne resterait pas un seul jour de plus sous les armes.

Qu'est devenu cet officier supérieur? Je l'ignore. Pour les autres, chefs et simples soldats, leur aversion pour Victor-Emmanuel ne tarda pas à trouver sa récompense. D'un paolo (environ 55 centimes) que recevaient par jour les soldats, leur solde fut portée à 4 paoli; le sous-lieutenant reçut 6 paoli et 3 baiocchi ; le lieutenant un ducat (environ 4 fr. 15 c.); le capitaine 40 ducats par mois (5 fr. 65 c. par jour); le major 60 ducats (8 fr. 50 c. par jour); le colonel 80 ducats (10 fr. 65 c. par jour).

Cette rétribution magnifique a jeté dans les rangs de Chiavone et autres bandits tous les soldats bourboniens disponibles.

Mais d'où François II tire-t-il tout l'argent nécessaire pour alimenter ces hordes? Les uns disent qu'il l'a rapporté de Naples; d'autres, qu'il lui est fourni par la vente de ses meubles et immeubles; d'autres, qu'il le doit à la munificence des cardinaux, qui eux-mêmes le devraient au denier de Saint-Pierre et à l'aliénation de chefs-d'œuvre qui sont, non la propriété du Pape, mais celle de l'État; d'autres, enfin, croient que d'abondants subsides sont envoyés par des puissances étrangères au souverain détrôné.

Pour moi, je suis resté libre trop peu de temps à Rome pour avoir la clef de ces mystères, et je me borne à transmettre les bruits recueillis en passant.

CHAPITRE III

Catechismo sulle rivoluzioni. Que ce livre a été entre mes mains à Naples et à Rome. Audace de l'éditeur. — II. Un *glorieux et bien-aimé souverain*... des jésuites. La *brutale ingratitude* des révolutionnaires. Pourquoi il ne faut pas laisser seuls parler les impies. — III. La révolte *un péché plus grave que l'assassinat et l'homicide.* Excommunications fulminées contre les sociétés secrètes. La voie *de fait* et la *voie d'argument.* — IV. Les biens ecclésiastiques et le Concile de Trente. Le domaine temporel du Saint-Siége. En quoi, pour les jésuites, consiste la vraie clémence. — V. Les monstres *tartaréens.* L'espionnage érigé en dogme. Une découverte de M. Liborio Romano.

I

Je puis être plus affirmatif pour un petit livre que les jésuites s'appliquaient à faire courir, car je l'avais déjà vu à Naples et je l'ai eu entre mes mains à Rome. Cet opuscule, écrit en haine de quiconque aime la liberté, a pour titre :

« *Catechismo sulle rivoluzioni*. 1832. *Quinta edizione, accresciuto*. Epig. : « *Time Dominum, fili mi, et Regem* (Prov. c. XXIV, v. 21). *Deum timete ; Reges honorificate* (S. Petri ep. 1. 2, 17). » *Napoli, stabilmento tipografico del Tramater, strada S. Sebastiano* N. 30 p. p. 1850. »

Il se compose de 56 pages in-12, dont 10 consacrées à

une préface de l'éditeur, et 4 à une préface de l'auteur, qui n'est pas nommé.

« Ce petit, mais très-utile CATÉCHISME sur les révolutions, » dit l'éditeur, « a un but tout religieux. Il mérite partant de rencontrer un accueil favorable (*grata*) près de tout bon chrétien ayant à cœur son propre salut temporel et éternel, comme celui de son prochain. »

La 15e édition voyait le jour après les monstrueux abus de 1848-1850, si justement condamnés par les publicistes et les historiens. L'éditeur, bravant la conscience publique, ne craint pas de dire . « Nous sommes certains qu'applaudiront sincèrement à notre idée de reproduire ce petit livre par la presse, dans les circonstances actuelles, *tous* les habitants du royaume des Deux-Siciles, qui *louent Dieu et bénissent leur auguste roi, à la vue des plus singuliers bienfaits reçus d'une très-large main*, *de préférence à tout autre peuple*, dans l'époque passée des malheurs publics. »

II

Ici l'éditeur range à son opinion les archevêques et évêques d'Italie, le pape Pie IX, parle contre la liberté et l'égalité, contre le communisme et le socialisme, et, revenant à son sujet favori, il ajoute : « Tous connaissent combien fut florissante (*in fiore*) la prospérité publique et privée dans ce *très-heureux* royaume des Deux-Siciles, grâce aux soins *paternels* et incessants par lesquels en favorisait tous les moyens *le plus glorieux et bien-aimé souverain*, un Ferdinand II, qui mérite d'être salué *Délice de ses peuples*. »

Mais les révolutionnaires furent assez coquins pour accueillir avec une *brutale ingratitude* « les inestimables bienfaits de cet *excellent* prince!!! (Les trois points d'admiration sont dans le texte.) De ce prince auguste, qui, pour sa *généreuse clémence*, pour l'amour de son peuple, pour la gloire du nom napolitain et sicilien, *n'eut pas de pareil*, et qui, dans *l'exercice lumineux et exemplaire de toute vertu publique et privée*, montrait quel don prodigieux la prudence divine avait *en lui* accordé à ses sujets. » Tout le reste n'est que la paraphrase de ces idées.

La seconde préface dit en quelques lignes ce que la première avait dit en plusieurs pages. J'y note seulement que l'auteur avait intitulé son petit livre *Catéchisme chrétien*, et non *Catéchisme sur les révolutions*. La pensée, explique-t-il, qui lui dicta l'écrit fut celle-ci : « Si nous nous taisons, et si les impies parlent, et écrivent, et impriment, ceux-ci dans la défaite *seront regardés plutôt comme malheureux que comme coupables : la juste vengeance de l'autorité politique sera considérée comme le droit du plus fort sur le plus faible : il entrera dans les cœurs de la multitude trompée la compassion pour les coupables et la haine contre l'autorité;* il ne tardera guère que l'esprit de rébellion soit en état de nuire plus qu'auparavant.

Le lecteur voit que le texte promet Examinons-le.

III

L'ouvrage est divisé en demandes et réponses, comme il convient à tout catéchisme, et il est entremêlé de *déclarations*. Le premier chapitre définit les révolutions à la manière des jésuites, les fait condamner par l'Écriture sainte, déclare que *la puissance ne vient que de Dieu*, que *quiconque résiste à la puissance résiste précisément à l'ordonnance de Dieu, et encourt par là la damnation éternelle*.

D. Celui-là donc commet un grave péché qui se fait auteur ou participant de révoltes?

R. *Beaucoup plus grave que l'assassinat et l'homicide*. Parce que si l'assassin et l'homicide portent leurs coups contre la substance et contre la vie des particuliers, le révolutionnaire menace dans sa substance et dans sa vie la communauté entière.

D. Mais liberté et révolution n'est-ce point la même chose?

R. Oui, certainement; mais seulement pour cette *poignée de scélérats* qui ourdissent des trames et accomplissent leurs infâmes excès : à ceux-là il est libre de faire et de défaire; c'est-à-dire de faire tout le mal et de défaire tout le bien.

D. Et pour les autres?

R. Pour les autres toute la liberté se réduit aux offenses et au mépris de l'Église et de cette famille (royale)... Cela veut dire que chacun est libre de se précipiter et d'entraîner les autres dans l'enfer avec une grande impétuosité et sans retenue.

D. A quelle classe des ennemis de l'Église appartiennent ceux-ci?

R. Ils comprennent en soi la malice de tous ensemble, du Juif, de l'hérétique, du Turc, de l'idolâtre, et la surpassent encore de beaucoup

D. Sont-ils donc aussi excommuniés?

R. Sans faute, parce que, *ordinairement*, ils sont membres de sociétés secrètes, quel qu'en soit le nom, qu'ils changent continuellement, afin d'éluder la vigilance des magistrats et de surprendre la simplicité des imprudents. Or ces sociétés secrètes sont itérativement proscrites et fulminées d'excommunication par les constitutions apostoliques des souverains pontifes Clément XII, Benoit XIV, Pie VII, Léon XII, Grégoire XVI et Pie IX, heureusement régnant

D. Mais comment prouvera-t-on que, *généralement*, ils appartiennent à des sociétés secrètes?

R. On le rend *manifeste* par voie de fait et *par voie d'argument*.

IV

Me voici à la page 33, et j'interromps l'auteur pour glisser deux mots. Savez-vous à quoi tendent toute cette sanctification des princes, toutes ces diatribes contre les révolutionnaires, dont je n'ai cité que quelques lignes? A introduire d'une manière naturelle la demande et la réponse suivantes :

D. Y a-t-il en eux (les révolutionnaires) d'autres raisons d'excommunication?

R. *Toutes les fois qu'ils mettent les mains*, comme il arrive presque toujours, *sur les biens ecclésiastiques*, par exemple, *des religieux ou autres*, ils assument la *nouvelle excommunication* fulminée par le Concile de Trente, et réservée au Souverain Pontife (Sess. *Décr. de réform.* c. II). Et puisque le *domaine temporel du Saint-Siége* est compris éminemment dans les biens de l'Église, de là suit que la seule usurpation du gouvernement, sans autre addition, entraîne inévitablement la peine de l'excommunication.

Suivent plusieurs pages de déclarations, de demandes et de réponses, sur la nécessité des châtiments extrêmes, conseillés par l'Écriture, sur la légitimité de la peine de mort, sur le danger de faire grâce, etc. Enfin l'élève en vient à cette question :

D. Que devons-nous donc conclure?

R. Qu'en tout ce qui concerne le bien commun des hommes, la vraie clémence est d'user de la justice, et principalement lorsqu'il s'agit d'*exterminer les ennemis de la religion, de la souveraineté*, de la nature ; et que, en un mot, plus le prince opère de cette façon, *plus il montre un amour fort envers ses sujets et mérite d'eux une plus grande estime et une plus grande reconnaissance.*

V

Après quelques pages contre les sectes, composées de monstres *tartaréens*, l'auteur arrive à l'*espionnage*, qu'il érige en dogme. Ce n'est pas la partie la moins curieuse du livre.

D. Puisque les efforts des conjurations contre l'ordre établi sont tant funestes et détestables, si nous avions connaissance de quelque trame occulte, sommes-nous obligés en conscience d'en instruire le gouvernement?

R. Oui, monsieur, pour plusieurs raisons : 1° afin que la religion, qui souffre les plus graves dommages des détestables conjurations, ne soit point troublée par les nouveautés que nous avons démontrées contraires à ses saints enseignements ; 2° afin que la patrie soit préservée des funestes conséquences que l'anarchie, résultat inévitable d'un changement quelconque de gouvernement, produirait sur elle ; 3° afin que nous nous comportions en fils loyaux du souverain qui, dans les Saintes Écritures, est caractérisé de *Père du peuple*, et qui a le droit de savoir les machinations qui le compromettent, lui et sa nombreuse famille ; 4° afin que nous préservions encore nous-mêmes, les personnes qui nous appartiennent, et les intérêts autant publics que privés, des ruines qui difficilement peuvent s'éviter dans les rébellions.

D. Devons-nous nous abstenir si, en dénonçant la conjuration, nous méritons le nom odieux d'*espions?*

R. *Non certainement*, parce que celui qui travaille *avec une fin droite*, et pour remplir les obligations que Dieu a imposées à sa conscience, *ne mérite aucun titre odieux*.

Il n'y a plus à s'étonner maintenant que les jésuites aient joué le rôle d'espions auprès des Bourbons de Naples ; mais ce qui a droit de surprendre, c'est que, remplissant un devoir de conscience, ils aient réclamé un salaire pour leurs services, comme M. Liborio Romano, pendant son passage aux affaires, découvrit qu'ils le faisaient.

Cet opuscule n'a pas besoin de commentaires, et j'ajouterai un seul mot. D'après les renseignements qu'on m'a fournis, le *Catéchisme sur les révolutions* a été écrit par un évêque, revisé par un autre évêque, et approuvé par la presque totalité des évêques de l'ancien État napolitain. On ajoute que les deux premiers ont été instituteurs de François II, et que l'élève est digne de ses maîtres.

Fiez-vous donc à son libéralisme !

CHAPITRE IV

I. Un *cameriere* de l'*hôtel de la Minerve*. Explication acceptée sans examen. — II. Mon installation dans la *via della Croce*. Le cabinet de lecture de *Piale*. — III. Projet d'une vie de travail. Ma première lettre, de Rome, au *Siècle*. Ce que ne veut pas le gouvernement des prêtres. — VI. D'une lettre non publiée. Peu de scrupule des agents pontificaux. Danger de jouer franc jeu. — V. Le docteur Pantaléoni. Pourquoi un jeune homme blessé à mort dans un café. Une amnistie papale. — VI. Les employés de l'État romain.

I

Je résolus de quitter au plus tôt les saintes gens au milieu desquelles je me trouvais. Avant de laisser l'hôtel je priai un des *cameriere* d'aller à la police retirer ma carte de sûreté. Il me répondit : — « On n'en délivre plus. Lorsque vous voudrez quitter Rome, la police vous remettra votre passe-port visé, et tout sera dit. » J'acceptai cette explication sans plus d'examen, car je ne pouvais supposer que le garçon d'un hôtel comme celui de *la Minerve* ignorât l'état des choses, et l'idée qu'on pût me tendre un piége ne me vint même pas à l'esprit.

II

En partant de Naples, j'avais été chargé par un Français de remettre une lettre de pur souvenir à un autre Français, établi à Rome depuis dix-huit mois. M. le chevalier de Caumont et madame de Caumont m'avaient très-bien accueilli et m'invitaient sans cesse à les venir voir. Quand ils surent que je voulais prendre un petit appartement meublé, ils s'efforcèrent de me le trouver près d'eux ; et, grâce à leurs soins, je me vis aussitôt parfaitement installé dans la *via della Croce*, qui joint le Corso à la place d'Espagne. La maison que j'habitais n'avait pas seulement l'avantage d'être à deux pas de la *via Belsiana* (1), où demeuraient M. et madame de Caumont (2); elle était toute voisine du cabinet de lecture de *Piale*, qui reçoit plusieurs journaux anglais, quelques journaux italiens et le peu de journaux français dont la lecture est autorisée par MM. les cardinaux. Ce cabinet est d'ailleurs parfaitement assorti en cartes géographiques, notices, plans de Rome, listes

(1) Tous mes carnets, toutes mes notes, tous mes papiers ayant été saisis et retenus par la police romaine, je suis obligé d'écrire plusieurs parties de ce volume entièrement de souvenir. Si je commettais une erreur dans l'orthographe de quelque nom, je prie le lecteur de me le pardonner.

(2) Une lettre que j'ai reçue depuis ma rentrée en France m'annonce que ces deux personnages auraient quitté Rome après mon départ, et assez tristement ; mais j'ai cru devoir conserver ce que je disais d'eux dans *Un prisonnier du Pape*, opuscule écrit à Florence et publié à Paris, où deux éditions se sont écoulées en quelques jours.

d'adresses, guides de toute espèce ; et un étranger qui veut étudier la ville éternelle ne peut guère se dispenser d'y courir.

III

J'étais si convaincu, avec la vie de travail que j'allais adopter, que le gouvernement romain me laisserait tranquille, que je payai un mois d'avance pour mon appartement, et aussi un mois d'avance au cabinet de lecture. — Autant d'argent qui sera perdu par la violence et l'iniquité du gouvernement romain. — Cela fait, je rendis quelques visites, je me mis en quête de renseignements, je sondai par divers moyens l'esprit public, que je trouvai aussi hostile au Pape qu'aux cardinaux, et j'écrivis une première lettre au *Siècle* (1), dont le début indiquait nettement le but de mon voyage dans la ville éternelle. « J'ai quitté Naples, » disais-je, « dont l'intérêt politique a beaucoup diminué depuis « quelque temps, pour venir voir de près ce qui se passe « à Rome. Je me propose de vous l'écrire impartiale- « ment, sans rien exagérer, mais aussi sans rien atté- « nuer. » Mais dire ce qui se passe voilà précisément ce que ne veut point le gouvernement des prêtres, et il me le prouva bientôt.

(1) Datée de Rome le 16 mars, insérée dans *le Siècle* du 21. Elle est signée de mon nom, comme devaient l'être toutes celles que j'aurais écrites. Cela indique clairement que je ne voulais énoncer aucun fait à la légère, et que je me proposais uniquement de dire la vérité.

IV

Dans une seconde lettre, datée du 19 mars, et qui, à ma connaissance, n'a jamais paru, j'expliquais au *Siècle* la situation des anciens soldats bourboniens à Rome, la haine qu'ils manifestaient pour Victor-Emmanuel, au moment même où ils allaient rentrer dans leurs foyers avec l'autorisation du roi d'Italie, et l'indemnité que devaient toucher avant leur départ officiers, sous-officiers et soldats (1). Mais j'augure que cette lettre a été interceptée par la police romaine, comme ont dû être interceptées d'autres lettres écrites par moi à mes amis de Naples, de Paris et d'ailleurs, lettres dont je n'ai jamais eu aucune nouvelle. — Je dirai à ce propos, avec le correspondant dont j'ai cité l'opinion, qu'il n'y a pas un habitant de Rome qui ne soit persuadé que le gouvernement papal autorise la violation du secret des lettres et la suppression de toutes celles qui déplaisent à ses agents. Aussi que de moyens détournés pour faire savoir à l'extérieur ce qui se passe dans l'intérieur de l'État ! Moi j'eus la sottise de jouer franc jeu, et l'on verra ce qu'il m'en a coûté.

(1) J'ai déjà abordé ce sujet, mais depuis les premiers renseignements, j'avais positivement appris que les anciens soldats bourboniens comptaient à Rome : 388 officiers, 11 aumôniers de régiment, et environ 1,400 soldats. Au moment où ils allaient rentrer dans leur patrie, le roi de Naples avait décidé de donner : aux colonels 80 ducats, aux majors 60 ducats, aux capitaines 40 ducats, aux lieutenants 30 ducats, aux sous-officiers et soldats l'indemnité de route.

V

Pour une lettre que je devais écrire le 22, j'avais recueilli et consigné sur un de mes carnets, ou sur des feuilles volantes, des notes assez curieuses. L'une expliquait le vrai motif du très-prochain départ du docteur Pantaleoni, et quelle protection l'avait jusque-là mis à l'abri d'une expulsion ; l'autre parlait de la mort d'un jeune homme, blessé dans un café pour avoir voulu défendre Napoléon III contre un papalin qui l'insultait ; un autre relatait des particularités tout à fait inédites relativement à la chute de la citadelle de Messine ; une autre constatait la surprise qu'excitaient à Rome les dépenses énormes faites par les cardinaux pour fomenter l'insurrection dans les provinces méridionales, et soudoyer partout les ennemis de la France et de l'Italie. Assurément ce n'étaient pas les misérables ressources de l'État romain qui pouvaient fournir l'argent nécessaire à tant de coupables folies. Mais cet argent, d'où venait-il? Voilà ce qui mettait les esprits en travail. J'avais signalé encore une amnistie assez large faite par le Pape, pour les voleurs et les assassins, bien entendu, car il n'y avait pas un politique de compris. Enfin, outre une appréciation de l'immense part que s'est faite le clergé romain dans la propriété immobilière, je voulais entretenir les lecteurs du *Siècle* des abus auxquels donne lieu, dans le gouvernement de Pie IX, la branche des employés. Ces détails, confirmés depuis par un compte rendu de la secrétairerie d'État, ont été consignés dans une de mes brochures (1). Mais comme cet opuscule est à peu près épuisé, je crois devoir les reproduire.

VI

Le total des employés dans l'État romain était, en 1859, de 5,302. Sur ce nombre, 5,059 employés *séculiers* touchaient entre eux tous une somme de 1,186,194 écus, et 243 *prêtres* absorbaient à eux seuls 190,316 écus.

Voyez, avait-on dit, et M. de Rayneval, ancien ambassadeur de France à Rome, était au nombre des prôneurs; voyez comme agit un gouvernement purement ecclésiastique : il a plus d'employés laïques que de prêtres, et les premiers perçoivent du trésor une somme six fois plus forte que les derniers. Mais, quand on entreprend d'analyser le sujet, on trouve d'abord que les ecclésiastiques étant dans l'Etat beaucoup moins nombreux que les laïques, il n'est pas surprenant que ceux-ci occupent plus d'emplois que ceux-là. Ensuite, il est dans chaque dicastère une foule de fonctions qui sont incompatibles avec le caractère sacerdotal, et alors quoi de merveilleux que des prêtres ne les occupent point? Ainsi pourrait-on nommer un prêtre *huissier* au ministère de grâce et de justice, *policeman* à celui de la police, *portier* ou *valet* dans tout autre? Le gouvernement papal n'a donc aucun mérite à prétendre pour avoir colloqué des laïques à ces divers emplois.

(1) *Causeries politiques*, Paris, Chabot-Fontenay, libraire-éditeur. In-8°, 1861.

Ce qu'il importe, c'est de prendre dans chaque ministère l'élément ***ecclésiastique*** et l'élément ***séculier***, et de voir quelle est la moyenne approximative du traitement que reçoit le prêtre et de celui que reçoit le laïque. Or, voici les chiffres fournis par l'œuvre officielle du gouvernement pontifical lui-même.

MINISTÈRES. — *Extérieur*. — Employés ecclésiastiques : 17 ; solde, 68,486 écus ; moyenne pour chaque employé, 4,029 écus.

Employés séculiers : 30 ; solde, 11,468 écus ; moyenne pour chaque employé, 382 écus.

Intérieur. — Employés ecclésiastiques : 156 ; solde, 52,123 écus ; moyenne, 334 écus.

Employés séculiers : 1,411 ; solde, 254,160 écus ; moyenne, 217 écus.

Instruction publique. — Employés ecclésiastiques : 4 ; solde, 1,400 écus ; moyenne, 350 écus.

Employés séculiers : 11 ; solde, 3,444 écus ; moyenne, 325 écus.

Finances. — Employés ecclésiastiques : 3 ; solde, 5,680 écus ; moyenne, 1,893 écus.

Employés séculiers : 2,017 ; solde, 514,172 écus ; moyenne, 254 écus.

Grâce et Justice. — Employés ecclésiastiques : 59 ; solde, 56,341 écus ; moyenne, 954 écus.

Employés séculiers : 927 ; solde, 246,074 écus ; moyenne, 265 écus.

Commerce et Beaux-Arts. — Employés ecclésiastiques : 1 ; solde, 2,000 écus ; moyenne, 2,000 écus.

Employés séculiers : 61 ; solde, 13,136 écus (1); moyenne, 230 écus.

Travaux publics.—Employés ecclésiastiques : 2; solde, 426 écus; moyenne, 213 écus.

Employés séculiers . 100; solde, 34,515 écus; moyenne, 345 écus.

C'est le seul dicastère où les employés laïques sont plus rétribués que les employés cléricaux. Mais combien y a-t-il de ceux-ci? Deux.

Armes. — Employés ecclésiastiques : 0 en 1859. Mais depuis il en est entré plusieurs dans ce ministère, et M. de Mérode à lui seul touche, en traitement fixe ou accessoires, environ 5,000 écus par an.

Employés séculiers : 98; solde, 34, 151 écus; moyenne, 348 écus.

Police. — Employés ecclésiastiques : 2; solde, 4,118 écus; moyenne, 2,059 écus.

Employés séculiers : 404; solde, 75,072 écus; moyenne, 185 écus.

En résultat, laissant de côté M. de Mérode et ses acolytes, on trouve que l'employé ecclésiastique touche en moyenne 783 écus par an, tandis que l'employé laïque ne perçoit en moyenne que 234 écus.

Cette différence paraîtra bien plus injuste si l'on réfléchit que les 783 écus perçus par l'ecclésiastique n'ont à satisfaire aux besoins que d'un seul individu, au lieu que les 234 écus que reçoit le laïque doivent pourvoir aux nécessités de plusieurs personnes.

(1) Je néglige partout les fractions quand il s'en trouve, quelques centimes n'étant rien sur une somme importante.

Un employé du gouvernement est partout synonyme de famille et appartient à cette classe qui compose ce que l'on nomme la classe moyenne, dans laquelle les convenances et les exigences citadines sont plus fortes et plus senties que dans les classes plus basses du peuple. A Rome, ensuite, il y a ceci de remarquable, que presque tous les employés ministériels sont privés de tout autre genre de fortune, la classe des petits propriétaires n'y étant pas connue, attendu la gigantesque absorption des propriétés dans les mains de l'aristocratie nonchalante et des mainmortes; d'où la conséquence que la subsistance d'un employé et de ses enfants doit se tirer uniquement de ces mesquins 234 écus annuels, c'est-à-dire d'environ 20 écus au mois.

Dans une ville ou la cherté des vivres et de tout ce qui sert à la vie est alimentée d'une manière extraordinaire par l'avidité de ces monopoleurs si connus qui se sont faits millionnaires avec le sang du peuple, comment l'employé père de famille pourra-t-il, avec cette misérable rétribution de 63 sous par jour, pourvoir à ses besoins et à ceux de sa famille?

Qu'on cesse donc ces dithyrambes perpétuels de gouvernement patriarcal, de bureaucratie florisante, de vie aisée et facile! La vérité, nous venons de la dire, et en prenant pour base de nos raisonnements une publication officielle.

CHAPITRE V

I. Un pamphlet en réponse à la brochure de M. de la Guéronnière, *la France, Rome et l'Italie*. Part du cardinal Antonelli dans cet opuscule. — II. Ironie à l'adresse du gouvernement français. — III. Une lacune regrettée par l'écrivain papal. — IV. Gouvernements qui soutiennent le bras et gardent les épaules du gouvernement *sarde*. — V. D'un *artifice oratoire* Éloge de Pie IX, par lord Russell. — VI. De la fiction qui distingue entre le Pape et son gouvernement. Particularités recueillies.

I

Dans ma nouvelle lettre au *Siècle*, je devais aussi parler d'une brochure dont il est temps que je dise quelques mots. On n'a point oublié qu'en réponse au dernier opuscule de M. de la Guéronnière, le cardinal Antonelli adressa à ses agents diplomatiques à l'extérieur une note dans laquelle il traitait l'écrivain français semi-officiel avec un assez haut dédain. Le premier jour de mon arrivée à Rome, je vis, placardée sur les murs, une affiche où on lisait :

ESAME

DI

UN NUOVO OPUSCULO

DI

A. LA GUÉRONNIÈRE

INTITULATO

LA FRANCE, ROME ET L'ITALIE

ROMA

COI TIPI DI ALESS. BEFAMI ET C°

28 febbrajo 1861.

On voit que la nouvelle réponse à notre ancien conseiller d'État ne s'était point fait attendre. Le prix du pamphlet romain avait été mis à la portée de toutes les bourses; il coûtait un *paolo*, ou 10 baiocchi, c'est-à-dire environ 55 c. Je l'achetai. C'était une brochure de 46 pages in-4°, avec des caractères neufs et un papier superbe. A la dernière page, après le mot *fine*, on lisait: — « IMPRIMATUR. — FR. HIERONYMUS GIGLI ord. Prœd. S. Pal. Apost. Magister. — IMPRIMATUR. — FR. ANT. MARIA LIGI BUSSI archiep. Jeon. Vicesgerens. » Ainsi rien ne manquait pour que la publication eût tous les caractères légaux. Je demandai qui était l'auteur de cette brochure. On me dit que, si le cardinal Antonelli ne l'avait pas écrite, il l'avait au moins inspirée. Je la lus alors par deux fois, et voici les passages que j'ai notés:

II

Après avoir dit que l'opuscule de M. de la Guéronnière tire son importance de la situation de l'auteur et de l'approbation qu'il a reçue d'avance du Ministre de l'intérieur, la réfutation ajoute que cette importance s'accroît quand on considère que la brochure La France, Rome et l'Italie est quasi un complément de deux monuments *officiels* relatifs à la question romaine, et publiés par le gouvernement français lui-même, pour éclairer le Sénat et le Corps législatif, lesquels sont l'*Exposé de la situation de l'Empire* et les *Documents diplomatiques*. Il est vrai, ajoute le pamphlétaire romain, que le passage de l'*Exposé* est peu de chose, attendu qu'il contient à peine quelque indice *fugace*, « comme aussi les trente-six documents compris de la « page 79 à la page 125, sous la rubrique des *Affaires de* « *Rome*, ne paraîtront pas suffisants à beaucoup pour se « faire une idée juste de la question, et des formes di- « verses qu'elle a prises, et des nombreux incidents qui « s'y rattachent. Outre qu'il y manque ceux de 1859, « qui doivent renfermer les germes des faits arrivés en « 1860, on ne saurait se persuader que, durant une « année entière et aussi féconde, il n'y ait pas d'autres « documents que les trente-six mentionnés. » Peut-être, poursuit ironiquement l'auteur, le gouvernement français a-t-il entendu faire un choix; mais on ne peut comprendre pourquoi la préférence a été donnée à ceux ci, à l'omission de tant d'autres qui auraient pu conduire à des conclusions très-différentes de celles que le choix lui-même s'est proposées.

III

Il est surtout une lacune que regrette l'écrivain papal. « Certainement », dit-il, « dans les archives du minis- « tère il doit y avoir copie d'une dépêche envoyée par « le cardinal Antonelli (1) à M. Nunzio, à Paris, sous « la date du 29 février 1860, et publiée plus tard par la « presse, laquelle aurait répandu une grande lumière sur « les points les plus controversés de l'affaire. Pouvant « donc advenir que le laconisme de l'*Exposé* et les pré- « tentions des documents atténuassent de beaucoup « l'effet qu'on s'en proposait, M. de la Guéronnière a « voulu fortifier (*ringagliardire*) les écrits officiels avec « son écrit, pourrons-nous dire, officieux ; lequel on ne « peut nier qu'il soit dicté avec un zèle égal à la hau- « teur du poste qu'occupe l'auteur, et avec une dextérité « qui, sans s'élever à cette éloquence que lui attribue *le* « *Constitutionnel* du 16, le rend un vrai chef-d'œuvre « d'artifice oratoire dans son genre. »

IV

L'opuscule papal se plaint ensuite de ce que la *dose démesurée de rhétorique* de la brochure française tend sans cesse à faire croire aux lecteurs, peu au courant des faits, que *de toutes les spoliations sacriléges, de tous les mépris ou outrages dont le Saint-Siége fut victime en ces deux dernières années, et des autres encore*

(1) Le souvenir précis de cette particularité, après un an de date, montre combien l'auteur de l'*Esame* est au courant de la question.

qui, peut-être, lui sont réservés, la faute doit retomber, non sur le gouvernement sarde ou sur D'AUTRES QUI LUI SOUTIENNENT LE BRAS ET LUI GARDENT LES ÉPAULES ; *mais doit retomber toute et uniquement sur le gouvernement pontifical, et l'on dira même sur le Pontife.* — Nous voici arrivé au point que nous voulions particulièrement signaler à l'attention du lecteur, car il est d'une haute importance dans la situation actuelle.

V

Pour l'auteur ultramontain, distinguer entre le gouvernement pontifical et le Pontife, comme l'a fait M. de la Guéronnière, ne peut être qu'un *simple artifice oratoire.* Parce que, dit-il, « admettre que, dans une affaire « de si haute importance pour l'Église, pendant le cours « de longues années, la cour de Rome prépare (*fabbrichi*) « la ruine de l'Église elle-même, sans que le Pontife le « sache, le comprenne et le veuille, équivaudrait à lui « attribuer (*sarebbe il medesimo che attribuirgli*) un « degré d'incapacité que le respect nous défend d'ex- « primer par son véritable nom. Que si Pie IX, lequel « pour la lucidité de l'esprit, pour la pratique des « affaires, pour l'infatigable application qu'il leur con- « sacre, et pour le zèle à poursuivre les avantages et « l'honneur de l'Église est l'admiration du monde, au « point d'avoir été par John Russell lui-même proclamé « *le souverain le plus aimable et le plus éclairé qui soit* « *en Europe ;* si un tel homme, disons-nous, peut de- « venir le jouet (*zimbello*) de manéges secrets d'anti-

« chambre, il n'y aura plus personne au monde qui « puisse et doive répondre d'actes qu'on répute et dit « siens. Mis donc de côté la courtoisie et l'art rhétori- « cal, il est indubitable que cet écrivain (M. de la Gué- « ronnière) met à la charge de Pie IX tous les dommages « que le Saint-Siége a supportés jusqu'ici, avec ce deuil « de l'Église universelle qui nécessairement devait « s'ensuivre. »

VI

Il y a longtemps que j'étais personnellement convaincu que, dans les attaques contre le pouvoir temporel, la distinction qu'on voulait établir entre Pie IX et son gouvernement était une pure fiction à laquelle les écrivains recouraient parce qu'ils n'osaient point, selon l'expression consacré, saisir le taureau par les cornes. Mais quand je vis un défenseur autorisé de l'Église établir lui-même toute la vanité de cette distinction, je voulus savoir ce qu'on en pensait à Rome. Or il résulte des renseignements que j'ai pris moi-même ou fait prendre que, chez les Romains de tous les partis, c'est une conviction profonde que Pie IX sait tout et veut tout ce qui se pratique en son nom. J'ai recueilli à cet égard des particularités qui mettent la question entièrement hors de doute; mais je ne pourrais les révéler sans compromettre la position des personnes de qui je les tiens. Maintenant que, pour le besoin de leur cause, des écrivains continuent d'attaquer seulement le cardinal Antonelli, je ne m'y oppose point; mais qu'ils sachent au moins qu'en Italie personne n'est dupe de leurs subtilités.

CHAPITRE VI

I. Tristesse de la ville des Papes. La Rome antique. Un mot de Tertullien. Souvenirs de l'Apocalypse. — Rome exaltée au-dessus de toutes les villes. Sa splendeur et ses richesses. Esclaves et colons attachés à la glèbe. — III. Rome un abrégé de l'univers. Pensée enracinée dans la tête des Barbares. — IV. De la rançon imposée par Alaric. Le patriotisme des Romains opulents disparu. Statues précieuses fondues. — V. Exemple remarquable fourni par la République romaine. La force de ses institutions. Du *droit italique* ou *citoyenté romaine*. — VI. Que le christianisme hâte plutôt qu'il ne retarde la dissolution de l'Empire. Le grand ouvrier d'une nouvelle et meilleure civilisation. — VII. Un ver rongeur ajouté à d'autres. Hérésies, schismes, séditions et scandales. Du monachisme et du célibat ecclésiastique. — VIII. La société réhabilitée par le christianisme. Les monastères dernier asile du malheur. — IX. Le droit italique remplacé par la tyrannie la plus absolue. D'une naïveté de l'auteur.

I

Une des choses qui m'avaient le plus frappé, lors de mes premières promenades dans Rome, c'était sa profonde tristesse et, pourrais-je dire, sa solitude. Je savais que la politique des Papes avait fait presque un désert d'une ville qu'autrefois nulle autre ville n'égalait ni pour l'importance de la population, ni pour le nombre et la majesté des monuments, ni pour l'incessante activité ; et pourtant quelle déception j'éprouvai en comparant la Rome antique à la Rome que je visitais !

La prodigieuse félicité de l'empire romain, son omnipotence terrestre, l'orgueil de son nom, la sagesse de ses lois, ses religions transformées en habitudes chez tous les peuples, les oracles qui lui promettaient une domination éternelle, avaient donné origine au préjugé que Rome, la reine du monde, le centre de toutes les religions et de toutes les divinités, était la cité sainte du paganisme, la bien aimée des destins et des dieux ; et que l'œuvre de sa puissance était non humaine, mais divine. Elle était appelée par excellence *Urbs* (la cité), et qui disait *Urbs* sans autre spécification, fût-il aux confins des Parthes ou en Arménie, il était entendu qu'il disait la lointaine Rome et non la proche Artaxate ou Nisibis.

Avec plus d'ostentation encore, Rome était appelée la Ville éternelle ; dénomination usitée non-seulement par les écrivains, mais qui se rencontrait fréquemment dans les édits publics. Siége moral de l'empire, donneuse de lois, idéal gigantesque de toute grandeur humaine, on supposait que la puissance, la gloire et une durée éternelle étaient les attributs inséparables de son nom et de son existence.

Le prestige de cette opinion fut porté encore plus haut par les chrétiens qui, lisant dans leurs prophètes les mystérieuses destinées des quatre plus grandes monarchies, dont la dernière dominerait sur le monde entier jusqu'à la fin des sièles, supposèrent que celle-ci serait la monarchie romaine, et que les destins de l'univers étaient attachés à ses destins.

Tertullien disait que la fin du monde était retardée

par le cours de l'empire romain. Cette opinion était tellement divulguée, que, lorsque Alaric prit et saccagea Rome (410), une consternation profonde se répandit dans les provinces ; et saint Jérôme écrivait à Bethléem que cet événement était le signe de l'antechrist et du jour final.

Ces superstitions augmentaient d'autorité par les obscures énigmes de l'Apocalypse, où Rome est symbolisée sous le nom de Babylone, et où à son extermination succède la fin de toutes choses.

II

Rome était donc exaltée au-dessus de toutes les autres villes ; elle était l'objet de toute croyance ; en elle seule résidait l'empire ; d'elle seule partait le commandement, et elle était le centre de l'unité politique de tous les peuples.

Aussi quelle étendue, quelle splendeur et quelles richesses avait la ville éternelle ! A l'époque où le stupide Honorius, gouverné par des eunuques, repoussa orgueilleusement les propositions d'Alaric, dont l'armée était déjà à Rimini, et que le roi des Visigoths indigné marcha sur Rome pour la piller (410), cette immense cité mesurait 21 milles de tour, ou 50 milles en y comprenant ses vastes faubourgs. Elle avait 37 portes ; elle se divisait en 424 bourgs ou arrondissements ; elle contenait 46,602 *insulæ* ou corps de maisons adossées l'une à l'autre, qui toutes ensemble formaient une île, et 1,780 *domus* ou palais seigneuriaux, dont beaucoup ressemblaient à une ville et avaient des basiliques, des hippodromes, des cirques, des bains et autres objets de luxe et de commodité; elle comptait 8 camps ou pâturages à l'usage des bestiaux, 11 forums ou marchés, 10 grandes basiliques ou édifices de réunion publique, 29 bibliothèques, 292 dépôts de grains, 254 pistrines (1), 1,352 fontaines, 45 lupanars et 856 bains, dont quelques-uns d'une extension démesurée : ceux d'Antonin avaient 1,600 banquettes de marbre, et ceux de Dioclétien quasi le double.

Si l'on considère que dans les palais des grands logeaient plusieurs centaines de serviteurs, et que le peuple vivait amoncelé dans les maisons, comme aujourd'hui à Paris et à Londres, supputant cent personnes par chaque île et par chaque palais, on aura une population d'environ cinq millions d'âmes; et si exagéré que puisse paraître ce chiffre, nous sommes persuadé qu'il n'est pas loin de la vérité. Il suffit d'observer que, jusqu'au temps de Sévère, il y avait à Rome 60,000 individus qui recevaient le pain gratuit, largesse à laquelle n'avaient point part les enfants âgés de moins de onze ans, les personnes riches ou aisées, les serviteurs, les affranchis et les étrangers.

Quant aux richesses, Olympiodore dit que beaucoup de maisons illustres avaient une rente annuelle de 4,000 livres d'or, sans compter les produits en nature,

(1) La *pistrina* était un établissement dans lequel on moulait le blé et on faisait le pain pour vendre au public. Il a été découvert à Pompéi un établissement complet de ce genre, avec les moulins, son four et tous les accessoires pour pétrir la pâte. Il y avait des pistrines banales où les pisteurs travaillaient à façon pour le public, et d'autres où l'on vendait aux consommateurs le pain tout fait.

Ch. Desobry et Th. Bachelet.

montant au tiers de cette somme; d'autres maisons 10,000 livres et d'autres 15,000. Les dépenses qu'on faisait égalaient l'opulence : dans les fêtes et dons gratuits au peuple, à l'occasion de la préture, Maxime, au nombre, il est vrai, des plus riches de Rome, dépensa 4 millions d'or, et Symmaque, qui était compté parmi les médiocres, en dépensa 2 millions; somme excessive, mais non incroyable, vu l'état de la société dans ces temps où les riches possédaient des propriétés immenses dans presque toutes les provinces de l'empire, cultivées par des esclaves ou des colons attachés à la glèbe, comme naguère en Hongrie et aujourd'hui encore en certains pays, au moyen de quoi tous les profits allaient au propriétaire, au lieu d'être répartis entre le maître du champ et celui qui le travaillait.

III

Rome était d'ailleurs un abrégé de l'univers, où les édifices, les spectacles, le culte, les costumes, la magnificence, le luxe, l'orgueil, même celui de la plèbe, tout retraçait les formes colossales de l'empire. Aussi les barbares, qui n'avaient d'autre idée de la divinité hors celle de la puissance et de la richesse, allant quelquefois à Rome et voyant tant de superbes temples, tant de divinités splendides, tant de pompe dans les rites, et la religion mêlée à toutes choses, se persuadaient facilement que là était le séjour préféré de tous les dieux. Enfin on n'a pas oublié que les Romains représentaient Rome sous la forme d'un génie divin, et que son seul nom résumait ce qu'avait de plus vénérable la religion des peuples antiques. Rome avait ainsi un nom mystérieux, ineffable, qui formait une partie des arcanes de la religion ; un nom saint, profondément sacré, qui lui donnait un caractère divin. En un mot, Rome n'était point une cité comme toutes les autres cités, mais l'idéal d'une puissance céleste sur la terre. Et cette idée, corroborée par tant de faste, dont l'extrême influence morale ne se peut mesurer, était passée de génération en génération, et s'était profondément enracinée dans la tête des barbares eux-mêmes. Longtemps encore après leurs victoires, ils continuèrent à se considérer, non comme des conquérants, mais comme les alliés et les stipendiés des césars; et ils ne se croyaient jamais maitres légitimes des terres qu'ils occupaient, s'ils n'obtenaient une concession des empereurs et le titre de duc ou de patrice pour leurs chefs.

IV

Le détail de la rançon imposée par Alaric, avant que Rome fût assiégée pour la troisième fois, puis saccagée, montre, d'ailleurs, que les barbares furent aussi conduits à adopter les raffinements des Romains, tant était irrésistible l'influence de ce peuple sur tout ce qui se mêlait à lui. Les conditions d'Alaric furent que la capitale de l'empire payerait 5,000 livres d'or, 30,000 livres d'argent, 4,000 vêtements de soie, 3,000 peaux teintes de pourpre, et 3,000 livres de poivre. A cette époque, la livre d'or était de 72 sous, dont 7 faisaient une once de métal; et supposant que la livre d'argent fût estimée sur le même pied, tout l'or et l'argent indiqué pouvait monter à une valeur métallique de 7 millions de francs. Selon les supputations de Heyne, la rançon n'arrivait pas à la moitié; mais son appréciation ne paraît point exacte. Le poivre entrait dans les raffinements gastronomiques, et les habits de soie et les peaux teintes en pourpre étaient des objets de grand luxe parmi les Romains. La demande d'Alaric prouve que ces raffinements et ce luxe s'étaient introduits aussi parmi les barbares, ainsi que nous l'avons observé.

Mais quelles tristes pensées assiégent l'esprit à propos de cette rançon! Si nous nous rappelons que les habits de soie s'évaluaient au poids de l'or, et qu'un de leurs mérites était la légèreté, il paraît que toute la contribution pouvait monter à 10 ou 12 millions de francs, ce qui, pour une ville comme Rome, n'était pas grand'chose; et cependant, le trésor public était si épuisé, et le patriotisme des Romains opulents si disparu que, pour réunir cet or et cet argent, il fallut enlever tout ce qui restait encore dans les temples, et fondre les statues conservées jusqu'alors comme monuments d'art, sans même épargner celle de la Vertu militaire.

V

Malgré ce fait déplorable, la république romaine ne nous offre pas moins l'exemple, peut-être unique, d'un peuple qui, durant le long espace de sept cent cinquante ans, a parcouru une carrière de continuel développement social au dedans, et d'incessant agrandissement au dehors; et ce constant progrès, qui montre une énergie nationale particulière, il alla s'opérant avec un tel ordre et avec tant d'économie des forces morales, que c'est à elle qu'on doit attribuer particulièrement le fait que les Romains, d'abord circonscrits entre les bornes d'un village, s'étendirent ensuite sur tout le monde connu, et le peuplèrent de leurs immenses colonies.

Telle était la force exceptionnelle des institutions sur lesquelles les Romains avaient fondé leur empire, que si les autres empires, réunis à la sommité de leur grandeur, déclinèrent et périrent en moins d'un siècle, quasi sans impulsion extérieure et par les seuls vices intérieurs qui les consumaient, un travail de quatre cent quatre-vingts ans, et les plus grandes révolutions qui aient jamais été relatées dans les annales du monde furent nécessaires pour la décadence et la ruine de l'Empire romain. Et si des autres royaumes, une fois dissous, il ne reste plus que le souvenir, les Romains, quand ils cessèrent d'être une nation, continuèrent à dominer par leurs lois, qui survécurent plusieurs siècles, et sont encore un objet de stupeur et de méditation pour les savants.

Une chose surtout a toujours frappé l'esprit des penseurs : c'est ce qu'on nommait le *droit italique* ou la *citoyenté romaine*. Les avantages du citoyen romain étaient de ne pas être emprisonné sans preuves de culpabilité, d'être exempté des verges et autres châtiments corporels, de ne pouvoir être condamné à un supplice infâme, comme à la fourche ou à la croix, de pouvoir appeler à l'empereur, de pouvoir exercer la puissance paternelle sur ses enfants, de pouvoir, en cas de dettes, se soustraire à la prison en cédant ses biens aux créanciers, de payer tribut, d'avoir seul le droit de combattre dans les légions, et de pouvoir aspirer aux emplois et aux honneurs; et, s'il était pauvre, de participer à l'aumône publique et aux largesses des princes. Mais le droit italique entraînait l'obligation de faire partie de la milice, dont étaient exempts les étrangers; la défense de contracter mariage avec ces derniers; l'interdiction de succéder à l'héritage *intestat* des parents autres que les très-proches; il rendait sujet au cens, et, après Auguste, aux *stipendi*, qui étaient des taxes passablement onéreuses.

VI

L'examen des causes multiples qui préparèrent la dissolution de l'Empire romain nous conduirait trop loin; mais nous dirons que le christianisme, loin de retarder cette dissolution, contribua à la hâter. Et comment? le voici. Les vieilles religions ayant perdu leur efficacité, la nouvelle les discrédita encore plus, sans pouvoir se substituer à leur place, parce que les coutumes et l'état social d'alors étaient ordonnés de manière que la religion chrétienne était incompatible avec eux. D'ailleurs, cette religion ne s'était point formée avec la naissance et le progrès d'une société, comme les religions païennes, qui formaient un article important dans la constitution politique; mais elle était plutôt une abstraction hors de tous les systèmes sociaux de ce temps. Malgré cela, la religion chrétienne portait en elle de vigoureux éléments d'universalité, qui, en se développant et se répandant, étaient destinés à produire une admirable transformation dans la vie des peuples. La croyance en un seul Être divin et en une vie future de récompense ou de peine étaient des dogmes, si l'on veut, antérieurs au christianisme ; mais lui seul les a définis avec clarté, les a établis comme inébranlables, et les a mis en un très-beau et constant rapport avec l'homme et avec les actions humaines. L'égalité n'était pas celle des antiques républiques, resserrée dans un cercle d'individus hors desquels elle n'existait point; mais, posé que l'homme a été originellement créé par Dieu, il en résultait que tous les hommes se trouvaient égaux devant les lois éternelles de la nature : l'esclave et l'homme libre, le puissant et le faible, le riche et le pauvre, tous fils d'un même père, tous en possession des mêmes priviléges, et tous ayant droit à la même justice. De là, l'abolition de l'esclavage, lequel était si intrinsèquement lié aux institutions du monde antique.

Ce ne fut pas tout. Le christianisme, réclamant avec vigueur les droits outragés de la nature, qu'un long abus avait fait oublier, et prêchant partout l'égalité morale, devint le grand ouvrier d'une nouvelle et meilleure civilisation. La pudeur conjugale ne se restreignit point à la seule monogamie, comme il était d'ordinaire parmi les peuples d'Occident, chez lesquels la fornication n'était pas illicite, et pour lesquels l'adultère était un pur délit de famille, moins refréné par la conscience et par les mœurs que par la crainte de la vengeance. Le christianisme donna au mariage un caractère sacré, qui excluait comme irréligieuse toute liaison non légitimée par lui; il donna des lois à l'amour en établissant entre les conjoints une équité de droits et de devoirs; en excluant d'une manière absolue le divorce, ou le limitant à des cas réservés, il rendit plus ferme la paix domestique et l'amour des enfants, il serra plus étroitement les liens de parenté et de famille. Il résulta de ces améliorations une réforme universelle dans les mœurs, et une telle règle dans les relations variées et importantes de la vie sociale, que les transactions et les lois en furent beaucoup simplifiées.

VII

Mais, d'autre part, le christianisme ajouta un nouveau ver rongeur à ceux déjà si nombreux qui dévoraient l'empire et l'entraînèrent à sa dissolution. Après Constantin, chrétiens et païens s'animèrent en présence les uns des autres, à la façon de deux partis ennemis, et se reprochèrent tour à tour la faute des malheurs publics, que les chrétiens attribuaient à la corruption des païens, et les païens à la colère des dieux contre l'impiété des novateurs. Le christianisme renversait avec rapidité, mais ses moyens de réédification étaient lents; et ceux-ci, tout à fait en dehors du domaine politique, tandis qu'ils détruisaient les emblèmes du vieux culte, enveloppaient dans la même ruine les opinions, les pensées, les croyances qui, autrefois, étaient un stimulant pour agir, et qui se tenaient et donnaient le mouvement à la vie politique du monde païen. Cet affaiblissement moral, occasionné par ses dévastations, le christianisme ne cherchait point à y remédier en infusant dans ses sectateurs le patriotisme, le courage guerrier, ou l'amour de la gloire et des conquêtes. Au contraire, professant parmi ses principes théoriques le mépris des choses terrestres, les occupations contemplatives et le désir d'une patrie qui est placée hors du monde, il abaissait bien plutôt les sentiments de patrie et d'orgueil national. De là, le christianisme ni ne s'enorgueillissait de la gloire des armes romaines, ni ne se sentait humilié par leurs désastres; mais il contemplait avec indifférence la marche de l'empire, et toute son attention était tournée vers les controverses théologiques, qui fournissaient des germes de discorde publique et générale. Les princes, attachant à ces controverses une souveraine importance, se détournèrent de soins plus graves; l'État se remplit de confusion, le trésor public fut épuisé par les dépenses d'une foule de conciles et par les voyages de centaines d'évêques avec leurs suites, courant d'une extrémité à l'autre de l'empire. Les hérésies, les schismes, les séditions et les scandales qui en provinrent corrompirent les mœurs autant des païens que des chrétiens. Le monachisme, qui prit une extension prodigieuse, ravit d'innombrables bras à l'agriculture et non moins de soldats à l'armée; le célibat ecclésiastique accrut la dépopulation et le libertinage, et la dépravation du clergé ne fut pas une favorable recommandation pour rappeler les autres à l'honnêteté.

VIII

Quoique le christianisme eût détérioré les conditions de l'empire, il fut néanmoins l'agent moral qui, dans la suite, réhabilita la société et la mit sur la voie d'un mode d'exister nouveau et plus civil. Il empêcha la dissolution des peuples, qui sans lui seraient retombés dans la barbarie d'un état primitif; et après qu'eut manqué l'unité politique, avec l'uniformité de la religion il maintint parmi eux une unité morale, contribua au développement de leur nouvelle législation, et peu à peu les appela à s'associer par les mœurs et par les idées, ce qui eut pour conséquence que les nations d'Europe, formant pour ainsi dire une seule famille, devinrent les plus cultivées et les plus puissantes du monde.

Si le monachisme énerva l'Orient, dans l'Occident les monastères furent souvent le dernier asile du malheur; et l'Église, en promouvant les aumônes et les fondations pieuses, procura des subsides et des refuges à l'humanité languissante (1).

IX

Comment, malgré le prestige qui devait s'attacher au christianisme, Rome a-t-elle continuellement déchu de son antique splendeur, c'est ce que j'aurai peut-être l'occasion d'examiner. En attendant, je constate que le droit italique a été remplacé par la tyrannie la plus absolue, et qu'aujourd'hui être citoyen de Rome, c'est n'avoir d'autre privilége que de se trouver complétement à la merci des cardinaux, qui vous oppriment dans votre personne et vos biens, sans qu'on puisse même appeler au Pape, comme autrefois on appelait à César. Mais je croyais, malgré tout ce que j'avais lu de contraire, que les étrangers, et particulièrement les Français, étaient traités avec moins de sans-façon que les Romains. Je me souviens même que, dans ma naïveté,

(1) Storia dei Papi, di A. Bianchi-Giovini. Tomo primo, *passim*.

un soir que j'avais voulu contempler par un beau clair de lune les ruines du Colisée, je disais à un compagnon de toutes mes courses nocturnes : « Voyez pourtant « comme les voyages instruisent, et comme il est heu- « reux de pouvoir juger des choses par soi-même! A « Naples, mes amis voulaient me détourner de venir à « Rome, m'assurant que mon titre de correspondant du « *Siècle* me ferait inévitablement emprisonner. J'ai « risqué le péril, et il se trouve que je suis aussi libre à « Rome que je pourrais l'être en Angleterre ou dans le « royaume d'Italie. » En vérité, si mon illusion avait duré, j'étais capable d'entreprendre la réhabilitation du gouvernement romain ; mais je ne devais pas tarder à être cruellement désabusé.

CHAPITRE VII

I. Mon domicile envahi par la police romaine. La qualité de Français invoquée en vain. — II. Un abus de ma bonne foi. Protestation impuissante. — III. Perquisition et saisie de mes livres et papiers. Une promesse non tenue. — IV. Note des livres et des papiers saisis. — V. Pourquoi la saisie opérée. Une nouvelle iniquité. — VI. Un mot écrit à la police. Mon arrestation. Consolation de policier. — VII. On me refuse, pour la seconde fois, d'écrire à l'ambassadeur de France. Une voiture *à mes frais*. — VIII. Départ pour la prison. Adieux d'une octogénaire. Arrivée à *San Michele*.

I

Le 22 mars au matin, de très-bonne heure, la femme qui faisait mon petit ménage frappa à la porte de ma chambre à coucher, disant qu'on me demandait. J'avais travaillé dans la nuit, et je m'étais couché tard ; je répondis que je voulais dormir et qu'on revint. — « Mais, « monsieur, » dit la ménagère, « c'est la police. » — « Ah ! c'est différent, priez la police d'attendre un mo- « ment. » — Je m'habillai à la hâte, et, en ouvrant la porte, je me trouvai en face de trois agents de police, d'un interprète, aussi de la police, et de quatre carabiniers ou gendarmes pontificaux, en tout huit shires ou mouchards. Je leur demandai ce qu'ils voulaient; ils me répondirent qu'ils avaient ordre de faire une perquisition. Je les priai de me montrer leur mandat et de se faire mieux connaître, aucun signe n'indiquant, si ce n'est pour les gendarmes, que j'eusse affaire à la police. Celui qui paraissait le chef de l'escouade répliqua qu'il n'avait rien à montrer, mais à procéder. Je dis alors que j'étais sujet français, que j'étais arrivé à Rome avec un passe-port en règle, comme le savait très-bien la police, qui l'avait entre ses mains, et qu'en l'absence de flagrant délit on ne pouvait faire chez moi une visite domiciliaire sans l'autorisation de mon ambassadeur (1).

II

Cet argument parut d'abord faire impression sur le policier principal, qui hésita un instant; puis tout à coup il me dit : — « Où est votre carte de sûreté? » — Je lui contai ce qui s'était passé avec le chambrier de l'hôtel de la Minerve. — « Bien, bien, » répondit-il, « vous êtes en contravention. Cela seul suffirait pour autoriser une visite domiciliaire. Mais, d'ailleurs, nous avons des ordres. » — Comme je me récriais énergiquement contre un tel abus de ma bonne foi, un des policiers me dit d'un air narquois : « Vous protesterez plus

(1) Je ne puis affirmer que ceci résulte du droit écrit, mais, durant les jours tourmentés de Naples, je l'ai souvent entendu dire à plusieurs de mes compatriotes comme un fait admis dans la pratique, et c'était aussi l'opinion d'un diplomate avec lequel je me trouvai en rapport dans un moment très-grave pour la capitale des Deux-Siciles.

tard; mais, en attendant, nous allons procéder à l'examen de vos livres et papiers. » — Je déclarai alors, en présence de la femme de ménage et d'un autre témoin (1), que je ne cédais qu'à la force, et l'inquisition commença.

III

De même qu'on ne m'avait montré aucun ordre de perquisition, de même on ne dressa aucune note des objets qu'il convenait à la police de saisir. Mais au fur et à mesure qu'un livre paraissait bon à prendre, le chef policier apposait sur la première page un petit cachet à la cire, dont je ne pus seulement voir l'empreinte; et si c'était un papier, on le mettait simplement de côté pour faire plus tard une liasse du tout, mais toujours sans rien écrire. Je fis observer qu'on gâtait mes livres avec le cachet. On me répondit qu'ils me seraient payés. Je répliquai qu'ils n'avaient point de prix, la plupart m'ayant été offerts par les auteurs, comme en témoignait l'*ex-dono* inscrit en tête, et mon *Histoire de Naples* contenant des notes pour la prochaine édition (2). On passa outre. Je ne pus, d'ailleurs, savoir de quel délit j'étais accusé, et ce fut également en vain que je voulus écrire à M. l'ambassadeur de France, afin de l'instruire de ce

(1) Le frère de madame Cécilia Rosi, la personne qui m'avait donné à bail l'appartement. Je lui exprime ici hautement ma reconnaissance pour toute la bienveillance qu'il m'a témoignée en ces tristes circonstances.

(2) Il est bon de remarquer, d'ailleurs, que jamais depuis on ne m'a offert le paiement de ces livres, qui ne m'ont point été rendus.

qui se passait et réclamer sa protection contre une violence inqualifiable.

IV

Pour montrer toute l'iniquité de la mesure dont j'étais l'objet, il me suffira de donner la liste des livres et écrits saisis. Je la copie sur une note prise à la hâte et que j'ai eu la fortune de pouvoir conserver.

Lettres.

Cronaca del convento di Sant' Angelo, 1 vol. in-18.

Vita del Re di Napoli (Ferdinand II), *da Mariano d'Ayala.*

Roma antica e futura, poëme, 1 vol. in-8.

Cinq carnets contenant mes Notes de voyage en Italie, depuis le mois de juin 1860, ou des comptes, et dont un seul renfermait quelques mots sur Rome. Les quatre autres ne mentionnaient seulement pas cette ville, ni l'État romain.

Vita di Giuseppe Garibaldi, da Giuseppe Ricciardi, 1 vol. in-18.

L'Italie est-elle la terre des morts? par Marc Monnier, 1 vol. gr. in-18.

Saggio storico sulla rivoluzione di Napoli (1799), *per Mariano d'Ayala*, 1 vol. in-12.

Naples, 1130-1857, par Charles Paya, 1 vol. gr. in-18, contenant des corrections et notes de l'auteur pour la prochaine édition.

Journaux, Correspondances, Écrits divers.

Le *Popolo d'Italia*, n° du 10 mars 1861.

Le *Nazionale*, n° du 9 mars 1861.

Mémoire adressé par les habitants des Deux-Siciles, in-18, mars 1860.

Hymne de Garibaldi, en italien.

Une *lettre de l'administration générale du* Siècle, où il n'est question que de comptes.

Quatre lettres intimes, ne contenant pas un mot de politique.

Lettre d'un employé des douanes de Naples, relative aux entrées de navires marchands dans le port, et autres détails purement statistiques.

L'*Iride*, n° du 12 avril 1860.

Titre manuscrit d'un ouvrage projeté, ne contenant que ces deux mots : *Question napolitaine*.

Copie d'un imprimé répandu dans les rues de Rome : *Eterno sio*, etc., publié par *le Siècle* du 21 mars 1861.

Brouillon de correspondance politique, en date de Gênes, 8 juin 1860.

Note sur un jeune homme blessé dans un café de Rome, et mort. — Elle devait servir à la lettre politique que je me proposais d'écrire le jour même de la perquisition.

Brouillon et feuillet de correspondance pour *le Siècle*, portant le n° 68, en date de Naples, 10 août 1860.

Autre brouillon (deux feuillets) de correspondance pour le même journal, portant le n° 78, en date de Naples, 21 août 1860.

Copie d'une dépêche télégraphique adressée au *Siècle*, de Gênes, dans le mois de juin 1860.

Article de l'*Unione* sur la maison de banque Pégot-Ogier et Ce.

V

Tels sont les livres, écrits et journaux dont la police romaine crut devoir s'emparer, uniquement sans doute pour voir quelles avaient été mes relations en Italie, et prendre tout à l'aise les notes qu'il lui plairait. On pensera aisément qu'une telle saisie n'était pas de nature à me faire deviner de quel délit j'étais accusé, délit que l'on continuait à me cacher. Le sceau apposé aux papiers, les livres empaquetés, tous les tiroirs, tous les habits, tous les meubles, et jusqu'au lit, fouillés, il restait dans la chambre deux caisses fermées à la clef, que je déclarai n'être point à moi. Elles m'avaient été remises par le voyageur de commerce dont j'ai parlé, afin de les garder jusqu'à son retour de Viterbe, où il avait l'intention de se rendre le jour même. La police exigea qu'on envoyât chercher les clefs à l'hôtel de *la Minerve;* et quoiqu'elle ne pût avoir certainement de mandat de perquisition contre M. Ziwy, qui vint se déclarer propriétaire, elle n'en fouilla pas moins les deux caisses avec le plus odieux cynisme. Le lecteur jugera si l'on peut pousser plus loin l'abus monstrueux de la force. Naturellement on ne trouva rien à saisir, et ce fut une iniquité inutile ajoutée aux autres iniquités.

VI

Pendant que se faisait l'inquisition de mes livres et de mes papiers, l'interprète, jugeant sans doute que rien ne justifiait l'ordre donné par la police, avait écrit à je ne sais qui pour savoir s'il fallait néanmoins pousser la rigueur plus loin. La réponse arriva, séance tenante, et elle dut être affirmative; car, lorsque tout fut terminé, un des sbires me dit : — « Maintenant, monsieur, il faut que vous ayez la bonté de nous suivre. » — « Où donc cela ? » — Je reçus une réponse évasive; mais M. le chevalier de Caumont, survenu dans l'intervalle, ayant renouvelé ma demande, l'interprète répondit : « A Saint-Michel. » M. de Caumont me dit alors : — « On vous arrête. » — *San Michele*, en effet, n'est autre qu'une prison. La mesure était comble ! Toutefois un des policiers voulut bien ajouter, en manière de consolation, qu'attendu l'état des choses, rien de compromettant ne s'étant trouvé chez moi, son avis était que ma captivité serait très-courte, et que le gouvernement se bornerait à m'expulser de Rome.

VII

On a vu que, dès l'arrivée de la police, j'avais demandé à écrire à M. l'ambassadeur de France, et que cette faveur m'avait été refusée. Lorsqu'il fut question de m'arrêter, je renouvelai ma demande avec plus d'énergie; on me refusa encore. Je déclarai alors de nouveau que je ne cédais qu'à la force; et, après avoir pris quelques dispositions indispensables, je me déclarai prêt à partir. Il y avait un rassemblement dans la rue, que l'étrange visite dont j'étais l'objet avait attiré. Le principal sbire me demanda s'il fallait envoyer chercher une voiture *à mes frais*. Je répondis que oui; la voiture arriva, et nous partîmes, non sans que j'eusse recommandé à M. de Caumont et à M. Ziwy de dire à notre ambassadeur qu'on m'arrêtait malgré un passe-port en règle, et qu'il m'était interdit de lui écrire. Je remis aussi à M. de Caumont, pour la montrer au besoin, la déclaration que j'avais reçue de la police à Civita-Vecchia.

VIII

En descendant l'escalier, je rencontrai la mère de madame Rosi, une bonne octogénaire qui, me voyant aussi étrangement escorté, pleurait à chaudes larmes. Je lui serrai la main et lui dis : « Ce n'est rien, nous nous reverrons bientôt. » Mais la bonne vieille continuait de pleurer : elle connaissait mieux que moi la police romaine! Les autres membres de la famille, de même que M. de Caumont et M. Ziwy, me donnèrent aussi des témoignages d'affection, mais plus contenus, comme s'ils craignaient que l'âge ne les protégeât pas, eux, suffisamment contre le despotisme clérical. Enfin, la porte extérieure s'ouvrit, deux sbires et l'interprète montèrent avec moi dans la voiture; nous traversâmes un flot de peuple, les chevaux franchirent rapidement la distance à parcourir, et nous voilà à *San Michele*. — Étrange destinée que la mienne! Une première fois, je suis, sans défense, il est vrai, condamné à la déportation (1) pour avoir, à propos de Rome, dit, dans une correspondance, ce que cinq cent mille personnes savaient; et, une seconde fois, je suis emprisonné pour avoir voulu savoir ce qui se passait à Rome, et le consigner dans une correspondance.

(1) Haute Cour de Versailles. — Affaire du 13 juin 1849. L'illustre Lamennais écrivit après l'arrêt que, depuis la sentence contre Dupoty, rendue par la Cour des Pairs, il n'y avait pas eu de condamnation comparable à la mienne.

CHAPITRE VIII

I. Les employés et gardiens des prisons de Rome. Formalités pour mon incarcération. Gracieuseté du directeur. — II. Troisième refus relatif à M. l'ambassadeur de France. A quel prix on a des draps de lit et un matelas. — III. Singulier orgueil. L'inspection de ma personne. Ma montre et mon argent consignés. Une quinzaine de *loyer* payée d'avance. — IV. L'intérieur de *San Michele*. Rencontre d'autres détenus. Ma mise au secret. — V. Description du réduit qu'on appelait ma *chambre*. Le manque d'air. — VI. Meubles et ustensiles de ma cellule. Impossibilité d'avoir une table. — VII. Pourquoi les prisonniers de *San Michele* n'ont ni couteaux ni fourchettes. Un gendarme écuyer tranchant. — VIII. Le pays des chimères. Souvenir du lièvre de La Fontaine. — IX. Efforts pour humer un peu d'air. Exercice inquiet et forcé. Des coups frappés au mur de ma cellule.

I

A Rome, les prisons n'ont pas, comme en France, un directeur, des employés, des gardiens de l'ordre civil. Tous sont des carabiniers pontificaux ou gendarmes en activité de service, auxquels on donne un supplément de solde pour les fonctions spéciales qu'ils remplissent. Ce fut un gendarme qui me reçut, un gendarme qui prit les premières dispositions, et le directeur, qui survint bientôt, était un autre gendarme, celui-ci sous-lieutenant. S'il y a des registres et un greffe, on ne les voit point. — Serait-ce que l'autorité romaine se réserve la faculté de faire disparaître au besoin la trace des incarcérations? — Un premier gendarme prit mon nom sur un simple chiffon de papier; un second gendarme prit mon nom et celui de mon père, sur un autre chiffon de papier; enfin le directeur prit encore mon nom, cette fois avec les noms et prénoms de mon père et de ma mère, toujours sur un chiffon de papier. Alors les agents de police se retirèrent en me saluant d'un *signore* très-accentué, et le directeur eut la gracieuseté de dire aux gens qui l'entouraient, sans doute pour qu'on agît en conséquence : *Questo è un brav' uomo.* On n'en fait pas toujours autant pour les politiques indigènes, qui, on le verra plus tard, sont considérés par les cardinaux comme pires que les assassins et les voleurs.

II

En ce moment, je demandai, pour la troisième fois, à écrire à M. l'ambassadeur de France. Le directeur me répondit que cela ne se pouvait point. Je m'informai si je serais seul dans une chambre, car je croyais qu'on me donnerait une chambre. Le directeur me répondit qu'il tâcherait de me mettre seul; mais il ajouta que, si je voulais avoir des draps de lit et un matelas, je devais payer 5 baiocchi par jour et consigner quinze jours d'avance, sauf à être remboursé, le cas échant, des jours payés et non passés en prison (1). — « Comment! » dis-je,

(1) Le remboursement des jours qui m'étaient dus pour la seconde quinzaine quand je suis parti n'a pourtant pas eu lieu, mais c'est cer-

« et si je n'avais pas d'argent? » — « Alors, » répliqua mon gendarme avec le plus grand sang-froid, « vous coucheriez sur une paillasse avec une simple couverture. » — Il ne m'en fallut pas davantage pour comprendre le sort qui m'était réservé!

III

« La chambre qu'on va vous donner est petite, » ajouta le directeur, « mais vous verrez un bel établissement! » — Et en me disant cela, il paraissait tout fier d'avoir la conduite d'une telle maison. Pour moi, je trouvais la compensation peu consolante. Successivement, et comme s'ils obéissaient à un mot d'ordre, vinrent dans la pièce d'attente où j'étais plusieurs gendarmes, des auxiliaires, l'aumônier ou chapelain de la prison. Ils jetaient un coup d'œil sur moi, puis disparaissaient. Ensuite le directeur me demanda de lui consigner ma montre, mon argent et les bijoux que je pourrais avoir. Je remis le tout de bonne grâce, puisque la résistance n'aurait servi de rien. Le directeur se paya d'une quinzaine de *loyer*, enveloppa le reste, me laissa quelques paoli pour les petites dépenses courantes, et, après s'être assuré que ma *chambre* était enfin prête, il me confia à deux gendarmes pour me conduire dans l'intérieur de la prison.

tainement un oubli, car tous les prisonniers, qui ont eu tant à se plaindre de lui sous d'autres rapports, s'accordent à dire que le directeur ou ex-directeur de *San Michele* est un homme d'une grande probité.

IV

Pendant que nous traversions des couloirs sans fin et que nous montions plusieurs escaliers, je fis diverses questions à mes sbires sur le personnel de l'établissement; mais personne ne répondit. Parvenus au second étage d'un corps de logis superposé, nous primes une galerie étroite, et je vis au-dessous une multitude de prisonniers, dont les uns me regardaient avec curiosité, dont les autres me saluaient avec un intérêt affectueux. Je répondais autant qu'il était en moi à ces touchantes démonstrations, quand les gendarmes qui m'accompagnaient hâtant le pas, l'un d'eux ouvrit une porte et me fit entrer dans ce que lui aussi appelait ma chambre. Comme il s'apprêtait à refermer sans autre cérémonie : — « Suis-je donc au secret? » lui dis-je. — « Assurément. » — Il donna un tour de clef et s'en alla.

V

Je me trouvai alors dans un réduit plus étroit que les cellules de Mazas. Ni l'air ni la lumière n'y entraient directement, et depuis que la prison de *San Michele* est bâtie, le soleil n'a pas envoyé dans ce trou un de ses bienfaisants rayons. Aussi, quoique la cellule n° 44 soit située au troisième étage, les briques qui en recouvrent le sol sont toujours visqueuses, et l'on n'a point passé cinq minutes dans ce triste lieu qu'une humidité froide vous pénètre jusqu'aux os et ne vous quitte plus. Un baquet en bois qui est là nuit et jour infecte et corrompt l'atmosphère. Pour éviter l'asphyxie des prisonniers, l'architecte a ménagé dans la partie la plus basse du mur, donnant sur le dehors, une petite ouverture destinée à établir un courant d'air avec une ouverture plus grande pratiquée à l'opposite. Mais quand on est au secret, cette dernière ouverture est fermée par un volet fortement verrouillé, et alors le prisonnier ne respire plus qu'un air vicié et délétère.

VI

Quant aux meubles ou ustensiles, tous ceux de ma cellule, et je me suis assuré plus tard qu'il en était ainsi pour les autres, consistaient en une cruche d'eau, une espèce de saladier pour la soupe, une petite assiette, un petit pot pour le vin, le tout en grès, une cuillère de bois, et une petite étagère contenant deux planchettes longues et larges comme deux fois la main. Il fallut l'intervention d'un magistrat, après la levée du secret, pour me faire avoir une chaise de dix sous, et jamais je n'ai pu obtenir, même à location, une table si étroite qu'elle fût. J'ai déjà dit un mot de la manière dont on est couché, mais c'est un sujet sur lequel je reviendrai.

VII

Une chose non moins interdite que les tables, ce sont les couteaux et les fourchettes. A aucun prix on n'en permet l'usage. Le directeur excuse cette sévérité de la police en disant que, si les prisonniers avaient des couteaux et des fourchettes, ils tueraient tous les gardiens. L'aveu prouve combien ces messieurs sont doux et savent se faire aimer! Quoi qu'il en soit, quand un prisonnier ne veut pas déchirer les aliments avec ses ongles, comme une bête fauve, un gendarme vient qui les lui coupe en morceaux, après quoi cet écuyer tranchant de nouvelle espèce remporte son couteau et sa fourchette. Quand il y a un os à décharner, le gendarme le prend avec sa main, propre ou non, opération on ne peut plus faite pour exciter l'appétit du prisonnier!

VIII

J'aime la rêverie, et je passe volontiers, quand je suis seul, ou que je m'isole par la pensée de la société qui m'entoure, des heures entières à parcourir ce pays des chimères qui, au sentiment de Rousseau, est le seul digne d'être habité. Oubliant alors le monde réel, cause pour moi de tant d'ennuis et de souffrances, je vis avec délices dans un monde où la justice n'est pas un vain mot, où la force n'est point la raison souveraine. Cependant, pour que mon esprit puisse errer en liberté, il faut que les circonstances et le milieu où se trouve la bête, suivant l'expression de Xavier de Maistre, lui permettent de s'affranchir. Si le lièvre de La Fontaine « en son gîte songeait, » il avait devant lui l'air et l'espace; mais moi, étroitement renfermé entre quatre murs, avec une atmosphère empestée, que pouvais-je faire, sinon songer à respirer?

IX

Ma cellule, moins large, ai-je dit, que celles de Mazas, mesurait trois pas de longueur. Je ne l'avais point parcourue dix fois d'un mur à l'autre qu'il me fallait, pour ne pas étouffer, monter sur un appui, appliquer mon visage contre la grille de la barbacane et m'efforcer de humer un peu d'air. On peut imaginer si avec un pareil exercice les heures s'écoulaient lentement! De temps en temps, pour les abréger un peu, j'essayais de m'allonger; mais mon lit se trouvant établi très-bas, et l'acide carbonique étant plus lourd que l'air, j'éprouvais aussitôt des suffocations. Je me levais alors et je recommençais mes promenades, pour, un moment après, tenter encore de reposer. Enfin la fatigue me vainquit totalement et je fus forcé de me coucher. A ce moment j'eus le bonheur d'entendre quelques coups légers frappés au mur. C'est le signal dans les prisons pour indiquer qu'un autre captif est près de vous. La détention me parut alors moins affreuse.

CHAPITRE IX

I. Lutte du malaise contre le sommeil. Une visite nocturne. — II. Ma première nuit à *San Michele.* Souvenir des prisons de France. — III. Le service du matin. Humanité d'un gendarme. — IV. Un écrit lancé dans ma cellule. Secrets révélés et secrets demandés. — V. *Oun* politique français. Peut-être des *moutons*. — VI. Demande d'un livre. La *Préparation à la mort.* — VII. Ce qu'est l'*Apparecchio alla morte.* Réflexion peu consolante. — VIII. Un bruit inaccoutumé. Assassinat d'un gendarme.

I

Dans le lit le malaise lutta longtemps contre le sommeil; mais le sommeil finit par l'emporter. Il y avait une heure à peine que je dormais, lorsque je rêvai que je me trouvais dans l'un de ces coupés étroits et bas de certaines diligences d'autrefois. Deux compagnons de voyage en bonnet de coton, s'inquiétant peu de mes plaintes qu'on étouffait, fermaient obstinément les vasistas. N'y pouvant plus tenir, je pris le parti de casser la glace la plus à portée de ma main. Mais comme j'étais au lit et non dans un coupé, mon poing alla frapper le mur, et la violence du coup me réveilla. En même temps la porte de ma cellule s'ouvrit, et je vis entrer un gardien de ronde avec sa lanterne. J'ai lu dans les physiologies modernes la théorie des hallucinations, et je me crus sous l'empire de ce phénomène étrange. Toutefois je demandai : « Que voulez-vous? » — « Je ne puis, » répondit le gardien, « vous dire ce que je veux. » — Et il s'en alla. Sans doute il venait voir si je ne m'étais pas pendu, comme l'ont fait deux ou trois autres détenus au secret dans cette même prison.

II

Le sang qui battait violemment mes tempes m'aurait appris, s'il en eût été besoin, que j'étais bien éveillé. La souffrance, un trouble des sens indéfinissable me forcèrent de me lever. Je passai le reste de la nuit dans un état d'agitation qui ne se peut exprimer. Vingt fois la fatigue m'obligea de me mettre au lit, et vingt fois les suffocations m'obligèrent de me relever. J'ai passé plus de dix ans dans les prisons de France (1), et mon temps de secret à la préfecture de police ne fut pas aimable. Mais je puis dire que toutes les douleurs physiques de ces dix années, en les combinant ensemble, n'ont eu rien de comparable à celles que j'éprouvai en une seule nuit dans la prison de *San Michele* de Rome.

(1) Aucun lieu n'étant fixé pour la déportation politique à l'époque du procès du 13 juin 1849, devant la Haute Cour de Versailles, les condamnés à la déportation devaient, aux termes du Code pénal, expier leur peine dans une prison de France.

III

Enfin le matin arriva, et un gendarme se présenta avec des auxiliaires pour ce service qui apporte chaque jour un surcroît d'infection aux cellules et aux couloirs. Je lui dis qu'à moins de tomber malade il m'était absolument impossible de rester plus longtemps sans air dans mon taudis. Le gendarme ne répondit pas ; mais, une heure après, ayant entr'ouvert le volet du couloir, pour me demander si je n'avais besoin de rien, il fit comme s'il oubliait de le verrouiller, et je pus alors respirer un peu. Je me hâte d'ajouter, car mon intention n'est pas de dire seulement le mauvais côté des choses, que le directeur, à qui l'on fit un rapport, donna lui-même l'ordre d'ouvrir le volet la nuit, quand tous les prisonniers seraient renfermés dans leurs cellules et que personne ne pourrait me parler à travers la grille. Pour le jour, son autorité n'allait pas jusqu'à pouvoir autoriser cette infraction aux règlements.

IV

Néanmoins, sans que le directeur le sût, le volet du couloir était resté ouvert. Après le déjeuner, et dans un moment, me dit-on, où la surveillance des gardiens était moins active, un prisonnier montra à la dérobée sa tête à la grille, jeta un papier roulé dans ma chambre, me dit quelques mots rapides et disparut. Je lus ce papier. On me demandait des renseignements que je ne pouvais donner ; mais l'aurais-je pu que je ne l'eusse pas fait.

Je demande pardon à mon questionneur si je l'offense; mais je me dis que ce ne pouvait être qu'un *mouton*. Comment, moi arrivé de la veille, moi tenu à un secret rigoureux, moi qui ne connaissais et n'étais connu de personne, on m'écrit des secrets et on m'en demande! Quand le prisonnier revint pour prendre la réponse *écrite*, je répondis de vive voix que je venais de Naples, que j'étais resté seulement quelques jours à Rome, et que je ne savais rien de la haute Italie ni de l'Italie centrale. L'homme au billet parut décontenancé.

V

Soit que ce manége eût été aperçu, soit toute autre cause, bientôt un gardien vint fermer le volet au verrou. Deux heures plus tard, on frappa discrètement à ma porte, et quelqu'un me dit à demi-voix, en appuyant ses lèvres à la rainure : — *Zé souis oun politique français; zé reviendrai*. Il ne revint pas. Mais en tous cas la prononciation de notre *j* et de notre *u* l'avait trahi, et il est certain qu'il n'aurait rien appris de moi. Je n'ai jamais cherché à savoir depuis quelles étaient ces deux personnes, et peut-être, je le répète, que je calomniai dans mon esprit de braves gens; mais il est certain qu'alors je crus que la police, n'ayant trouvé rien de compromettant dans mes papiers, cherchait, pour excuser sa conduite, à me compromettre en prison au moyen de *moutons* lancés à ma suite.

VI

Cependant j'étais toujours aussi incapable de méditer, et la journée menaçait d'être longue. Pour l'abréger, je renouvelai une demande que j'avais déjà faite dès mon entrée en prison. — « Pourriez-vous, » avais-je dit au directeur, « me prêter quelque livre, fût-ce même un livre ascétique? » — « Tous les livres sont défendus, » me répondit-il, « quand on est au secret. Cependant je verrai. » — Je priai donc un des gendarmes d'aller dire à son lieutenant que je voudrais bien avoir à lire une chose quelconque. Il me rapporta la *Préparation à la mort* du bienheureux Alphonse de Liguori. Si je m'étais senti un peu coupable, le choix du sujet m'eût paru un horrible jeu.

VII

Pour les hommes qui ne se payent point de billevesées c'est un volume fort ennuyeux que l'*Apparechio alla morte* de Liguori. Cependant, comme il y a çà et là quelque bonne pensée morale, de cette morale de tous les temps et de tous les lieux, et que, en outre, le livre est écrit en très-bon italien, il m'arrivait d'en lire huit ou dix pages sans que la lassitude me forçât de le laisser. Quand, enfin, je l'avais abandonné pour une de mes promenades de trois pas, souvent, au moment de le reprendre, je le rejetais avec humeur. Mais bientôt je me faisais la réflexion peu consolante qu'il n'y avait pas à choisir; et ne pouvant ni me promener, ni dormir, je lisais encore Liguori.

VIII

Au moment du plus grand ennui, il me vint une distraction. J'entendis un bruit inaccoutumé, des verrous qui glissaient avec fracas, une clef qui grinçait durement, et bientôt des pas retentirent dans ma cellule de gauche, jusque-là solitaire. On venait de me donner un voisin. Une demi-heure après, un des auxiliaires entra, et je tâchai de savoir ce que l'on reprochait au nouveau prisonnier. Il me dit qu'il était accusé de participation dans l'assassinat d'un gendarme, tué la veille en pleine rue. — Ce sont de ces choses qui arrivent de temps en temps à Rome. — La police avait recommandé de tenir le prévenu au plus rigoureux secret, parce qu'on croyait à tout un complot, et qu'on voulait essayer d'en découvrir les fils.

CHAPITRE X.

I. Soupçons de complots, communs à Rome. La théocratie et l'ordre représentatif. Obligation de supprimer le pouvoir temporel du pape. — II. L'État pontifical diversement civilisé. De son incorporation au royaume d'Italie. — III. Florence proposée pour capitale. Avantages de cette combinaison, suivant les Toscans. — IV. Inconvénients de Turin, Milan, Naples, pour capitale. — V. La servitude de l'Italie due à la Cour de Rome. Premier soin pour asseoir solidement l'Italie. — VI. Les anciens duchés de Parme et de Modène. La noblesse et les basses classes. — VII. L'aversion pour l'Autriche égale chez les Vénitiens et chez les Lombards. Du vote de Venise sur l'annexion. — VIII. Force du royaume subalpin. — IX. Causes d'agitation dans les États constitutionnels. — X. Désirs et tendances unitaires. D'où naît la crainte incessante du gouvernement papal.

I

A Rome, les soupçons de complot sont chose commune. Le gouvernement connaît le mécontentement des populations qu'il tient sous son joug, et il croit toujours à une insurrection prochaine pour le secouer. La plupart du temps ces terreurs sont vaines; mais l'irritation n'en est pas moins profonde. Est-ce à tort ou à raison que les Romains sont fatigués du système qui les régit, et les Italiens de n'avoir pas leur capitale? C'est ce que la logique des faits et l'histoire nous diront.

L'expérience a prouvé combien il est difficile de concilier la théocratie romaine avec l'ordre représentatif. Un régime représentatif veut ses conséquences naturelles, c'est-à-dire une presse libre, une tribune libre, des réformes opportunes, une politique nationale. Or l'Église, par l'esprit qui lui est propre, doit pouvoir condamner des théories, des faits historiques qui ne sont point conformes à l'essence du catholicisme. Il y a donc antagonisme entre l'Église et la pensée humaine. Aussi, partout où l'Église dominera, elle empêchera que la pensée soit affranchie de son contrôle.

De cette incompatibilité flagrante entre l'Église et la liberté naît l'obligation de supprimer le pouvoir temporel du Pape. Loin de détruire la catholicité, on augmenterait ainsi la considération du chef de l'Église. Les partisans d'une Italie *unitaire* veulent réserver Rome pour la capitale du nouvel empire. Or ceci est en opposition avec la papauté temporelle. A vouloir conserver un pape-roi, il ne peut siéger qu'à Rome ; à vouloir en faire un souverain, on doit lui maintenir l'autonomie, et si le Pape a l'autonomie, il va de soi que Rome ne peut plus être la capitale d'un royaume.

La suppression du pouvoir temporel arrangera toutes choses. « Ainsi, » dit un écrivain moderne, « seront « exaucés les vœux de tous les catholiques sages et « loyaux. Ils ne seront plus attristés par le spectacle de « soldats étrangers appelés à chaque instant pour com- « primer des peuples inquiets; ils ne seront plus affligés « par l'exécution d'une sévère justice, dont la nécessité « forme un douloureux contraste avec la mansuétude « évangélique. La puissance ecclésiastique suprême, dé- « livrée de l'embarras d'un régime politique difficile et

« compliqué, pourra d'autant mieux consacrer ses soins
« les plus assidus à l'administration des choses spiri-
« tuelles. Les doutes et les soupçons qui naissent de la
« voir préoccupée d'intérêts temporels étant écartés,
« ses décrets seront mieux accueillis, et la parole apos-
« tolique, propagatrice de la vérité évangélique et in-
« terprête de la doctrine de la foi, se répandra dans le
« monde plus persuasive et plus respectée (1). »

II

Les provinces qui composent l'État pontifical sont très-diversement civilisées. Généralement ces peuples ont une organisation mâle et une intelligence saine; mais le mauvais gouvernement et des habitudes funestes conspirent à les rendre ou engourdis et dissimulés, ou contumaces et rebelles. Avec une administration forte et sage, la plupart ne tarderaient pas à déployer les vertus les plus viriles, et à montrer que leur cœur renferme un des principes les plus puissants de régénération nationale.

Le sol, quoique semé de parties montagneuses et alpestres, est en général luxuriant et fertile. Pour y développer l'industrie, il suffirait de la délivrer des entraves économiques dont l'entoure à l'ensevelir le régime théocratique. En somme, un pays riche en hommes et en forces productrices est réduit à n'avoir ni soldats ni finances, sans même qu'il lui reste l'espérance d'échapper jamais à cette misérable condition.

(1) *Delle Eventualità Italiane. — Considerazioni politiche.* In-8°.

L'État de l'Église passant au royaume d'Italie, combien le sort de ses provinces serait changé ! Il est vrai que l'aversion invétérée pour le gouvernement théocratique a répandu parmi ces peuples, plus que dans toutes les autres parties de l'Italie, les sentiments républicains. Cependant les éléments d'un parti constitutionnel n'y manquent point. Le républicanisme n'aurait pas en ce moment une force suffisante pour empêcher l'incorporation des provinces papales dans un grand royaume italien.

III

On a proposé que Florence fût la capitale du nouveau royaume. Sans doute le caractère modéré des Toscans et leur antique civilisation les rendent aptes au gouvernement constitutionnel. Mais le problème sur la manière dont ils seraient régis devient difficile à résoudre lorsque leurs anciens gouvernements, oubliant un passé ineffaçable, et fermant les yeux sur un avenir imminent, ont systématiquement repoussé le parti constitutionnel et l'ont ainsi privé d'avance de l'unique appui que le pays pouvait lui offrir dans les crises politiques contre l'intempérance de la démagogie ou l'impuissante nullité des rétrogrades. Le vœu, néanmoins, d'une certaine fraction du parti monarchique constitutionnel est que la Toscane devienne partie principale d'un royaume central. Fixant leurs regards sur le Piémont, qui pourrait être un puissant auxiliaire ; suivant avec anxiété les péripéties de la politique européenne, des patriotes toscans espèrent que quelque éventualité

5

heureuse changera avant qu'il soit longtemps la condition de leur pays.

Florence, transformée en capitale du nouveau royaume, serait encore, suivant eux, comme elle le fut autrefois, maîtresse du beau langage. La patrie de Dante, de Machiavel, de Michel-Ange et de Ferrucio, verrait revivre, avec une culture littéraire exquise, l'antique génie politique. L'inspiration artistique, développée par un concours d'écoles, dans ce noble siége de modèles splendides, ravirait autant que jamais le monde de ses merveilles. Et que d'autres avantages à Florence! Douze millions d'Italiens, soit la moitié de la population totale, habitent les régions comprises entre l'Arno et les Alpes; douze autres millions occupent les parties plus méridionales et les îles. Florence peut se relier, par les voies de fer, à Turin, Milan et Venise, en passant par Gênes et Bologne; à Rome et Naples, en passant par Sienne; à toutes les îles par les pyroscaphes partant de Livourne. Florence est donc la plus centrale de toutes les grandes villes d'Italie, la plus heureusement située pour coordonner efficacement l'organisme administratif, les forces militaires de la Péninsule.

IV

Contre les armées étrangères qui tenteraient d'envahir l'Italie, Milan et Turin ne sont protégés que par les Alpes.

Ainsi, à l'inconvénient de leur excentricité, ces villes joignent le grave défaut que, les Alpes franchies, elles sont entièrement découvertes. Pour ne point parler des motifs à déduire de son organisation religieuse, Rome, ajoutent les Toscans, serait toujours moins centrale que Florence, et de plus exposée, comme trop voisine de la mer, au débarquement d'une expédition ennemie; Naples, excentrique comme Turin et Milan, n'a pas seulement un débarquement à redouter ; on la peut réduire par un bombardement. Florence, distante de soixante milles de la mer, n'a ni débarquement ni bombardement subit à craindre. Contre des forces qui, des Alpes, viendraient s'abattre sur la Péninsule, la ville est protégée par une triple ligne de défense, les Alpes, le Pô et l'Apennin. L'histoire démontre combien il peut être périlleux pour une armée étrangère de se risquer dans l'Apennin; et l'autorité d'un grand homme de guerre vient fortifier l'histoire. Florence donc, placée au beau milieu de l'Italie, est dans les meilleures conditions pour devenir capitale. Que si l'on objectait la grande difficulté d'unir complétement les diverses parties de l'Italie, et par là l'inutilité d'agiter ce problème délicat et ardu de changement de capitale, on répondrait que souvent les solutions en apparence les plus difficiles peuvent devenir les plus faciles, par la coïncidence inopinée de diverses circonstances favorables. Il n'est donc pas mal, et, au contraire, il peut être utile et prudent d'envisager toutes les éventualités possibles. On se gardera de toute réfutation inopportune; mais il n'en reste pas moins qu'aucune ville, toujours au dire de quelques Toscans, ne le peut disputer à Florence comme capitale du royaume.

V

Diviser une nation en petits Etats, c'est lui couper les nerfs, lui ravir la puissance, introduire dans son sein le germe des discordes, les rendre inhabiles à résister aux ruses cupides, aux agressions de l'étranger. Ce que dit la raison, l'histoire l'enseigne, spécialement celle d'Italie. Que la désunion, et sa compagne la servitude, doivent être attribuées à l'influence de la cour de Rome, c'est une opinion vulgaire, corroborée par la grave autorité de Machiavel. Au rapport du célèbre Florentin, si le dépècement de l'Italie fut originairement dû autant aux Lombards qu'aux pontifes, plus tard les pontifes, dans l'intérêt de leurs acquisitions temporelles, réclamèrent seuls la présence directe et permanente des étrangers. Les Romains répondent donc aux Lombards : Si l'on veut asseoir solidement l'Italie, le premier soin doit être de supprimer l'État pontifical, d'ôter au Pape toute espèce d'ambition mondaine, toute prétention politique. Alors on pourra espérer la parfaite unification de l'Italie.

VI

Il y a peu à dire des anciens duchés de Parme et de Modène, peuplés d'environ un million d'habitants. Les princes déchus s'appuyaient exclusivement sur l'Autriche et en suivaient les destinées. Les peuples ont des espérances politiques, des idées et des sentiments communs avec les Lombards-Vénitiens. Dans les capitales, la plus grande partie de la noblesse subit l'influence des anciennes cours. Parmi les basses classes, quelques-uns aspirent à la république. Le plus grand nombre s'unit cordialement au Piémont pour demander Rome capitale.

VII

L'aversion pour l'Autriche passa longtemps pour être plus tiède chez les Vénitiens que chez les Lombards. La longue et valeureuse résistance de Venise a montré depuis que la haine des deux peuples était égale. En fait, dans l'État vénitien, les actes d'adhésion au gouvernement étranger sont rares, et les Autrichiens se voient réduits à occuper les fertiles provinces qui le composent militairement et en ennemis. La séparation entre dominateurs et dominés, déjà très-prononcée, devint plus profonde par les sanglantes opérations de 1848. Le décret inique et inconsidéré sur les séquestres; les fréquentes condamnations capitales de citoyens n'ayant d'autre tort que d'aimer la patrie, ont fini de combler la mesure. Aussi les Vénitiens désirent avec ardeur leur réunion à l'Italie ; mais ils ne demandent pas moins chaleureusement Rome pour capitale du nouveau royaume. Et la première tendance n'est pas nouvelle. Lorsque les Vénitiens furent appelés à voter sur ce qui convenait le mieux au pays, 500,000 suffrages se prononcèrent en faveur du Piémont, et 600 seulement pour que la question fût ajournée.

VIII

La grande force du royaume subalpin était dans son admirable position géographique, dans la valeur et la loyauté de ses princes, dans les prérogatives civiles et militaires de ses peuples, dans la vertu expansive du gouvernement représentatif; enfin dans la vigueur remarquable d'une armée de 70,000 hommes.

Ce petit État, qui faisait l'admiration du monde, était le désespoir des Autrichiens et des divers gouvernements de l'Italie. Pour se venger des bienfaits qu'il devait à ses institutions salutaires, il n'était pas de reproches que ses envieux et jaloux ennemis n'accumulassent contre le Piémont : la presse était licencieuse, le respect pour le clergé n'existait plus, il y avait des désirs impatients et immodérés de réformes, on nourrissait des vues ambitieuses, des aspirations superlatives.

Le Piémont dédaigna ces attaques, et il fit sagement. Mais, s'il eût voulu y répondre, il aurait pu, outre l'adage que « là où tout le monde peut écrire, la bonne presse finit toujours par corriger et tempérer la mauvaise, » prouver aisément que le dommage était moins grave qu'on ne le prétendait. Et, d'ailleurs, où est l'institution qui n'a pas ses inconvénients? Sans presse libre, il n'y a point d'État libre. Voulait-on que le Piémont renonçât à la liberté? La réponse de l'Autriche et des gouvernements de la Péninsule n'aurait pas été douteuse ; mais on avait mieux à faire que d'obtempérer à leurs vœux.

IX

L'agitation, dans les États constitutionnels, est due au vif désir de réformes intérieures, ou au mécontentement qu'excite la conduite du pouvoir dans ses relations avec l'étranger. En Piémont, la liberté de la presse, le droit d'association, la faculté de se réunir existaient suffisamment pour que les hommes politiques fussent peu impatients de réclamer. Le commerce affranchi, l'industrie presque sans entraves, ne laissaient guère plus de prise aux plaintes des intérêts matériels. Il ne fallait qu'un nouveau pas pour rendre complètes les franchises civiles. La loi électorale évitait deux périls : la licence démocratique et l'étroitesse de l'aristocratie. Enfin, le législateur n'avait pas été moins sage dans l'organisation intérieure de la représentaion nationale. Il fallait assurer l'indépendance de la chambre des députés ; on avait limité au quart du nombre total les employés du gouvernement qui pouvaient siéger. Par cette louable précaution, une assemblée qui votait le budget devait échapper à l'action du pouvoir, s'il tentait de la corrompre.

X

Les désirs et les tendances unitaires, qui germaient déjà parmi les peuples de la Péninsule, étaient la conséquence inévitable de l'hostilité que montraient leurs gouvernements contre toute forme de régénération nationale. Si ces gouvernements se fussent montrés sincèrement italiens, on aurait vu l'aspiration unitaire s'affaiblir, et les esprits poursuivre quelque organisation plus facile. Mais, dans l'état des choses, le gouvernement piémontais ne pouvait mieux faire que de persister dans sa voie de patriotisme et de loyauté. Là était sa vraie force, et les événements ne tardèrent point à le prouver.

Que faut-il maintenant pour que le nouveau royaume soit solidement fondé et que l'Italie soit une? Rome pour capitale. Le tour de Venise viendra plus tard. Telle est la pensée de tout Italien de quelque patriotisme. Et c'est parce que cela se dit souvent, à Rome même, malgré les sbires et la police, que le gouvernement papal voit dans les rapports les plus absurdes d'un mouchard des complots pour le renverser.

CHAPITRE XI

I. Partis politiques en Italie. Qu'adviendrait-il si les Français cessaient d'occuper Rome ? — II. De l'affranchissement de la domination étrangère. Sacrifice provisoire de l'illustre Manin. — III. L'Italie à divers âges historiques. Preuve certaine de l'énergie des peuples italiens. — IV. Cause de troubles graves et fréquents. Schisme engendré par la rivalité entre la Rome antique et la Rome nouvelle. — V. Vrais maîtres de toute la Péninsule. Comment se perpétua la servitude de l'Italie. Deux causes à l'impuissance des Lombards. — VI. Obstacle à l'indépendance des États. Les Papes opposés à la formation d'un royaume italien. Extension des juridictions épiscopales. — VII. Le premier des Gibelins. Querelle des investitures. Rome remplie de sang, et l'Italie déchirée. — VIII. La liberté des villes italiennes soumise à un maître étranger. Les *Guelfes* ou papistes, et les *Gibelins* ou impériaux. — IX. Résidence des Papes à Avignon. État de l'Italie au XIVe et au XVe siècle. — X. Jean Galéas Visconti, premier duc de Milan. La race de Savoie. — XI. L'Italie à la fin du XVe siècle. — XII. Chute de la suprématie maritime de l'Italie. Domination austro-espagnole.

I

L'Italie, on l'a vu, renferme trois partis politiques : les rétrogrades, les constitutionnels, les républicains. Le parti rétrograde a pour appui les anciennes maisons régnantes de Naples, de Toscane, de Parme et de Modène, la cour de Rome, une grande partie du clergé, quelques membres de la vieille noblesse, les multitudes

5.

ignorantes et égarées. Mais, à la honte de la réaction, que l'étranger vienne à quitter l'Italie, et aussitôt multitudes, vieille noblesse, clergé, cour de Rome, anciennes maisons régnantes, tout cela tombe dans une impuissance absolue. Qui n'avait présagé, par exemple, avant sa chute, la ruine évidente de l'édifice de Naples si les Suisses se retiraient? Qui doute que le Pape fût sans force pour maintenir sa capitale toujours inquiète, si les Français cessaient de l'occuper? Que sont devenues la Toscane, Parme, Modène, la Lombardie, après le départ de l'Autriche? Qu'adviendrait-il de la Vénétie, le jour où les troupes autrichiennes s'éloigneraient? Ainsi le parti rétrograde n'existe que par les milices étrangères. Cela suffit pour le juger.

II

Des trois partis politiques qui prévalent en Italie : monarchie absolue, république, monarchie représentative, la monarchie représentative peut seule, par la condition des temps, opérer la réorganisation du pays et l'affranchir de la domination étrangère. Si les Italiens pouvaient s'entendre sur ce point essentiel, nul doute qu'il ne résultât de leur accord l'indépendance nationale absolue. L'excellent Manin l'avait compris lorsque, gardant ses convictions tout entières, il les sacrifiait provisoirement dans l'intérêt de la patrie commune. Douterait-on de la nécessité de s'entendre, de faire des concessions? L'exposé des malheurs séculaires où les divisions ont plongé l'Italie changera peut-être le cours des idées et ramènera les esprits. Quel lamentable enseignement!

III

L'Italie, à son premier âge historique, semble avoir été divisée en plusieurs confédérations de peuples. Rome paraît, et l'Italie est gouvernée par des rois. Plus tard, la principauté, déjà composée d'éléments aristocratiques et démocratiques, se transforme en république mêlée d'aristocratie et de démocratie. Ce changement, qui ne se produit pas seulement à Rome, mais partout, est suivi d'une grande entreprise nationale contre les Goths envahisseurs. Pendant ce temps, la domination romaine gagne peu à peu l'Italie. Néanmoins il s'écoule plusieurs siècles avant que cette domination soit entière. Une preuve certaine de l'énergie des peuples italiens, pour lesquels les Romains constituèrent ce droit particulier dont nous avons parlé, le *droit italique*, résulte de ce fait qu'ils se réservèrent toujours la liberté de suffrage dans les comices. Plus la république s'étendait, plus elle se corrompait ; elle finit par se dissoudre. Succéda l'empire. L'Italie en fut toujours la partie principale, et la plus honorée, sans jamais pourtant être constituée en nation distincte.

IV

Le pouvoir impérial ne se transmettait point par hérédité. De là naquirent des troubles graves et fréquents. Constantin ceignit la couronne, et deux grands changements se produisirent : la conversion de l'empereur au christianisme ; la fondation, sur le Bosphore, d'une nouvelle capitale. Pendant que Rome et l'Italie devenaient le centre de la chrétienté, l'empire romain se divisait en deux : empire d'Orient, empire d'Occident. Cette division, qui s'était déjà produite sous Dioclétien, affaiblit d'autant plus l'État, qu'on tendait davantage vers l'Orient. Peut-être, dans l'intérêt de la défense contre es Barbares, eût-il été mieux de constituer les quatre grandes préfectures d'Orient, d'Illyrie, d'Italie et des Gaules en autant de principautés autonomes et existant par elles-mêmes, que de prétendre maintenir unies en un seul tout les deux parties trop vastes de l'empire romain. Ce dualisme, comme il était naturel, sema la jalousie entre les empereurs d'Orient et d'Occident. La fin de l'empire d'Occident, avec Romulus Augustule (476), fut l'origine de cette multitude de négociations, de trames, d'interventions et de guerres des Grecs qui troublèrent si longtemps l'Italie. La rivalité entre la Rome antique et la Rome nouvelle engendra, en outre, le schisme d'Orient, qui rompit l'unité du monde chrétien..

V

Les rois barbares Odoacre, Théodoric, et les autres Goths qui succédèrent à Augustule, furent véritablement maîtres de toute la Péninsule; mais les lois des Romains restèrent distinctes des lois des envahisseurs. Diverse aussi fut la religion, les Goths étant sectateurs d'Arius. De cette dissidence, jointe au désir intempestif des Italiens de voir reparaître le nom et la renommée de l'empire romain, naquirent les colères, les soupçons réciproques entre Goths et Italiens. Le pape et les sénateurs, accusés d'avoir espéré la liberté de Rome, et conspiré avec l'empereur de Constantinople, éprouvèrent les cruautés de Théodoric. Théodoric mort, et ses successeurs vaincus par Bélisaire et Narsès, l'occasion fut perdue pour les Italiens de fonder un royaume fort et stable en se mêlant avec les envahisseurs. A la courte domination grecque succéda la domination des Lombards (568). Les Lombards ne purent délivrer l'Italie des Grecs ni la défendre contre les Francs. Alors se perpétua la servitude de l'Italie.

Deux causes principales peuvent être assignées à l'impuissance des Lombards : la division imprudente du territoire en trente-six duchés, et le recours des Papes aux Francs, aux rois étrangers. Après la conquête de l'Italie par Charlemagne, conquête dont ne furent exceptés que le duché de Bénévent, Naples, Venise et les trois grandes îles, le nouveau roi, qui dominait le pape, Rome et les villes données à l'Église romaine, se fit couronner empereur par Léon III (jour de Noël 799). Ainsi disparut tout ce qui restait de la souveraineté que les empereurs d'Orient prétendaient conserver sur Rome.

VI

Le renouvellement de l'empire fut un obstacle à la parfaite indépendance des États, à l'établissement des nationalités. L'Italie eut particulièrement à souffrir de ce changement, parce que les Papes, pour empêcher la formation d'un royaume italien, recouraient sans cesse aux empereurs. Vinrent ensuite les contentions entre le sacerdoce et l'empire. Les discordes civiles déchirèrent tellement la Péninsule qu'elle n'eut plus un jour de repos. La fausse politique des empereurs mit le comble à la désunion. N'ayant de résidence fixe ni en Italie ni en Allemagne; voulant rester à cheval sur les Alpes, sans pouvoir jamais étendre et assurer leur domination ni en deçà ni au delà, les empereurs furent pour les deux pays une cause constante de troubles et de querelles.

A l'extinction des Carlovingiens, Béranger, duc de Frioul, fut couronné roi à Milan (888). L'Italie était alors gouvernée par des comtes, des marquis et des ducs, Français ou Allemands de naissance ou d'adoption, féodalité étrange, instrument déplorable de rivalités ambitieuses, de servitudes misérables. Appelé par le Pape et quelques grands, Othon, roi de Germanie, défit Béranger et son fils Adalbert. Jean XII le sacra empereur (962). La couronne d'Italie, avilie par ses propres princes, passa ainsi aux Allemands. Les Othons durèrent jusqu'en 1002. Pendant tout leur règne, les juridictions épiscopales s'étendirent, les hommes du peuple restèrent dans la condition servile.

VII

Sous Conrad de Franconie, le premier des Gibelins, aidé dans ses entreprises par Boniface, marquis de Toscane, les citadins et les soldats allemands eurent de fréquentes mêlées. L'année 1036 vit la ligue des petits vassaux lombards contre les grands (la Motta); autre source de conflits et de malheurs.

En même temps que commençait l'époque splendide, mais troublée, des communes italiennes (1073-1492), s'élevait entre l'empire et la papauté la grande contestation connue dans l'histoire sous le nom de *querelle des investitures*. Grégoire VII tenta opiniâtrément la domination de l'Église. Il fut donné à ce pape d'établir le célibat des prêtres, d'abolir les investitures féodales des églises, de soustraire à la confirmation impériale les Souverains-Pontifes; mais Grégoire voulùt de plus revendiquer pour l'Église la confirmation des empereurs et le droit de les juger, la suprématie sur une foule de laïques féodaux, sur diverses provinces, spécialement les duchés lombards et normands de l'Italie méridionale. La prétention parut exorbitante. Il y eut résistance et lutte. Rome fut remplie de sang, et l'Italie déchirée.

VIII

La croisade de 1099, entreprise sous l'impulsion de la puissance ecclésiastique, permit à la papauté, qui s'acharnait contre l'empire, d'établir le gouvernement des consuls et d'achever la constitution communale (1100 environ). Mais la liberté des villes italiennes fut souvent soumise aux comtes, aux marquis, aux ducs, toujours au maître suprême et étranger, l'empereur. Il advint de là qu'à l'exception de Venise, aucune de ces villes ne put jamais devenir indépendante, ni la liberté relative dont elles jouissaient fonder l'indépendance de la commune patrie.

Henri V, qui pouvait terminer la querelle des investitures, étant mort sans enfants (1125), avec lui s'éteignit la véritable maison gibeline. L'empire échut à la maison de Hohenstaufen ou de Souabe; alors s'accrurent les discordes italiennes entre ville et ville, et, dans le sein de la même ville, entre les grands et le peuple, entre les Guelfes ou papistes et les Gibelins ou impériaux. Pendant que le fléau sévissait avec le plus de rage dans la Lombardie, en Toscane, dans la Romagne, Roger, déjà seigneur de Sicile ou duc de Pouille, réunissait les diverses principautés normandes (1130) et en formait le royaume des Deux-Siciles. Pour comble d'infortune, ce royaume fut successivement soumis à six dynasties diverses : Normands, Suéviens, Angevins, Aragonais, Autrichiens, Bourbons, tous étrangers, et qui, par leur propre faute, plutôt que par la faute des peuples, ne surent jamais prendre racine dans ce sol robuste et fécond de l'Italie.

IX

Au quatorzième siècle, les Papes, dominés par les rois français, quittèrent Rome pour la France. Ils résidèrent pendant soixante-dix ans à Avignon, au grand scandale des contemporains, qui nommèrent cette époque la *captivité de Babylone* (1308 à 1377).

En ce temps, et dans le cours du siècle qui suivit, voici quel était l'état de l'Italie : des empereurs germains et des Papes français, éloignés ou impuissants; des rois angevins à Naples, chefs du parti guelfe, d'une faiblesse extrême; des villes, ou guelfes ou gibelines, se précipitant sous la domination d'un seul, ou duc ou tyran; des compagnies de mercenaires, commandées par des condottieri, rapaces et sans foi, substituées aux milices citadines, anéanties par les querelles sanglantes entre les grands et le peuple; en somme, des personnalités guerrières, poétiques, beaucoup de splendeur; mais ni unité, ni ordre, ni force, et par conséquent ni indépendance, ni vraie et durable liberté.

X

Pendant cette période, qui finit avec Laurent de Médicis, dit le Magnifique (1492), les Visconti, dont la puissance fut grande, avaient succédé aux Torriani dans la seigneurie de Milan, laquelle passa ensuite aux Sforza. Le plus remarquable des Visconti, Jean Galéas, premier duc de Milan, domina presque toute la Lombardie, du Tessin à l'Adriatique, avec Bologne, Lunigiana, Pise, Sienne, Assise et Pérouse. Sans la mort qui brisa ses desseins, il est probable que Jean eût rangé sous ses lois toute l'Italie supérieure.

Alors aussi crût et se développa la race virile et chevaleresque de Savoie, maîtresse désormais de la plus grande partie de l'Italie. Non absolument innocente d'artifices ou de violences féodales, cette maison fut certainement plus franche, plus pure que les Visconti, les Este, les Scaliger, les Eccelin, les Papes d'Avignon, les Anjou de Naples et les sénateurs de Venise.

XI

Commines, dans ses Mémoires, a peint de vives couleurs l'état de l'Italie à la fin du quinzième siècle. « Aux « princes d'Italie (dont la plupart possèdent leurs terres

« sans titre, s'il ne leur est donné au ciel, et de cela ne « pouvons deviner) lesquels dominent assez cruellement « et violentement sur leurs peuples, quant à leurs de-« niers. Dieu leur a donné pour opposite les villes de « communauté, qui sont audit pays d'Italie, comme « Venise, Florence, Gennes, quelquefois Boulongne, « Siène, Pise, Lucques et autres, lesquelles, en plu-« sieurs choses, sont opposites aux seigneurs, et les sei-« gneurs à elles, et chacun a l'œuil que son compagnon « ne s'accroisse. Et pour en parler en particulier, à la « maison d'Arragon a donné la maison d'Aniou pour « opposite, et à ceux des Sforce, usurpant le lieu des « vicomtes en la duché de Milan, la maison d'Orléans ; « et combien que ceux du dehors soient faibles, ceux « qui sont subiets, encore parfois ils en ont doute : aux « Vénitiens, ces seigneurs d'Italie (comme i'ai dit) et « davantage les Florentins. Auxdits Florentins ceux « de Siène et de Pise, leurs voisins, et les Genevois. « Aux Genevois, leur mauvais gouvernement, et la « faute de foy des uns envers les autres : et gisent leurs « partialitez en ligues : comme des Fourgouze, Adorne « et Dorie, et autres. Cecy s'est tant veu, qu'on en sçait « assez. »

XII

Ainsi finit le moyen âge. Les temps modernes s'ouvrirent; la poudre à canon était trouvée, l'imprimerie découverte, les instruments nautiques inventés, l'art de la guerre changeait, les lettres allaient se répandre ; le commerce du monde suivait une route nouvelle; la suprématie maritime de l'Italie tomba. En même temps les esprits ultramontains, agités par la réforme religieuse, secouaient le frein de l'autorité romaine ; la chrétienté se scindait et changeait de centre. Les potentats italiens, voyant la France, l'Angleterre et l'Espagne unifier l'autorité royale, et se faire plus vigoureuses et plus puissantes, auraient dû se confédérer étroitement. Mais l'égoïsme, les rivalités envieuses et imprévoyantes prévalurent. Le châtiment ne se fit pas attendre : l'Italie, envahie et foulée par les Français, les Espagnols, les Allemands, fut réduite à la pire des servitudes, la servitude étrangère.

La maison des Paléologues, marquis de Montferrat, s'éteignit en 1533. Le Montferrat passa aux Gonzagues de Mantoue. En 1535, François II, le dernier des Sforce, laissa le duché de Milan à l'empereur, qui déjà l'occupait malgré la France, s'efforçant en vain de le reprendre. Paul III, en 1545, voulant agrandir son fils, Pierre-Louis Farnèse, lui constitua le duché de Parme et de Plaisance. En 1555, Sienne tomba, et Cosme Ier de Médicis rangea toute la Toscane sous son sceptre. La paix conclue à Cateau-Cambrésis (1559) confirma Naples et la Lombardie à la maison d'Autriche. Depuis, et pendant cent quarante ans, la domination austro-espagnole se maintint presque incontestée en Italie.

CHAPITRE XII

I. Complications politiques de l'Europe. Le duc de Savoie prend le titre de roi. L'Autriche s'attribue les Deux-Siciles. — II. Le roi de Sardaigne s'unit à la France contre l'Autriche. Bataille de Guastalla. Paix conclue à Vienne. — III. Guerre de la succession d'Autriche. Traité qui s'en va en fumée. Les Allemands chassés de Gênes. — IV. Conséquences de quarante-quatre ans de paix pour l'Italie. Essais impuissants pour rendre ses forces à la nation. — V. Les États d'Italie réduits à dix. — VI. Révolution française. Descente de Bonaparte en Italie. Traité de Campo-Formio. Restauration des anciens gouvernements. — VII. Faute grave commise par Napoléon. Sentiment national blessé par une organisation vicieuse. — VIII. Les anciens gouvernements s'installent de rechef. Causes des mouvements de 1821 et de 1831. Guerre nationale de 1848. Ce que prouvent les événements de 1859 et de 1860. — IX. Raisons historiques de l'esclavage de l'Italie. Les Papes et les petits princes premiers auteurs de ses déchirements. — X. Nécessité de l'union des esprits. Peut-on espérer que le gouvernement papal se transforme? Éventualités de guerre. — XI. Problème touchant l'État pontifical. L'Autriche est-elle à redouter? — XII. Fondement à faire sur l'Italie. Obligation d'accepter un équilibre imparfait. — XIII. Suprématie de la France sur l'Europe tentée en vain. Nécessité qu'aucun étranger ne domine l'Italie. — XIV. D'où vient que l'Autriche et la Prusse se disputent l'hégémonie. — XV. L'Italie ligne de défense contre les invasions du Nord. Exaspération des Italiens contre la papauté temporelle.

I

Les changements survenus au dix-huitième siècle dérivèrent des complications politiques dans lesquelles l'Europe se trouvait engagée. On les dut autant à des causes extérieures qu'à des causes intérieures. La première *guerre de succession*, entre la France et l'Espagne d'une part, de l'autre l'Autriche et l'Angleterre, finit par les traités d'Utrecht (1713), et de Rastadt et Baden (1714). Ces traités laissèrent l'Espagne et l'Inde à Philippe V de France; Milan, Naples et la Sardaigne à l'Autriche. Victor-Amédée, duc de Savoie, qui eut la Sicile, prit alors le titre de roi. Il adjoignit à ses États Alexandrie, Valence, la Lomelline, le Val de Sesia, des terres au delà des Alpes et l'entier Montferrat.

Le cardinal Alberoni, ministre d'Espagne, ambitionnait de reconquérir Naples, la Sardaigne et la Sicile. Le duché de Milan, qu'il prétendait reprendre à l'Autriche, aurait été donné à Victor-Amédée. Tout le monde se tourna contre Alberoni. On refit la paix (1720). Les Bourbons d'Espagne, privés de la Sardaigne, s'attribuèrent les successions éventuelles de Toscane, de Parme et de Plaisance; le roi Victor, dépouillé de la Sicile, eut pour faible compensation la Sardaigne; l'Autriche se donna le beau royaume des Deux-Siciles.

II

La couronne de Pologne, débattue entre Stanislas Leczinski et Auguste de Saxe, fit naître une nouvelle guerre entre l'Autriche et la France. Charles-Emmanuel, roi de Sardaigne, s'unit à la France sur la promesse qu'il eut du Milanais. Les Franco-Piémontais gagnèrent la grande bataille de Guastalla (19 septembre 1734). Les Autrichiens furent encore défaits à Bitonto (25 mai 1734) par les Espagnols de don Carlos. On conclut la paix à Vienne (19 novembre 1735). Auguste fut roi de Pologne ; Stanislas duc de Lorraine, avec l'éventualité de passer grand-duc de Toscane à la mort de Gaston de Médicis. Don Carlos resta roi de Naples et de Sicile, réunies sous le sceptre des Bourbons ; Parme et Plaisance devinrent impériales, et le roi Charles-Emmanuel eut Novare et Tortone. Ainsi, la domination autrichienne se trouvait réduite en Italie à Milan, Mantoue, Parme et Plaisance.

III

Bientôt éclata la *guerre de la succession d'Autriche,* qu'on voulut contester à Marie-Thérèse, épouse du duc François de Lorraine. En cette occasion, le roi de Sardaigne n'hésita point à se rapprocher de l'impératrice, peut-être parce qu'il lui parut que la France et l'Espagne s'entendaient pour donner la Lombardie, avec Parme et Plaisance, à don Philippe de Bourbon. Charles-Emmanuel traita ensuite avec la France pour l'acquisition du Milanais, et conjointement pour établir une ligue de princes italiens dans l'intérêt de la défense nationale ; mais le traité s'en alla en fumée. Les hostilités recommencèrent. Le 10 décembre 1746, les Allemands furent chassés de Gênes, fait glorieux, le seul de ces guerres royales dans lequel le peuple compta pour quelque chose. Le traité de paix signé à Aix-la-Chapelle (18 octobre 1748) reconnut la seconde maison d'Autriche, et fit don Philippe de Bourbon duc de Parme et de Plaisance ; le Piémont gagna le haut Novarais et quelques terres du Pavesan ; Gênes conserva le marquisat de Finale avec toutes ses autres possessions.

IV

Si l'on excepte les factions des Corses contre les Génois, on peut dire que l'Italie eut quarante-quatre ans de paix non interrompue (1748-1792); car elle ne prit part ni à la guerre de Sept Ans, qui consolida la puissance prussienne en Allemagne, ni à la guerre d'indépendance des colonies anglaises d'Amérique. Ainsi s'accrurent l'oisiveté, la nonchalance des Italiens. Les princes, spécialement les étrangers, Charles à Naples, Philippe à Parme, François et Léopold en Toscane, Joseph II en Lombardie, entreprirent des réformes, notamment dans les matières ecclésiastiques, économiques et criminelles. Deux grands poëtes, Parini et Alfieri, travaillèrent aux mêmes fins. Mais ces essais, tant louables et utiles qu'ils fussent, étaient insuffisants pour rendre ses forces à la nation.

V

Négligeant les petits princes de Massa et de Monaco, ainsi que la république de Saint-Marin, les États d'Italie, à la fin du dix-huitième siècle, étaient réduits à dix : 1° le Piémont, ou royaume de Sardaigne ; 2° Gênes, qui avait perdu l'île de Corse, cédée à la France (1768); 3° Venise, république autrefois glorieuse et puissante, maintenant faible et déchue ; 4° le duché de

Milan; 5° le duché de Modène; 6° le duché de Parme; 7° le grand-duché de Toscane; 8° la république de Lucques; 9° les États de l'Église, toujours mal administrés; 10° le royaume des Deux-Siciles.

VI

La révolution française éclata. L'Italie, négligée par ses princes, ne pouvait ni résister à l'événement, ni le seconder à propos. Le roi de Piémont, Victor-Amédée III, proposa en vain l'union italienne contre la France menaçante; il fut seul à prendre les armes. Bonaparte descendit en Italie, défit les Piémontais et les Autrichiens, fit une trêve avec le Piémont, signa la paix avec Pie VI (Tolentino, 19 février 1797), restreignit l'État pontifical en se faisant céder Ferrare, Bologne et les Légations; constitua un nouveau gouvernement; détacha la Valteline des Grisons pour l'unir à la république cisalpine, formée de la Lombardie, de Modène et des Légations, et, finalement, par le traité de Campo-Formio, donna à l'Autriche, en compensation du Milanais, Venise et son territoire, qu'il sacrifia brutalement. Toujours sous la prépondérance française, surgirent, outre la république cisalpine, d'autres républiques éphémères, ligurienne, romaine, parthénopéenne; le Pape fut contraint d'abandonner Rome, le roi de Piémont de se réfugier dans l'île de Sardaigne.

L'année suivante (1799), survint la restauration des anciens gouvernements. Elle fut suivie de proscriptions brutales et cruelles. L'Autriche, maîtresse du sort de l'Italie, se distingua particulièrement dans cette émulation de méfaits. Napoléon revint, vainquit les Autrichiens à Marengo, signa la paix de Lunéville (1801), rétablit la république cisalpine et créa le royaume d'Étrurie. Chassés encore de l'Italie par Masséna, et vaincus par Napoléon à Austerlitz, les Autrichiens firent la paix à Presbourg (1805). Alors Napoléon, pour donner force au royaume d'Italie, unit ensemble les Marches, les Légations, Modène, la Lombardie et Venise.

VII

Napoléon commit une faute grave lorsque, les Bourbons étant chassés de Naples (1806), il joignit à l'empire français le Piémont, Gênes, Parme, la Toscane et Rome (1809). Sa main était assez puissante pour instaurer l'union de l'Italie, en la fondant sur un seul gouvernement national; et, si cette grande réparation lui paraissait prématurée, il devait au moins joindre Gênes, Parme et le Piémont au royaume de l'Italie supérieure, renouveler le royaume de l'Étrurie dans l'Italie centrale, et confirmer Murat dans le royaume méridional. L'organisation vicieuse de la Péninsule blessa le sentiment national, et Napoléon perdit un précieux appui.

VIII

Napoléon tombé, l'entreprise des Cent-Jours impuissante, le mouvement de Murat avorté, Gênes réunie au Piémont, Venise à la Lombardie, l'Autriche prépondérante, on vit s'installer derechef les anciens gouvernements suivis de leur cortége d'abus. A les voir à l'œuvre, il semblait que vingt années pleines de si grands événements fussent un rêve, et qu'un passé d'hier n'eût laissé aucune empreinte dans les cœurs. La folle conduite des princes ne tarda pas à porter ses fruits. Le mécontentement, l'aversion du peuple, augmentèrent chaque jour, à mesure que les idées de progrès se répandirent. De là les mouvements de 1821, mal compris, et ceux de 1831, promptement réprimés ; de là des manifestations secondaires, toujours étouffées et toujours renaissantes; de là le mouvement de réforme de 1846 ; de là, enfin, la guerre nationale de 1848. Ici le Piémont fut vaincu sans doute, mais il eut la gloire de sauver, avec le drapeau tricolore, l'avenir de l'Italie, comme ont commencé de le prouver les mémorables événements de 1859, de 1860 et de 1861.

IX

Si l'on résume la série des vicissitudes auxquelles la Péninsule fut soumise, les raisons historiques de a désunion, de l'esclavage de l'Italie apparaissent mieux. On dit les raisons, parce que véritablement elles sont variées et multiples, et ne peuvent, comme certains le voudraient, se réduire à une seule, la papauté. L'Allemagne n'a point de pape, et cependant elle est désunie, quoique, pour son bonheur, elle n'ait plus d'étrangers ; la Pologne n'eut point de papes, et cependant, affaiblie par les discordes intestines, elle devint la proie de ses rapaces voisins, et tomba dans la servitude ; sachons être juste et donnons à chacun ce qui lui est dû.

Des Italiens inquiets conspirant avec les empereurs grecs ; des ducs lombards ambitieux sans prévoyance ; des Papes plus soucieux de leurs accroissements temporels que du bien de l'Italie et des vraies conditions de l'Église ; des empereurs d'Occident rétablis mal à propos ; des seigneurs féodaux se disputant la tyrannie ; des républiques envieuses toujours en querelles ; des princes nationaux égoïstes et cupides ; des princes étrangers sans amour pour leurs peuples : voilà les vrais auteurs des déchirements de l'Italie. Mais parmi eux viennent en première ligne, comme ayant appelé les étrangers, les Papes et les petits princes, tremblant de perdre leurs possessions mal défendues.

X

Pour relever la patrie accablée, conquérir l'indépendance, vivre de la vie nationale, l'union des esprits est la première condition. Tout ce qui peut y faire obstacle doit être écarté sans ménagement. S'il est reconnu que le maintien de l'État pontifical est une cause fréquente de troubles, de divisions et de périls, on doit accueillir et répandre la pensée de la suppression de cet État ; si l'impuissance de l'Italie à s'appartenir est due à l'impunité qu'assure aux partisans du passé la présence des Français à Rome et celle des Autrichiens à Venise et ailleurs, on doit insister pour que les Français se retirent et se préparer pour chasser un jour les Autrichiens.

Peut-on raisonnablement espérer que le gouvernement papal se transforme et se régénère de manière à devenir un gouvernement national indépendant? Tous les faits connus sont contre cette hypothèse.

Quant à l'Italie autrichienne, il est trop clair qu'elle ne peut aspirer à l'état normal qu'en se délivrant du joug étranger. Et cette délivrance, on ne peut la voir que dans des éventualités de guerre.

XI

Le problème touchant l'État pontifical paraît plus ardu que tous, soit qu'il s'agisse de le supprimer, soit que l'on veuille seulement réformer l'ordre intérieur. La première solution semble néanmoins plus simple et plus facile que la seconde. Un gouvernement ecclésiastique se fonde principalement sur l'opinion, et à lui moins qu'à tout autre il convient de recourir à la force matérielle, précisément parce que la force matérielle est contraire à l'esprit de son institution. On a suffisamment démontré que la possession de territoires n'est aucunement nécessaire au bien de l'Église. On ajoutera que le maintien de l'État pontifical serait une contradiction de plus.

Une objection a été faite qui paraît à quelques-uns avoir une certaine gravité. En supposant, a-t-on dit, que le Pape, par impossible, consentît à ne plus régner, ou que la force des choses renversât son gouvernement, l'Autriche ne se mettrait-elle pas en armes, dans la prévision qu'un si grand changement porterait ses inévitables fruits? A cette question on peut répondre par une autre question. Et que peut faire l'Autriche pour s'opposer à un changement soutenu par le vœu exprès des peuples non moins que par celui des grandes puissances occidentales, spécialement de la France, quand il serait accompli ? Rien, assurément, ou peu chose.

XII

Admettons que l'équilibre de l'Europe vienne à être troublé ; il est de toute évidence que les puissances occidentales doivent, pour l'instaurer, faire plus de fondement sur l'Italie que sur l'Allemagne. L'équilibre politique consiste dans cette juste pondération des diverses forces dont se compose l'agrégat des États européens, pondération qui doit exclure la prépondérance d'aucun d'eux. Si toutes les grandes nations de l'Europe étaient constituées en autant d'États indépendants, et que les peuples de moindre importance formassent autant d'*États neutres*, comme la Belgique, par exemple, pour s'interposer entre les premiers, l'équilibre pourrait être difficilement rompu, car la puissance isolée d'un État se trouvant alors mieux en relief, tous sentiraient l'obligation de rester paisibles. Mais tant que les peuples de second ordre seront ou fractionnés ou opprimés comme ils le sont aujourd'hui, on ne pourra parvenir à l'ajustement désiré.

Force est alors d'accepter un équilibre imparfait, dans lequel les grandes puissances seules, se surveillant l'une l'autre, font obstacle réciproquement à la prépondérance souveraine d'aucune d'elles. Or, dans le système actuel des États européens, par qui l'équilibre pourrait-il être troublé ? Par la Grande-Bretagne ?... Non, assurément ; l'Angleterre ne pourrait prétendre qu'à la simple suprématie maritime ; et encore, si l'Italie était complétement régénérée, il est certain que les deux marines française et italienne, unies ensemble, balanceraient la marine anglaise. Celle-ci resterait donc seulement, d'une manière relative, la plus forte de toutes.

XIII

La suprématie de la France sur l'Europe fut tentée en vain par Louis XIV et exercée pendant quelques années par Napoléon ; mais la formidable puissance de la France, qui, par ses abus, suscita contre elle tant et de si diverses ligues de princes et de peuples, semble maintenant devoir être tournée vers un autre but. On peut donc espérer tôt ou tard de ce côté une autorité modératrice.

Si l'Italie n'est pas puissante par elle-même, il est nécessaire qu'aucun étranger ne la domine. C'est une grande faute d'abandonner une partie de la Péninsule à l'Autriche et d'en laisser une autre au Pape, sous le fallacieux prétexte qu'on ne veut point que l'Italie devienne forte. Une politique mieux avisée pourrait retrouver en Italie les éléments d'une alliance solide et durable, et ne laisserait point échapper l'occasion de l'attirer à soi.

XIV

Si l'Allemagne était toute réunie sous un seul gouvernement, elle constituerait certainement une puissance que l'Europe devrait surveiller, afin qu'elle n'aspirât point à troubler l'équilibre général. Mais, complexe de sentiments et fréquemment ondoyante, divisée dans sa foi religieuse, scindée dans son milieu par la Bohême slave qui, comme un éperon, s'efforce pour entrer dans la terre tudesque et faire obstacle peut-être à sa concentration politique, l'Allemagne ne pourrait jamais corriger le vice antique de son morcellement. De là vient que ses deux grands États se disputent perpétuellement la direction suprême, l'hégémonie. Les petits États, se trouvant dans une suspicion continuelle de la Prusse et de l'Autriche, éternisent les querelles et, ce qui est pis, recourent quelquefois à l'étranger. Les ruses, les fréquents détours, l'incertitude sans fin de la politique compliquée de l'Allemagne, sont la cause de cet état de choses, que l'organisation fédérale est impuissante à réparer.

XV

Donc la prépondérance souveraine du peuple allemand n'est point à craindre. Mais, d'un autre côté, on ne peut compter sur sa prompte coopération pour rétablir l'équilibre européen, s'il venait à être détruit ou menacé, surtout par la Russie. Les derniers événements ont mis ce fait hors de doute.

La nécessité pour les puissances occidentales de s'associer un État italien dans leurs entreprises est par là établie. Au défaut de l'Allemagne irrésolue, l'Italie forme la seconde grande ligne de défense contre les invasions nordo-orientales ; l'Italie paraît, en outre, beaucoup plus apte que l'Allemagne à renforcer et maintenir la pondération adéquate des États qui forment la société européenne (1).

Mais, pour jouer ce rôle en Europe, il faut que l'Italie soit une et qu'elle ait Rome pour capitale. C'est la profonde conviction de cette vérité qui exaspère à un si haut point tous les patriotes italiens contre la Papauté temporelle !

(1) *Delle Eventualità Italiane. — Considerazioni politiche.* In-8°.

CHAPITRE XIII

I. L'auxiliaire de *San Michele*. Particularités à l'avantage du gouvernement romain. Le régime du secret dans les prisons. — II. Privation de chandeliers. Génie de la nécessité. Lecture dans de tristes conditions. — III. Tristes passe-temps. Nouvelle nuit de souffrances. — IV. Le médecin de la prison. Ce qu'il me propose. — V. Visite du juge d'instruction. Un hommage rendu. — VI. Honneur qu'on me fait. Quelques mots sur M. Rossi. — VII. Protestation renouvelée. Je ne puis savoir de quoi l'on m'accuse. — VIII. Premier interrogatoire. Singulière question. Mon droit et ma complaisance. — IX. Ce que contenaient mes carnets de voyage. Principale préoccupation du magistrat instructeur. — X. Pourquoi je réponds à des demandes insolites. Le juge et l'accusé. — XI. La juridiction d'un gouvernement en matière politique. Observation laissée sans réponse. — XII. Questions relatives à Rome. Question relative à Mazzini. — XIII. Durée de mon premier interrogatoire. Longueur démesurée du procès-verbal. La *Larga*. Efforts d'éloquence à propos de ma montre. — XIV. Le sanfédisme à Rome. Les magistrats et les geôliers.

I

Revenons à la prison de *San Michele*. L'auxiliaire dont j'ai déjà signalé la présence dans ma cellule, qu'était-il venu faire chez moi, cette fois sans être accompagné d'un gendarme? Il venait me demander ce que je voulais pour la soirée. Et je mentionne ce fait parce qu'il va me donner l'occasion de signaler quelques particularités à l'avantage du gouvernement romain. En France, lorsqu'on est au secret, on ne parle jamais à un auxiliaire sans la présence d'un gardien; et si l'on est en punition, on ne peut avoir ni tabac ni lumière, ni acheter quoi que ce soit pour manger. Vous n'avez plus même, en ce dernier cas, le régime ordinaire de la prison. A Rome, le secret n'empêche point que les auxiliaires entrent seuls dans votre cellule, et la punition ne consiste qu'en la privation de la promenade, la fermeture de la porte et celle du volet, dont j'ai parlé ailleurs; c'est-à-dire que vous ne communiquez plus d'aucune façon avec vos compagnons de captivité. Mais hors de là, si vous avez de l'argent, vous pouvez fumer, vous éclairer et prendre chez le traiteur ce qu'il vous plaît. Dans les deux pays, le secret et la punition vous privent de vos rapports avec la famille et de la réception des lettres.

II

Il n'y a pas plus de chandeliers à *San Michele* qu'il n'y a de couteaux et de fourchettes. Et comme la cellule ne contient d'ailleurs aucun objet sur lequel on puisse appuyer quoi que ce soit, il devient réellement très-difficile de se créer un flambeau. Mais la nécessité rend ingénieux. Privé de table et n'ayant pas encore de chaise, je finis, après une foule de combinaisons avortées, par trouver moyen de faire tenir ma chandelle au mur. Je m'asseyais par terre, malgré l'humidité du carrelage, et je lisais jusqu'à ce que le froid, qui me gagnait de plus en plus, me forçât de quitter la place. Je me promenais alors pour redonner au corps un peu de chaleur, et quand la chaleur était revenue, je recommençais à lire jusqu'à ce que le frisson m'obligeât de nouveau à laisser mon Liguori.

III

Fumer, lire, me promener, tous ces passe-temps, agréables d'ordinaire, mais alors fatigants à l'excès, parce que je ne faisais rien que par contrainte, tous ces passe-temps me conduisirent jusqu'à minuit. Je redoutais beaucoup de me mettre au lit, où je prévoyais les mêmes souffrances que la veille. Cependant, ma lumière étant finie, et mon corps étant épuisé de fatigue, je dus me résigner à me coucher. A peu de chose près, je passai par des épreuves pareilles à celles que j'ai déjà décrites. Le courant d'air établi avait peu d'influence sur les parties basses de la cellule, et toute la nuit s'écoula dans l'insomnie, les souffrances, ou un sommeil des plus agités.

IV

Il était à peine jour que je fis appeler le médecin ; car je sentais l'impossibilité de vivre plus longtemps dans de pareilles conditions. Le médecin arriva au bout d'une heure. Il me tâta le pouls et dit qu'il ne me trouvait point de fièvre. Il regarda ma langue, et me demanda si je voulais me purger. — C'est bien alors que ma cellule aurait été inhabitable ! — Je répondis que je n'avais pas besoin de médecine, mais d'espace et d'air, et je m'emportai contre les bourreaux qui me tenaient enfermé sans aucun droit. Le médecin s'en alla en me disant : « Je parlerai. »

V

Il dut parler, en effet, et à quelque personnage élevé ; car, deux heures après, quoique ce jour-là fût le dimanche des Rameaux, et qu'à Rome la justice ne fonctionne guère les jours de fête, on vint me prévenir que le juge d'instruction m'attendait dans cette même salle où avaient été pris l'autre avant-veille mes nom, prénoms et qualités. Je descendis et je me trouvai en présence d'un magistrat, d'un greffier cette fois, et d'un interprète, celui précisément qui avait assisté à mon arrestation. Ils furent tous d'une politesse extrême envers moi, politesse qui ne se démentit jamais dans la suite. C'est un hommage que je me plais à leur rendre.

VI

On m'avait fait l'honneur, ai-je su plus tard, de me donner le magistrat chargé d'instruire les grandes causes. Est-ce parce qu'on me regardait comme un grand coupable, ou bien, au contraire, parce qu'on sentait qu'il était difficile de me trouver une apparence de culpabilité, et qu'il fallait pour cela des talents peu communs? C'est l'un ou l'autre; mais en tout cas l'homme était bien choisi. M. Rossi est un avocat très-mielleux, mais très-retors, et qui a l'art de l'interprétation, vraie ou fausse, au suprême degré. C'est d'ailleurs un homme instruit, avec lequel une de nos anciennes illustrations parlementaires entretient des relations d'amitié dont le magistrat romain est tout fier. Il ne se montre pas moins heureux de savoir un peu de français.

VII

Mon juge instructeur avait porté avec lui, non mes livres, qui étaient restés je ne sais où, mais tous les papiers et les carnets saisis. Avant qu'il procédât à mon interrogatoire, je crus devoir renouveler ma protestation contre la mesure dont j'étais l'objet, et je demandai que le triple refus de la police de me laisser écrire à l'ambassadeur de France fût, avec ma protestation, mentionné sur le procès-verbal. Je me récriai ensuite sur l'absence des formalités légales dans la perquisition, la saisie, l'arrestation, l'emprisonnement, et je finis par demander si je pouvais enfin savoir de quel délit on m'accusait : à toutes ces observations, M. Rossi garda le plus absolu silence, et moi je n'insistai point ce jour-là, sachant bien que nous nous reverrions.

VIII

L'interrogatoire commença. Naturellement je devais m'attendre à ce qu'on ne me parlerait que de Rome, de ce que j'y avais vu, de ce que j'y avais dit, de ce que j'y avais fait. Nullement. Si j'ai bonne mémoire(1), le juge débuta par me demander ce que signifiaient quelques lignes d'écrit portant la date de Gênes... juin 1860, et où il était fait mention des réformes accordées par le roi de Naples à ses peuples. Je tombai des nues. Je répliquai d'abord, pour établir mon droit, que rien ne m'obligeait à répondre à cette question ; que tout ce que j'avais fait avant mon arrivée à Rome ne regardait en quoi que ce fût le gouvernement romain. Cependant, par pure complaisance, et non autrement, je voulais bien dire que l'écrit dont on me parlait était le brouillon d'une dépêche télégraphique adressée au *Siècle*, en ma qualité de correspondant du journal.

IX

Il importait peu, paraît-il, au magistrat à quel titre les réponses fussent faites. Il ne releva rien à ma doctrine ; mais, une fois assuré de ma condescendance, il en profita largement. Les carnets saisis, et qu'on avait eu tout le temps d'étudier, contenaient non-seulement mes observations politiques ou autres depuis dix mois, mais encore une multitude de noms de ministres, d'ambassadeurs, de directeurs de dicastères, d'officiers supérieurs, de procureurs généraux, passés ou en exercice, de journalistes, d'écrivains, de chefs populaires, avec lesquels j'avais eu des rapports en Italie, ou pour les besoins de ma correspondance, ou parce qu'ils étaient mes

(1) Ce n'est pas sur la chose elle-même que j'ai le moindre doute, mais seulement si ce fut la première question qu'on me posa.

amis. M. Rossi m'interrogea sur tous et sur chacun, et il se montrait particulièrement soucieux de tout ce qui avait trait au roi et au royaume de Naples. On eût dit que François II lui était plus cher que Pie IX. Souvent, à propos d'un homme inscrit sur mes tablettes, le magistrat voulait savoir ce qu'il faisait actuellement; et quand je répondais : Sénateur; ou bien : Député, les traits de son visage reflétaient une contrariété réelle. Il finit par s'écrier : « Tous ces révolutionnaires sont donc au Parlement? » Il n'ajouta pas italien, mais il ne dit pas non plus piémontais.

X

Peut-être sera-t-on surpris que je ne me sois pas lassé de répondre à tant de questions. Mais j'avais deux motifs pour continuer à me montrer complaisant : le premier, c'était de voir jusqu'où le gouvernement romain pousserait sa curiosité ou son inquisition; et le second, de découvrir, s'il se pouvait, par la nature des questions et la manière dont elles étaient posées, quelle sorte d'inculpation pesait sur moi, puisque l'on continuait à me le cacher. En un mot, pendant que le juge d'instruction cherchait, avec sa longue expérience des hommes et des choses, à édifier un procès, moi je faisais une étude. Ce double rôle eût été curieux à suivre pour un observateur désintéressé, et je me doute un peu que le greffier et l'interprète en ont ri plus d'une fois à part eux.

XI

Cependant, à un moment donné, je ne pus m'empêcher de présenter, sous une autre forme, une observation déjà faite. Je dis au juge : Je ne sais à quoi tendent vos questions, puisque vous ne me dites point de quoi l'on m'accuse. Je vous dirai pourtant, ce que vous savez mieux que moi, qu'en matière politique, pour que la répression d'un délit appartienne à un gouvernement, il faut que ce délit ait été commis dans le pays où le gouvernement a juridiction : hors de là, le délit est comme s'il n'existait pas, ou plutôt il n'y a point de délit; que vous importe donc ce que j'ai fait à Gênes ou à Naples, les relations que j'ai eues dans ces deux pays? Vous ne devriez me parler que de l'État romain. Le juge ne répondit rien et continua ses questions.

XII

Quand il eut épuisé la série de toutes les notes prises sur mes carnets jusqu'au 10 mars, M. Rossi passa enfin à Rome. Il me questionna sur la manière dont j'avais passé mon temps, chercha à savoir ce qu'avaient pu me dire le peu de personnes que j'avais vues, dénatura beaucoup leurs opinions, puis il me demanda, de l'air le plus débonnaire du monde, si je connaissais Mazzini, si je l'avais vu, si je lui avais parlé, où et à quelle occasion. Je répondis que, de réputation, je connaissais Mazzini depuis longtemps avec tout le monde; que je l'avais vu une seule fois à Naples, et quelques minutes seulement, parce qu'il était très-occupé en ce moment, et d'une affaire pressante. J'ajoutai à quelle occasion avait eu lieu ma visite ; mais comme ce sujet reviendra, je le laisse pour une autre fois.

XIII

Il était moins de dix heures du matin quand on m'avait fait appeler, il était deux heures de l'après-midi quand la séance fut terminée. Mon interrogatoire avait donc duré plus de quatre heures, et le procès-verbal remplissait près de soixante pages in-folio. Le juge se leva, me prit la main et me dit : « Vous avez été très-bien *(sieto stato benissimo)* ; nous allons hâter l'instruction, et je pense que votre emprisonnement sera l'affaire de quelques jours. En attendant, je vais améliorer votre position. » Il appela le directeur, et lui dit de me donner la *larga* (espace ou promenade), ce qui signifiait que le secret était levé. Il fut convenu ensuite qu'on tâcherait de me procurer une chaise, et que mon lit serait exhaussé, au moyen d'une paillasse de plus. Mais quand le magistrat voulut ajouter qu'il ne voyait pas d'inconvénient à ce qu'on me rendît ma montre, le directeur invoqua le règlement, et il n'y eut pas moyen de l'obtenir. Et il fallait voir alors les efforts d'éloquence que firent juge, greffier et interprète, pour me démontrer que les horloges rendaient les montres inutiles ! Notez que chacun de ces messieurs portait une montre, quoiqu'ils pussent entendre sonner l'heure aussi bien et mieux que moi.

XIV

Au sujet de ce dernier refus, je dois signaler une particularité qui rend, en beaucoup d'occasions, les inférieurs égaux aux supérieurs, et empêche ceux-ci de contraindre ceux-là. A Rome, tous les employés, m'a-t-on assuré, font partie du sanfédisme, vaste association fondée sur le modèle du jésuitisme, et dont tous les membres s'espionnent et se dénoncent réciproquement. Pour peu donc qu'un inférieur veuille se venger d'un supérieur ou lui nuire, comme il est sûr d'être écouté, il devient très-redoutable. Et c'est pour cela, par exemple, qu'au mépris de la hiérarchie, on voit des magistrats prendre la main d'un geôlier et s'entretenir familièrement avec lui, ce qui ne se fait jamais en France, ni ailleurs.

CHAPITRE XIV

I. Visite de prisonniers dans ma cellule. Pourquoi mes nouveaux compagnons sont bien aises de me connaître. — II. Ce que la démocratie française entend par *vieille lame*. Un *vecchio cavallo* et un *nuovo cavallo* pour les politiques de Rome. — III. Deux versions sur mon compte à *San Michele*. Motifs de la sympathie qu'on me témoigne.— IV. Caractère des patriotes romains. Refus de recourir à l'*istanza*. — V. Trois catégories de prisonniers à *San Michele*. Pourquoi le *Corps des lettrés* distinct des autres. — VI. Le dernier des scélérats, pour le gouvernement romain. Étrange réponse d'un *monsignore*. — VII. Les prisonniers politiques moins bien traités que les voleurs et les assassins. Le défenseur d'office. — VIII. Composition des tribunaux, à Rome, suivant la nature des délits. Souvenir d'un juré français. Les jugements de la Consulte romaine. — IX. La publicité des procès refusée aux accusés politiques. Avertissement au défenseur d'office. Une anecdote sur les monsignori-juges. — X. Gentillesses des directeurs de prisons. Tentatives de séduction. — XI. Supplice moral du condamné Locatelli. Fermeté de ce prisonnier. — XII. Autres cruautés à signaler. Les captifs de *San Michele* antérieurement à *Paliano*. — XIII. Brutalité d'un gouverneur de bagne. — XIV. Révolte de politiques à Paliano, et pourquoi. — XV. Ce que certains fonctionnaires appellent le rétablissement de l'ordre.

I

Je remontai dans ma cellule, dont je trouvai cette fois la porte et le volet ouverts. A peine y étais-je entré, qu'une foule de prisonniers arrivèrent pour me témoigner leurs sympathies. Le directeur, qui m'avait suivi de l'œil, cria bien haut qu'on ne devait pas ainsi entrer dans ma *chambre;* rigueur inutile, puisque j'étais désormais libre de circuler de haut en bas. — Les visiteurs s'en allèrent; mais, avant de partir, ils trouvèrent le temps de me dire : « Tout en déplorant votre malheur, nous sommes d'autant plus aises de vous connaître que, dès votre entrée en prison, nous avons appris que vous êtes un *vecchio cavallo.* »

II

Je dois expliquer ces derniers mots, dont le lecteur assurément ne comprendrait point la signification. En France, lorsqu'un homme a milité longtemps dans la démocratie, on le nomme une *vieille lame.* C'est la catégorie où l'on m'avait rangé à Doullens et à Belle-Ile, avec Barbès, Sobrier, Guinard, Lebon, Deville père, Albert, Blanqui, Raspail, Gambon, les deux Fayolle, Hibruit et autres. A Rome, par figure analogue, on compare le vétéran dans les luttes politiques à un coursier qui a vu plusieurs batailles, et on l'appelle un *vecchio cavallo.* Par opposition, on qualifie de *nuovo cavallo* le combattant qui en est à ses débuts.

III

Lors de mon arrivée à *San Michele*, ai-je su plus tard, il y avait eu deux versions sur mon compte. Un gendarme avait dit d'abord : « Nous tenons Mazzini ; il s'est laissé prendre dans nos filets. Puis était venu le directeur, qui, mieux instruit, avait dit mon nom, et il avait ajouté : *Questo è un vecchio cavallo*. Et il se frottait les mains, comme si déjà il me tenait au nombre de ses pensionnaires. Voilà comment les prisonniers avaient appris, non mon passé politique, mais simplement que j'étais un ancien dans la démocratie. Et voilà aussi pourquoi ils se montraient si sympathiques.

IV

Car il faut que l'on sache que nulle part peut-être en Italie, parmi les patriotes, l'esprit n'est plus fortement trempé et le cœur plus chaleureux qu'à Rome. Les prisons politiques sont toujours le reflet du tempérament d'un pays. Or j'ai vu à *San Michele* des hommes qui sont incarcérés depuis huit ans, depuis dix ans, depuis douze ans, depuis treize ans. Ils n'auraient qu'un mot à écrire, une *istanza* à faire pour obtenir la liberté ou l'exil. On les en a sollicités plusieurs fois, on les y a excités de toutes les façons; jamais ils n'ont voulu céder. Comme ils ne trouvent point que ce soit un crime d'aimer la patrie, ils refusent obstinément de demander grâce pour l'avoir aimée. Et, cependant, à quel régime ils sont soumis, et que n'ont-ils pas souffert !

V

San Michele est divisé en trois corps de bâtiments, qui contenaient ensemble, au moment de mon arrestation, deux cent quarante prisonniers. Un de ces bâtiments a été surnommé le *Corps des lettrés*, parce qu'il renferme des ingénieurs, des mathématiciens, des philosophes, des savants, des historiens, des avocats, des médecins, la fleur de la société romaine intelligente, la catégorie des penseurs. On les a mis à part, parce qu'on les savait trop instruits pour rien attendre d'eux en fait de concessions, et que l'on craignait l'effet de leur propagande sur les autres classes, qui sont plus proprement des hommes d'action. Mais la précaution était inutile, les derniers étant aussi convaincus que les premiers qu'il n'y a rien de bon à attendre du gouvernement des prêtres. Comment toutes ces victimes du despotisme clérical se trouvent-elles là, et quelles sont les épreuves qu'elles ont traversées, je vais le dire en quelques mots.

VI

Pour le gouvernement romain, l'homme qui n'approuve pas tout ce que font les prêtres, dans l'ordre spirituel ou temporel, est le dernier des scélérats. Un jour, un prévenu politique, outré du langage insolent que prenait avec lui un *monsignore*, voulut lui dire : « Je ne sais pourquoi vous me parlez ainsi, car enfin, je ne suis ni un voleur ni un assassin. » — « Pire, pire, (*peggio, peggio*), » répliqua le monsignore. Et tous ses confrères en dignité et en pouvoir sont du même sentiment. Voilà pourquoi on a à Rome tant de mansuétude pour les coquins et tant de rigueur pour les honnêtes gens.

VII

Les principes posés, toutes les conséquences s'ensuivent. Un homme accusé de vol, de meurtre, d'incendie ou de tout autre crime, peut choisir un avocat pour le défendre : un prévenu politique ne le peut point. A celui-ci, la Consulte désigne elle-même un défenseur de son choix, qui, à la grande surprise de l'inculpé, vient un beau jour lui dire : « Je suis chargé de vous défendre, donnez-moi vos instructions. » Or je suppose que, par exception, ce défenseur soit un galant homme ; assurément il ne parviendra jamais à gagner la confiance de son client : son origine est trop suspecte. Aussi les accusés préfèrent-ils n'avoir point de défenseur que d'en recevoir un de la Consulte, et l'un d'eux me disait : « Nous avons bien plus soin de tenir nos lèvres closes avec l'avocat qu'avec le juge instructeur. Le premier est mille fois plus dangereux que le second, et s'il surprenait un secret de nature à nous compromettre, il se hâterait bien vite d'aller le rapporter à la police. »

VIII

Une autre circonstance aggravante pour les prévenus politiques, c'est la composition des tribunaux. Quand il s'agit de juger un criminel ordinaire, le tribunal est composé de laïques, et il a seulement un monsignore pour président ; si c'est au contraire un politique qui est en cause, le tribunal se compose exclusivement de monsignori. Or les monsignori sont de l'avis de ce juré de France, que le procureur général lui-même était forcé de récuser, lequel avait pour doctrine que les gendarmes n'arrêtent pas les honnêtes gens. Aussi, autant de politiques jugés par la Consulte, autant de condamnés. Et savez-vous à quoi on les condamne? Jamais à la simple prison, mais toujours aux galères, quand ce n'est point à mort, et le plus souvent à perpétuité. Celui qui n'en a que pour vingt ou trente ans peut se dire privilégié!

IX

Enfin la publicité des procès, cette grande garantie de l'accusé, préconisée de tout temps par les criminalistes de tous les pays, la publicité des procès est refusée aux politiques. En matière de délits communs les audiences sont publiques, mais pour les délits politiques les audiences sont secrètes. Aussi que de faits abominables se produisent à propos des jugements, si l'on veut appeler jugement une condamnation certaine. Que, par exemple, un défenseur d'office, dominé par l'inanité de l'accusation, exprime sa pensée avec un peu de chaleur, on le prie de modérer son zèle; et s'il osait continuer, il sait que la prison l'attend. Autre chose encore: Un jour, un jeune homme de vingt ans, mosaïste de son état, paraissait devant la Consulte : lorsqu'il entra, tous les monsignori, sans respect pour leur qualité de juges, placèrent leur main gauche en avant et leur main droite sur la joue, comme qui fait mine de fusiller. Cependant, après rapport et débats, le prévenu ne fut condamné qu'à trente ans de galères!

X

Les directeurs de prison ont également de ces gentillesses. Annibal Locatelli, celui-là je le nomme parce que j'y suis autorisé (1), avait été condamné à quelque chose comme vingt ou trente ans de galères, pour faits de patriotisme. Il était fort jeune, et l'on espérait avoir de lui des révélations. Un jour, le directeur monta dans sa cellule et lui dit d'un ton mielleux : « Vous m'avez fait appeler, vous avez quelque chose à me dire? » — « Moi, nullement. » — « Mais oui, vous m'avez demandé, vous avez sûrement à me dire quelque chose. » — « Je vous répète, » s'écria Locatelli avec impatience, « que je ne vous ai pas demandé, et que je n'ai rien à vous dire; laissez-moi tranquille. » — « Ah! » dit le directeur changeant de ton, « ah! brigand, tu ne veux pas parler : eh bien! tu seras pendu aux barreaux de ta fenêtre! »

XI

A compter de ce moment, si l'on ne pendit pas en effet Locatelli, on essaya de le faire mourir de terreur. Le directeur, furieux d'avoir échoué dans ses tentatives, donna sans doute des ordres à ses subordonnés, et chaque fois que Locatelli rentrait dans sa cellule, après une promenade ou seulement une absence de quelques minutes, il trouvait invariablement, sur la partie intérieure du volet ou en dedans de la porte, une croix tracée à la craie blanche, comme pour indiquer qu'il

(1) Je crois, sans pouvoir l'affirmer, que c'est le frère de l'infortuné dont le supplice a fait tant de bruit.

était voué à la mort. Cet abominable jeu dura longtemps; mais enfin, quand on vit que le jeune condamné persistait dans son silence, et qu'il n'était pas possible de l'épouvanter, on se lassa de crayonner, et le supplice symbolique cessa.

XII

J'ai à signaler d'autres cruautés; mais auparavant il faut que je dise comment et pourquoi les prisonniers politiques de l'État romain se trouvent actuellement à *San Michele*. Antérieurement, en leur qualité de condamnés aux galères, ils étaient au bagne de *Paliano*. Soumis à un régime affreux, ils eurent d'abord la fortune de rencontrer un gouverneur humain, qui, dans les limites autorisées par le règlement, s'efforçait d'adoucir leur sort. Les cardinaux l'apprirent, et, au comble de l'exaspération qu'on pût avoir des égards pour de pareils scélérats, ils envoyèrent à Paliano, pour remplacer le fonctionnaire trop facile, un furieux sanfédiste n'ayant d'homme que le nom.

XIII

Le nouveau gouverneur ne tarda point à faire sentir qu'un maître impitoyable était arrivé. Son prédécesseur tolérait la lumière dans les cellules jusqu'à neuf heures du soir, un peu de papier pour écrire aux familles, quelques livres pour abréger le temps, du linge quand le condamné avait le moyen de s'en procurer Le sanfédiste fit enlever, sans aucun avis préalable, linge, livres et papier; et quand le soir vint, tandis que les prisonniers étaient occupés à prendre leurs dispositions pour passer la nuit, des gardiens entrèrent brusquement dans leurs cellules, éteignirent sans rien dire toutes les lumières, et emportèrent plumes, encre, papier, mèches, huile, suif, tout ce qui pouvait servir à écrire.

XIV

Le lendemain, les prisonniers députèrent un des leurs auprès du gouverneur, pour lui exprimer poliment la surprise qu'ils éprouvaient, moins encore d'être privés de choses dont ils avaient joui jusqu'à ce jour, que de ce qu'on les leur enlevait sans les avoir prévenus et sans leur avoir expliqué le motif de cette rigueur. Pour toute réponse le gouverneur dit qu'il était le maître, qu'on en verrait bien d'autres, et il fit mettre le député au cachot. Les prisonniers réclamèrent avec énergie leur camarade, et, comme on ne le leur rendait pas, ils se révoltèrent.

XV

Le gouverneur eut l'air d'abord de céder à l'orage et fit mettre en liberté l'homme qui était au cachot. Mais quelques heures plus tard, lorsque les prisonniers furent rentrés dans leurs cellules et qu'ils s'y tenaient paisiblement, des gendarmes arrivèrent avec les fusils chargés, tirèrent sur ces malheureux inoffensifs et désarmés, en tuèrent plusieurs, en blessèrent d'autres, et rétablirent ainsi ce que le gouverneur appelait l'*ordre* dans l'établissement.

CHAPITRE XV

I. Nouveaux détails sur le fort de *Paliano*. Le prince Colonna. — II. Une nourriture exécrable. — Une eau plus exécrable encore. — III. Un sou par jour à des prisonniers politiques. Pourquoi cette gratification est enlevée. — IV. Visites nocturnes à Paliano. Un reptile putréfié. — V. Comment sont punies les désobéissances à la règle. Les *Balze*, les *Ceppi*, la *Braga*. — VI. Un supplice de dix à trente jours de durée. Prisonniers insultés par des gardiens. Le crime d'aimer l'Italie. — VII. Punition pour refus d'aliments détestables. Supplice de la *longue chaine*. — VIII. Quelques noms de politiques enfermés à Paliano. Comment les condamnés étaient conduits à ce bagne. — IX. Occupations à Paliano. Saberiani empoisonné. Suicide d'un employé des postes. — X. La clémence du Pape réservée pour les condamnés de délits communs. Noms de scélérats exilés ou graciés entièrement. — XI Deux frères de l'ordre de la Passion à Paliano. Le père Julien. Comment il échappe au poison. — XII. Cimetière des détenus de Paliano. Un cadavre poussant l'autre. — XIII. Tentative d'évasion. Pourquoi un transfert.

I

Ce ne furent pas les seuls détails que me donnèrent mes codétenus (1). Le fort de *Paliano*, ajoutèrent-ils,

(1) Quelques-uns des faits qu'on va lire me furent donnés de vive voix, d'autres au moyen d'un petit livre publié en italien par un ancien détenu de Paliano, et que, malgré la sévérité de la police romaine, les prisonniers de *San Michele* étaient parvenus à se procurer.

a été ouvert au mois de juin 1852 aux condamnés pour cause politique. Il était avant cette époque, avec le château annexé, la propriété du prince Colonna, qui le prêta ou le vendit au Pape pour servir de prison au plus généreux de ses compatriotes. Honte éternelle sur lui!

La prison est divisée en quatre sections. La première était destinée aux personnes de distinction. Elle est divisée en cellules très-petites, qui peuvent contenir chacune trois ou quatre prisonniers. La troisième section est composée d'une seule chambre, et elle est si étroite que les sacs de paille qu'avaient pour tout lit les captifs se touchaient l'un l'autre. De sorte que, pour se coucher, il fallait monter, non par les côtés, mais par le bas.

II

Quant à la nourriture, elle était si exécrable que les prisonniers, quoique affamés souvent, ne pouvaient toujours manger les aliments qu'on leur servait. Un pain noir à moitié plein de matières viles et pesantes; une soupe passablement sale et non assaisonnée; du riz de la plus mauvaise qualité, mêlé de petites pierres et d'immondices sans nom; des fèves de cheval ramollies par de la cendre, et tellement vieilles qu'il en sortait de grands insectes noirs en quantité innombrable; les autres végétaux également remplis d'insectes de diverses espèces; une eau mauvaise et contenant une foule de matières étrangères, jusqu'à de petits poissons vivants : voilà le régime alimentaire de Paliano! On conçoit s'il devait faire des victimes!

III

Pendant un certain temps, l'administration donnait aux prisonniers un *baiocco* (un sou) par jour, en leur imposant l'obligation de filer du chanvre des plus grossiers; mais la poussière qui en provenait était telle et en si grande quantité, qu'elle envahissait la gorge et altérait les poumons. Plusieurs tombèrent malades. Ils firent alors des représentations au médecin du fort, qui attesta le mal et ses causes. La filature du chanvre cessa; mais en même temps cessa la concession du baiocco journalier, qui permettait aux prisonniers de se procurer un peu de miel ou quelques figues. La privation, à la vérité, ne fut pas grande. Le miel fourni à ces malheureux eût pu servir de vinaigre, et les figues étaient si mauvaises, qu'on eût dû plutôt les donner à des pourceaux qu'à des hommes!

IV

Pour ajouter aux souffrances de la captivité, deux ou trois fois chaque nuit le gardien de la section, accompagné de trois ou quatre auxiliaires condamnés pour délits communs, portant des torches au vent et armés de longs bâtons, entraient dans les cellules, regardaient dans tous les coins, et allaient aux fenêtres battre avec une barre de fer sur les grilles, pour s'assurer qu'elles étaient en parfait état de sûreté. Éveillés à l'improviste par ces individus, qui jetaient sur eux des regards de damnés, les malheureux captifs se croyaient transportés dans la région des démons. Quelquefois on leur ordonnait âprement de se lever, pour fouiller dans leurs misérables sacs de paille et voir si quelque papier ou quelque instrument dangereux n'y serait point caché. En sortant, tout ce monde laissait une odeur tellement infecte, que l'air fourni par l'étroite fenêtre que le captif était forcé d'ouvrir suffisait à peine à le chasser. On conçoit comment devait se passer le reste de la nuit! De pareilles visites se faisaient aussi durant le jour. Dans une de ces occasions, un des prisonniers ayant trouvé son sac plus ouvert que d'habitude, et une odeur nauséabonde sortant du trou à inspection, il l'ouvrit un peu et reconnut avec horreur qu'il avait reposé sur un reptile dégoûtant, de la dimension de plus d'un demi-pied Cet animal immonde était en état de complète putréfaction!

V

Si quelquefois, dans le fort de Paliano, un prisonnier était désobéissant à la règle, ou coupable du plus léger manquement, même de respect, on le conduisait à la tour. Là, on lui mettait aux pieds les *balze*, lesquelles consistaient en une chaîne de fer à sept anneaux, attachée à un cercle aussi de fer, embrassant la partie inférieure des jambes. Mais les *ceppi* étaient bien pires. Ceux-ci consistaient en deux cercles semblables aux précédents, placés à la même partie du corps, ayant à l'extrémité postérieure un trou par lequel passait un anneau de fer droit et rond, de la longueur de plus d'un pied, formé avec des clous, et qui, pesant 100 à 120 livres, obligeait le détenu à rester toujours dans la même position. Cela ne suffisait point. Quoique le pauvre malheureux, enchaîné de telle manière, ne pût faire plus d'un petit pas à la fois et en sautillant, au cercle de sa jambe droite était attachée une autre chaîne, nommée *braga*, composée de quatorze anneaux, et fixée à un fort anneau scellé dans le mur!

VI

Le captif était ainsi tenu de dix à trente jours, dormant par terre, et nourri de pain et d'eau tels que la plus dure nécessité pouvait seule y faire recourir. Afin d'augmenter son supplice, les gardiens et les auxiliaires venaient à chaque instant l'insulter de la manière la plus dégoûtante. Quelquefois, souvent même, l'injure était poussée jusqu'à cracher au visage de cet infortuné, qui ne pouvait se défendre! Et les misérables qui torturaient ainsi des gens de cœur, dont plus d'un avait joué un certain rôle dans le monde, commettaient toutes ces atrocités comme des actions dignes de louanges, tant on les avait dressés au mépris des hommes coupables d'aimer l'Italie!

VII

Les aliments, avons-nous dit, étaient détestables à Paliano. Trois fois les prisonniers restèrent sans pain et sans soupe, parce qu'ils n'avaient pu en ces occasions accepter ni l'un ni l'autre, qui étaient encore plus mauvais que de coutume. Ils furent pour ce refus tous privés de la promenade dans la petite cour, tous menacés de la *braga*, tous d'être attachés ensemble à la *longue chaîne*. On nommait ainsi une chaîne qui, passant par le dernier anneau de la *braga*, et par les anneaux fixés dans le plan de pierre sur lequel les prisonniers dormaient, joignait et réunissait tous les individus d'un même cachot. Tant que durait le sommeil ou plutôt le martyre de ces malheureux, les deux extrémités de la chaîne restaient assurées par d'énormes cadenas à deux anneaux plus forts que les autres, et scellés et incrustés aux murs.

VIII

Là se trouvèrent emprisonnés en divers temps, outre mes nouveaux camarades de *San Michele*, le docteur Gozzi, médecin de l'État pontifical, le docteur en droit Vincent de Tergolina, Vénitien, ami intime de l'illustre Manin; César Meloni, Adam Batistelli, François Leonelli, Dominique Cerrini, et Louis Girolani, de Sinigaglia; Joseph et François Trombetti, d'Imola; André Buononi et Jean Pareschi, de Ferrare; Muray, d'Ancône; Girolami et Perozzi, de Rome; François Constantini, de Fuligno; le docteur Pierre Ripari, de Crémone, depuis commandant général de l'ambulance de l'armée méridionale, et une foule d'autres dont les noms ne purent m'être donnés. La plupart de ces malheureux avaient été conduits à Paliano, liés deux à deux avec des menottes de fer, et escortés de carabiniers complétement armés. Quelques-uns n'avaient atteint leur calvaire qu'après avoir fait 40 milles de chemin avec deux morceaux de pain noir et quatre baiocchi (1) qu'accordait pour le voyage aux prisonniers l'humanité du Saint-Père!

IX

Malgré ce que nous avons dit de sa cruauté, le directeur permettait aux prisonniers d'étudier quelque chose, dans les heures dites de récréation ou dans celles de loisir. En Italie, et particulièrement dans l'État pontifical, les hommes, même d'une certaine condition, sont beaucoup moins instruits que ceux d'autres pays où le despotisme est depuis longtemps abattu. Bon nombre de captifs trouvaient les jours moins longs en acquérant quelque teinture de calligraphie, de grammaire, de littérature, de philosophie, de langues, et même de droit. Mais beaucoup n'eurent pas le temps d'apprendre. César Meloni, de Sinigaglia, mourut d'avoir trop souffert; le baron Sauveur Saberiani, de Bénévent, *fut empoisonné;* un employé supérieur des postes mourut de douleur d'avoir été condamné comme suspect, *sans aucune preuve*, de correspondance avec Mazzini; plusieurs périrent de besoin, d'autres du mauvais régime.

X

Tandis que souffraient toutes sortes de tortures des hommes uniquement coupables d'aimer l'Italie, sans

(1) La baïoque, monnaie de cuivre de Rome, est la centième partie de l'écu romain, et vaut environ cinq centimes de notre monnaie.

qu'on fît grâce à aucun, beaucoup de prisonniers condamnés pour différents délits communs, même pour meurtre, à quinze, à vingt, à trente, à quarante, à cinquante, et même à soixante ans de galères, obtenaient le bénéfice de l'exil, et quelques-uns leur liberté entière. Il en fut ainsi pour Leali, Molini, Bucci, Berti, Diomilla, Catenacci, Govoni, Tronchet, Giustini, Clarisse, Bromiti, Amici, Tanni, Sabadini et autres scélérats de la même espèce. Mais c'est précisément en ces injustices que se distingue la justice du Pape!

XI

Il y avait environ deux ans que le fort de Paliano était ouvert aux politiques, lorsque deux frères de l'ordre de la Passion, qui a quelque analogie avec l'ordre des Jésuites, vinrent visiter les prisonniers. Ils se dirent expressément envoyés par le Pape. Les captifs leur parlèrent, quoique prudemment, de l'horrible régime auquel ils étaient soumis. L'un de ces religieux, nommé père Julien, eut compassion d'eux. Il se mit à les voir de temps en temps, et quelquefois il passait dans le fort deux ou trois jours à les confesser et à écouter leurs plaintes. Il s'efforçait ensuite de faire adoucir par le souverain une situation intolérable. La sacrée Consulte trouva que le père Julien protégeait trop les prisonniers, et elle le réprimanda vertement. Mais il faillit arriver pis que cela au passioniste coupable d'avoir des sentiments humains. Un matin, au moment où il allait prendre son café au lait, il s'aperçut et fit remarquer à d'autres que le liquide contenait du poison. C'était le chef infirmier, ***assassin de profession***, le même ***qui avait empoisonné le baron Saberiani***, qui ***avait versé dans le lait de la belladone***, probablement par suite d'ordres supérieurs (1).

XII

A un mille environ du fort de Paliano est situé une montagne de moindre hauteur que la montagne sur laquelle le fort de Paliano est assis. Là se trouve une espèce de puits profond, sans limite connue, ayant à son ouverture un plan de pierre incliné vers le bas. Les prisonniers n'avaient point d'autre cimetière ou tombeau. Aussitôt qu'un d'eux mourait, ou peu après, il était transporté au puits par les auxiliaires de l'établissement, sur une échelle de campagne, sans cercueil, à peine enveloppé dans une toile d'emballage, et jeté sur le plan de pierre, puis lancé dans la profondeur, sans autre souci de ce qu'il deviendrait. Souvent même un cadavre servait à pousser plus avant dans l'abîme un cadavre porté antérieurement ! On conçoit si cette manière d'être enterré causait de l'effroi aux détenus !

Ainsi le supplice pendant la vie d'hommes honorables, la haine et le mépris après la mort, tel était le régime de Paliano !

XIII

Un jour les prisonniers, qui ne pouvaient plus vivre sous leur bête féroce de directeur, tentèrent de s'éva-

(1) Vincenzo di Tergolina : *Quattro anni nelle prigioni del S. Padre*, p. 104.

der. Leur projet échoua; mais, pour le seul fait d'avoir voulu échapper aux tortures, ils furent condamnés, les uns à dix, les autres à vingt, les autres à trente ans de galères. Parmi eux il y en avait à qui la nouvelle condamnation ne pesait guère, puisqu'ils étaient déjà condamnés à vie : n'importe, on condamnait toujours! Il est facile de se persuader si, après de telles abominations, le désir de la liberté devint plus fort que jamais. Lorsque les Piémontais envahirent l'État romain, les cardinaux craignirent que leur présence fournît aux détenus politiques de Paliano une occasion de s'enfuir ; et ce fut alors que, par précaution et non par humanité, ils furent transférés à Rome.

CHAPITRE XVI

I. Conversation amenée par l'entrée de l'armée d'Italie dans l'État de l'Église. Raisons qu'ont les Romains de préférer le Piémont à l'Autriche. — II. Le gouvernement de Vienne et le duché de Modène. Quelques lignes d'un mémoire diplomatique. — III. François V veut s'affranchir du vasselage autrichien. Effets de la tutelle de MM. Neuman et Schnitzer. — IV. Parme aussi esclave de l'Autriche que Modène. Vienne ne reconnaît ni droit naturel, ni droit écrit, ni équilibre européen. — V. L'Autriche traverse à volonté le Pô et les Apennins. Deux protestations de la Sardaigne impuissantes. — VI. Paroles et faits relativement à la république de Cracovie. Une circulaire du comte de Cavour.

I

L'entrée de l'armée d'Italie dans les domaines de l'Église, et la conquête qui s'ensuivit, amenèrent naturellement les prisonniers de *San Michele* à me dire les raisons qu'ont les Romains de préférer le Piémont, que le Pape exècre, à l'Autriche, que le Pape adore, et sur laquelle il fonde principalement l'espoir d'un retour à l'ancien ordre de choses. Comme il y avait dissidence parmi les captifs sur le jugement qu'on devait porter de l'instauration de l'Italie, telle que l'entendaient les ministres de Victor-Emmanuel, la discussion relative au

Piémont finit bientôt d'un commun accord. Il n'en fut pas de même pour l'Autriche, que tout le monde détestait également. Et, de peur que je n'appréciasse pas suffisamment les motifs de leur haine, après une longue énumération de leurs griefs, faite de vive voix et avec cette animation particulière aux Italiens, les prisonniers me remirent de nombreuses notes, extraites de deux ouvrages parus depuis peu, et qu'on leur avait fait passer secrètement. Méditez cela dans le silence de votre cellule, me dirent-ils. Je le fis; et j'ai depuis, sur ces documents un peu confus, rédigé les considérations suivantes sur les duchés de Modène, de Parme et de Toscane.

II

Plus les désirs de liberté s'étendaient en Italie, plus étroites se faisaient les relations entre le gouvernement de Vienne et le duc François de Modène. Ce petit souverain était à proprement parler le premier instrument de la police que M. de Metternich avait établie dans la Péninsule. A l'exception de la reconnaissance de Louis-Philippe, que le chancelier impérial réclama en vain, on peut dire qu'il n'éprouva jamais de refus de son vassal. On se fera une idée de la nature des services que François d'Este rendait à l'Autriche, par quelques lignes d'un mémoire diplomatique adressé, dans le courant de février 1836, par le chevalier Menz au prince de Metternich: « Quant au choix, » lui disait-il, « d'un roi unitaire, les constitutionnels avaient d'abord tourné leurs « regards vers les princes italiens, et ils étaient entrés « en propositions plus ou moins explicites, autant qu'il

« parait, avec chacun de ces princes, *sans en excepter* le « duc de Modène. »

Le 21 février 1846, la mort de François IV remplissait de joie et d'espérance les peuples qu'il avait durant trente et un ans tyrannisés sans pitié. Au mois de décembre de l'année suivante, Marie-Louise, duchesse de Parme, disparaissait aussi tranquillement de la scène du monde. Les temps étaient orageux, et le cabinet de Vienne avait le plus grand intérêt à ce que les nouveaux souverains de Modène et de Parme restassent inféodés à l'empire.

III

Au duc de Modène François IV succéda son jeune fils François V. Ce prince annonça, par un édit public, que sa ferme intention était de se vouer avec soin à la pleine félicité de ses sujets. Ce sont là d'ordinaire les mensonges de tout règne qui commence. La vérité historique oblige à dire, cependant, que François V était sincère. Le bruit courut même un instant que le jeune duc voulait s'affranchir de l'ignoble vasselage autrichien et devenir un souverain indépendant. Mais le cabinet de Vienne ne perdit pas de temps pour étouffer dans son cœur jusqu'au moindre désir de réformer la vicieuse administration de l'Etat, et d'inaugurer un régime qui pût faire naître une concorde spontanée entre gouvernés et gouvernants. MM. Neuman et Schnitzer, auxquels le prince de Metternich avait confié le soin de tenir sous une tutelle rigoureuse le jeune duc, surent s'y prendre de façon qu'il ne resta réellement ni à François V ni à ses ministres aucune liberté d'action.

IV

Un sort également honteux atteignit le nouveau prince appelé à gouverner Parme. Dans le mois de mars 1848, au milieu des Lombards soulevés, Charles-Louis de Bourbon voulut qu'on imprimât un chirographe souverain dans lequel il disait : « Je déplore le temps pendant « lequel la nécessité et la condition géographique et po- « litique de ces pays m'ont soumis à la politique étran- « gère. » Et l'on a encore eu des preuves que cette déclaration n'était point un calcul rétrospectif. Or qu'arriva-t-il? La duchesse Marie-Louise avait à peine cessé de vivre, que les Autrichiens occupaient Parme sous le spécieux prétexte d'honorer la défunte souveraine. Cependant le comte de Bombelles, choisi antérieurement par l'empereur pour gouverner les États et dominer l'esprit de sa fille, essayait presque de vive force de maintenir étroitement le pouvoir dans ses mains. En même temps le prince de Metternich, par l'entremise de son envoyé à Turin, faisait savoir à Charles-Louis de Bourbon que, s'il voulait définitivement passer dans la souveraineté des duchés de Parme et de Plaisance, il devait d'abord déclarer au cabinet de Vienne son refus de poursuivre les réformes gouvernementales auxquelles il paraissait disposé pendant qu'il était à Lucques. L'archiduc Maximilien, à son tour, déclara au nouveau souverain de Parme que l'Autriche exigeait de lui une pleine soumission de volonté, faute de quoi l'empereur se verrait contraint d'employer les moyens qu'il jugerait les plus convenables pour comprimer l'hydre révolutionnaire. Enveloppé par de tels liens, Charles-Louis se plia, résigné, aux volontés de l'Autriche.

Tout allant au gré de ses désirs, la chancellerie impériale, aussi bien à Parme qu'à Modène, se livra à une compression violente, et montra de cent manières aux Italiens que pour eux Vienne ne reconnaissait ni le droit naturel, ni le droit écrit, ni la raison d'équilibre européen. Afin de mieux poursuivre sa politique subversive, le cabinet viennois, dans le courant de décembre 1847, contraignit François V et Charles-Louis II de Bourbon à ratifier un traité par lequel il resta stipulé : « Que les « Etats de Modène et de Parme entraient dans la ligne « de défense des provinces italiennes de S. M. l'empe- « reur; conséquemment, restait accordé à l'Autriche le « droit de faire avancer les troupes impériales sur « les territoires modénais et parmesan, et d'en occuper « les places de guerre toutes les fois que l'exigerait « l'intérêt de la commune défense ou la prudence mi- « litaire. »

V

Il est facile de voir que, par de telles stipulations, l'Autriche non-seulement offensait l'équilibre italien statué à Vienne en 1815, mais de plus qu'elle commettait une violation manifeste et flagrante du traité passé à Paris le 18 juin 1817, par commun accord des grands potentats. Contrairement à tout ce qui avait été réglé, et comme si l'Italie était au ban de la loi commune, l'Autriche, sans montrer le moindre respect pour le droit public et les traités européens, traversait à volonté le Pô et les Apennins, et acquerait la liberté de planter ses propres drapeaux et de cantonner ses propres soldats sur plus de deux cent quarante milles carrés, que lui avaient interdits, dans l'intérêt permanent de l'équilibre européen, les grands régulateurs et gardiens du droit public.

Après l'annulation de l'indépendance politique et territoriale des deux duchés italiens, il fallait encore arranger les choses de manière qu'une incorporation définitive de ces duchés aux domaines impériaux fût possible. Subtilisant toujours ses malices selon que les temps demandaient qu'on poussât le vieux projet de prédominer dans la péninsule italienne, le cabinet de Vienne avait insisté pour que le droit fût accordé à l'empereur de faire occuper les territoires de Modène, Reggio, Lusigniana, Carrara, Massa, Guastalla, Parme, Plaisance, autant de fois que l'exigerait la prudence militaire.

En 1817, la Sardaigne attristée avait protesté contre le droit que s'arrogeait l'Autriche de tenir garnison dans Plaisance. L'année 1847 venue, en voyant précisément s'accomplir une nouvelle violation à la loi commune promulguée en 1815, la cour de Turin protesta de nouveau formellement. Mais les réclamations d'un petit État italien ne devaient guère peser à une puissance qui, peu de temps auparavant, avait porté l'audacieuse insolence jusqu'à violer la même loi commune en trompant la France et l'Angleterre au sujet de Cracovie.

VI

Au commencement de 1846, le cabinet de Vienne mandait à M. Guizot que, de concert avec la Prusse et la Russie, elle allait occuper militairement Cracovie, uniquement pour préserver « la population tranquille « et le gouvernement de cette cité d'être victimes d'une « conspiration qui avait pour mobile la soif du pillage. » De son côté, le vicomte Palmerston avait été averti par le prince de Metternich que « l'intervention armée de « l'Autriche dans la république de Cracovie était tout « à fait temporaire, et qu'elle cesserait aussitôt qu'on « aurait la certitude d'un état de choses dans ce ter« ritoire conforme à l'ordre établi par les stipulations « de Vienne. »

Peu de mois après, la libre république de Cracovie était définitivement incorporée à l'empire autrichien, sans même que la France et l'Angleterre en fussent préalablement instruites. Les deux puissances protestèrent pour la cause du bon droit et de la foi publique, mais aussi inutilement que, l'année suivante, protesta la Sardaigne pour le maintien de l'équilibre italien et pour la conservation de l'indépendance territoriale des États de la Péninsule.

Le résultat de ce mépris de toute justice et de toute pudeur fut qu'à la fin de 1847 il n'existait plus une république de Cracovie, ni un prince de Modène, ni un prince de Parme ; mais il y avait dans l'assiette politique de l'Europe trois provinces autrichiennes de plus.

Tout ce que, depuis ce temps, le cabinet de Vienne imposa de subordination au duc de Modène, on le trouvera relaté dans une circulaire adressée (juin 1859) par M. le comte de Cavour aux représentants du roi de Sardaigne accrédités près les cours étrangères. Il nous semble donc inutile de le rappeler.

CHAPITRE XVII

I. Administration antinationale en Toscane. Pourquoi l'horreur invétérée des Toscans pour les Autrichiens. — II. Un don gratuit *exigé*. Ordre d'introduire en Toscane le jeu de la loterie, interdit de tout temps par les Médicis. — III. Un nouveau *don gratuit* imposé par la cour de Vienne. Des prélats mis à la raison. — IV. Joyaux d'une renommée européenne. Comment acquis par les Médicis et pris par la cour de Vienne. — V. Les spoliations et les brigandages marchent à pas de géant. Le cabinet autrichien gouverneur réel de la Toscane. Vente de biens domaniaux. — VI. Biens-fonds aliénés en France. Autres pertes de la Toscane par le fait de l'Autriche. — VII. La cour d'Espagne s'oppose à l'invocation des traités. — VIII. Garnisons allemandes dans le grand-duché. Horreur des Toscans pour le service militaire. — IX. Conséquences d'un serment imposé. Tout va à rebours en Toscane. — X. Détresse des propriétaires toscans. L'apanage du grand-duc. Pensions à des proches et à des courtisans du prince. — XI. L'humiliation ajoutée à la ruine. Fermeté de personnages toscans. Les constitutions politiques et la force. — XII. La Toscane contemporaine. Une promesse du général Nugent. Un projet de M. de Metternich. — XIII. Long acte d'accusation contre l'Autriche. Argenterie et joyaux ravis à la Toscane. — XIV. Une extorsion paternelle. Ce que vaut l'amitié des princes. — XV. La tutelle du cabinet de Vienne. La Toscane à la paix d'Amiens. — XVI. Participation forcée à la guerre. Menace de l'Autriche à la Toscane. Léopold sur les rochers de Gaëte. — XVII. Récapitulation des sommes ravies par l'Autriche à la Toscane. — XVIII. Rupture définitive de la Toscane avec la dynastie lorraine.

I

Passons à la Toscane. Lorsque les duchés de Lorraine et de Bar eurent été cédés à la France, et que, par l'extinction des Médicis dans la personne de Jean Gaston (1737), François-Étienne III, duc de ces pays, ceignit la couronne de Toscane, ce prince avait déjà épousé Marie-Thérèse, fille de Charles VI, dernier empereur des Habsbourgs. Par son mariage, toutes les maximes et les intérêts de la maison d'Autriche étaient devenus communs au nouveau souverain, qui devait les transmettre à ses descendants. Or ces maximes et ces intérêts se trouvaient, depuis des temps très-éloignés, en lutte continuelle avec l'indépendance de l'Italie en général, et particulièrement de la Toscane. Un tel antagonisme devait nécessairement engendrer une administration antinationale, des dommages et des malheurs infinis pour le plus faible des deux États.

Le gouvernement de François II, sage, éclairé, bienfaisant, toutes les fois qu'il ne se trouvait point en conflit avec les vues et les résolutions de la cour césaréenne, était escroqueur, arbitraire, injuste et rapace dans tous les cas contraires. De là l'horreur invétérée des Toscans pour l'insatiable avarice autrichienne, qui, au lieu de disparaître, augmenta sans cesse et prit toujours plus de consistance.

II

L'agriculture était livrée à des pratiques grossières et empiriques, et ses produits ne suffisaient point à nourrir la population, quoique rare et naturellement sobre; les impôts ne pouvaient s'accroître sans péril manifeste de clameurs et de troubles; les dettes du trésor absorbaient la meilleure partie des revenus, et les biens-fonds, devenus en partie domaniaux, ne donnaient que des fruits insignifiants et incertains; les objets destinés à former le plus glorieux patrimoine de la nation exigeaient d'assez fortes sommes pour leur manutention et leur conservation; le mécanisme gouvernemental absorbait une partie notable des ressources publiques avant qu'elles arrivassent dans les caisses : c'est ce moment que choisit le monarque, toujours plus pressé d'argent par ses propres besoins et ceux de la cour d'Autriche, pour exiger un *don gratuit* de 300,000 écus, soit 1,764,000 francs, en commémoration de son avénement au trône grand-ducal. Bientôt après, comme le pays n'aurait pu supporter une nouvelle imposition extraordinaire, et qu'il fallait pourtant extorquer de l'argent, le souverain ordonna à la régence d'introduire en Toscane le *jeu de la loterie*, qu'avaient de tout temps interdit les Médicis.

III

En 1760, c'est-à-dire 22 ans plus tard, la cour de Vienne sollicita, ou plutôt réclama d'autorité, un autre *don gratuit* (1) à l'occasion du mariage de l'archiduc Joseph, fils aîné de l'empereur grand-duc, avec l'infante Isabelle-Louise de Parme. Tous les citoyens laïques, frappés par l'impôt spécial qu'il fallut établir, se résignèrent, quoique avec douleur, à le subir ; mais les ecclésiastiques, et parmi ceux-ci les plus riches, refu-

(1) Le *don* cette fois n'était que de 100,000 écus ; mais, eu égard aux conditions particulières de la Toscane, 100,000 écus causèrent un plus grand désastre en 1760 que 300,000 n'en avaient causé en 1738.

sèrent ouvertement d'y participer. Les prélats, plus querelleurs que les autres, profitèrent même de l'occasion pour fomenter des discordes et des scandales entre le saint-siége et la puissance temporelle; mais la sage fermeté d'un sénateur, dont l'histoire doit proclamer le nom, mit fin à leurs débats, et les força de rentrer dans le droit commun. Jules Rucellai fit admettre une fois pour toujours cette maxime : que les ecclésiastiques étaient tenus à la participation des charges publiques établies sur la généralité des citoyens.

IV

Les joyaux de la cour des Médicis, généralement nommés joyaux de la couronne, jouissaient depuis longtemps d'une renommée européenne. Cette réputation n'était point usurpée. A la mort de Cosme II, arrivée en 1621, les bijoux et autres pierres précieuses furent estimés 1,645,475 écus, soit 9,675,394 francs. En tête de la liste figuraient un rubis acquis par Cosme Ier en 1548 pour 15,500 écus, soit 91,140 francs, et le fameux brillant vendu par les jésuites à Ferdinand Ier, en 1601, pour la somme de 35,500 écus, soit 208,740 fr.

Les Médicis avaient acquis ces joyaux avec les deniers de l'État. Ils étaient compris dans le *Pacte de famille*, ou Convention de 1737, d'où la conséquence que le souverain en avait seulement la jouissance et non la propriété. Ils ne pouvaient donc être transportés hors de la Toscane, ni être en aucune manière distraits ou aliénés. Cependant, après la mort de l'électrice (18 février 1743), qui de son vivant avait résisté de toutes ses forces à un tel vol, le grand-duc se fit envoyer à Vienne une grande partie des joyaux, lesquels ne retournèrent jamais en Toscane, même lorsque la cour revint résider à Florence.

V

A partir de ce moment, les spoliations et les brigandages marchèrent à pas de géant. Tous les objets précieux épuisés, les demandes d'argent à la régence devinrent incessantes ; et lorsque les fonds manquaient, François II prétendait que l'on créât de nouveaux emprunts. Puis le cabinet autrichien, car c'était lui en réalité qui gouvernait en Toscane, mit à l'enchère les titres de noblesse, continua l'aliénation de biens domaniaux, fit vendre au profit de l'empire des palais appartenant à la couronne grand-ducale. En 1760, le grand-duc lui-même vend au gouvernement pontifical le magnifique et grandiose palais des Médicis à Rome, dit palais *Madame*, et la cour de Vienne encaisse les 60,000 écus (352,800 francs) qui en proviennent, sans accorder, suivant son habitude, aucune compensation à la Toscane.

La même année, le *Casino* suburbicaire, dit du *Pape Jules*, faisant aussi partie du patrimoine des Médicis, et par conséquent devenu domanial, est vendu au profit particulier de l'empereur grand-duc. Les sept grandes *tenutes*, ou fermes, d'Urbin, situées près de Pesaro, Sinigaglia, Castel-Leone, Fossombrone, Urbino, Urbania et Poggio-del-Berni, étaient échues aux Médicis par le mariage de la princesse Victoire de la Rovère, avec le grand-duc Ferdinand II, et en vertu de la convention de 1737, elles faisaient partie du patrimoine domanial. Nonobstant cela, François II, en 1763, vend ses propriétés à la chambre apostolique comme si elles lui appartenaient privativement, et il en retire le capital considérable de 550,000 écus équivalents à 3,234,000 francs.

VI

Si aux immeubles vendus à Rome et aux fermes d'Urbin on ajoute les biens-fonds aliénés en France, provenant de l'héritage de l'électrice, on trouve que le trésor toscan a été frustré au profit de l'Autriche, en capital ou intérêts à 3 0/0, de 1742 à 1858, d'une somme de 3,352,940 écus, soit 19,715,287 fr. 20 c. Et comme il ne serait pas déraisonnable de faire entrer en ligne de compte les intérêts des intérêts, puisque le capital successivement accumulé aurait pu être converti en valeurs productives, c'est peu que de doubler la somme pour se faire une idée réelle du préjudice causé sur ce seul point par l'Autriche à la Toscane.

Les Médicis, pour en faire des apanages à leurs bâtards, avaient acquis en divers temps des terres et des revenus publics dans le royaume de Naples. A l'époque du *Pacte de famille* entre l'électrice et François II, ces fonds et capitaux passèrent ensemble, avec tous les autres constituant le domaine des Médicis, dans le domaine toscan, malgré les contestations de Charles III, roi des Deux-Siciles, qui avait prétendu avoir des droits à la succession de Jean Gaston. Après des disputes longues et animées entre les cabinets de Vienne et de Naples, tous ces biens furent perdus pour la Toscane, uniquement par son malheur d'avoir un souverain appartenant à l'Autriche, les intérêts du grand-duché devant toujours plier en présence de ceux de l'empire.

VII

La cour d'Espagne profita elle-même de cette infortune pour préjudicier à la Toscane. A compter de Charles V, elle avait reçu en divers temps et de diverses manières des prêts considérables, que lui faisaient les Médicis pour se la rendre favorable, étendre leur domination et acquérir de l'influence dans les choses d'Italie. Ils en réclamèrent maintes et maintes fois le remboursement; mais, tantôt sous un prétexte, tantôt sous un autre, ils ne purent jamais obtenir la restitution du capital ni le payement ponctuel des intérêts. François II, qui, en vertu de la convention de 1737, était le successeur des Médicis, aurait dû agir en leur lieu et place; mais la cour d'Espagne, ennemie de celle d'Autriche, s'opposa à l'invocation des traités, et ce furent encore autant de sommes perdues. Ainsi donc l'assujettissement de la Toscane à la maison d'Autriche-Lorraine fut l'occasion d'immenses pertes et spoliations nationales; et cela non-seulement par les importunités toujours croissantes de la cour de Vienne, mais encore parce que les inimitiés comme les amitiés de cette même cour entraînèrent constamment d'énormes sacrifices.

VIII

Les garnisons allemandes venues dans le grand-duché, même avant qu'expirât Jean Gaston, afin d'assurer la succession au Lorrain, étaient peu à peu rentrées dans leur pays, et le service intérieur fut, comme par le passé, confié aux indigènes. Cependant les officiers supérieurs allemands et lorrains restèrent sous les bannières grand-ducales, et cela autant pour *étrangiser* (inforestierare) un pays, qui voulait alors, comme aujourd'hui, être italien, que pour avoir occasion de rassasier leur insatiable vénalité. Mais le résultat fut tout l'opposé de ce qu'on se proposait. Le contact forcé avec les Allemands ne fit que rendre plus profonde l'aversion qu'avaient pour eux les Toscans. L'horreur pour le service militaire devint telle que, la jeunesse toscane se trouvant mandée (1756) pour prendre part à la seconde guerre de Silésie, qui avait lieu entre Marie-Thérèse et Frédéric II, les désertions commencèrent à peine la mise en route, se continuèrent à mesure qu'on s'éloignait du pays natal, et prirent d'énormes proportions quand on fut arrivé aux frontières du Tyrol. Ce qu'il y eut de particulièrement scandaleux dans cette réquisition de troupes, c'est que, jusqu'à l'entrée en Allemagne, la dépense des bataillons grand-ducaux pesa exclusivement sur le trésor toscan, et que, à dater du moment où la caisse de Florence ne paya plus, la solde des militaires qui n'avaient rien à faire avec Marie-Thérèse et sa race fut diminuée.

IX

Une autre grave inconvenance fut que l'on obligea des soldats auxiliaires, appartenant à un État absolument autonome et indépendant, de prêter serment de fidélité et d'obéissance à l'impératrice-reine, qui n'avait aucun titre de souveraineté sur la Toscane. On jura; mais les désertions augmentèrent, et l'horreur pour le service militaire prit un caractère si épouvantable, qu'on vit fuir du grand-duché la plus grande partie des jeunes gens aptes à porter les armes. Il en résulta que la population décrut visiblement; l'agriculture, au lieu d'avancer, recula; des contre-coups fatals frappèrent l'économie publique et privée; la spéculation fut déconcertée; tout alla à rebours. Les Médicis, exécrables et exécrés, semblèrent alors de bons princes, les maux passés paraissant légers en regard des présents; les Toscans, exaltant la race éteinte, abhorrèrent plus que jamais la race de Lorraine-Autriche; et la nouvelle des frères morts à la fameuse déroute de Riegnitz (15 août 1759) vint bientôt ajouter la consternation à l'horreur.

X

Outre les autres capitaux et biens soustraits à la Toscane par la cour d'Autriche, et qu'on a déjà mentionnés en partie, la constante résidence de François II à Vienne causa de nouveaux et très-graves préjudices au pays, particulièrement en ce que, tandis que l'argent monnayé manquait aux transactions industrielles et commerciales, et que les plus grands propriétaires, de leur côté, se voyaient réduits à payer leurs serviteurs et ouvriers avec des grains en nature, l'apanage du souverain, ou, comme on dirait aujourd'hui, la *liste civile*, au lieu d'être dépensée dans l'État qui la fournissait, allait s'engloutir en Autriche. Cet apanage, fixé par le monarque lui-même à 2,260,000 livres par an, dans l'espace de vingt-huit ans ne s'éleva pas à moins de 35,280,000 livres, ou 29,635,200 francs, somme énorme pour un petit État qui ne comptait pas un million d'âmes (1).

Et encore ce genre de spoliation ne s'arrêtait-il point là. Le Lorrain obligeait, en outre, la Toscane à servir de magnifiques pensions à la princesse Charlotte de Lorraine, au prince d'Elbeuf, au marquis de Stainwille, et à d'autres proches ou courtisans demeurant à l'étranger. Il forçait, de plus, ce malheureux pays à expédier annuellement de grosses sommes à Nancy, ancienne capitale de l'État par lui cédé à la France, pour faire face à ses engagements particuliers, ainsi qu'à fournir une prestation fixe à la Chambre impériale de Pavie. Le total de ces accessoires à la *liste civile* formait le chiffre respectable de 582,283 livres, ou 489,117 francs par année, ce qui, en vingt-huit ans, donne un produit de 13,695,296 francs. Ajoutons-y le montant de la liste civile dans le même laps de temps : nous avons un total de 43,330,496 francs, pour l'entretien, durant son règne, du premier grand-duc de la nouvelle race et de ses parents ou favoris.

(1) La population de la Toscane en 1760 était seulement de 945,063 habitants.

XI

Pour que la mesure fût comble, l'humiliation devait s'ajouter à la ruine. Les divers potentats européens qui, précédemment, entretenaient des représentants à Florence, et *vice versâ*, commencèrent maintenant à regarder la Toscane comme une dépendance de l'empire. En conséquence ils préféraient traiter les affaires directement à Vienne avec le monarque, au lieu de le faire avec la régence. En même temps les envoyés autrichiens à l'extérieur étaient chargés de soigner les affaires relatives à la Toscane avec le même zèle et la même sollicitude que celles de l'empire. A dater de ce moment, la dignité de la couronne grand-ducale diminua notablement de splendeur et de considération, ainsi que d'influence, même dans les petites cours d'Italie. Tout devait passer par la filière des ministres césaréens, et reporter le consentement de la cour de Vienne, laquelle, au mépris des traités et des droits du peuple toscan, se prévalait des circonstances pour le réduire toujours plus en sa sujétion. Aussi, lors de l'avénement de Léopold Ier, non-seulement Joseph II voulait installer le nouveau grand-duc comme vassal, mais il prétendait exiger que désormais la suscription des lettres grand-ducales à l'empereur fût conçue en ces termes : *Très-humble, très-respectueux et très-fidèle vassal, serviteur et frère,* etc. Grâce à la fermeté du comte Orsini de Rosemberg, de l'archevêque de Pise et d'autres Toscans, ces étranges prétentions ne furent pas accueillies ; mais les fonctionnaires du grand-duché continuèrent d'être subordonnés aux ministres impériaux pour les affaires importantes; il y eut des garnisons allemandes en Toscane: le droit national fut ouvertement violé à propos des milices; et l'effronterie avec laquelle les souverains augmentèrent arbitrairement, c'est-à-dire au mépris du statut, la dotation annuelle de leur propre cour, vint montrer encore une fois que les pactes et les freins légaux ne servent qu'à peu ou rien, quand dans les *constitutions politiques* manquent les contre-poids nécessaires de forces matérielles.

XII

L'époque contemporaine ne fut pas moins funeste à la Toscane que les siècles passés. Avant de décréter l'agrégation de la Toscane à l'Empire français, Napoléon Ier avait dit solennellement à ses députés : « Il est néces- « saire que les Toscans soient réunis au royaume italien; « cela je le fais afin de rendre l'Italie une nation de huit « millions d'habitants, et pour tant que cette réunion « puisse vous déplaire dans ce moment, vous devez pour- « tant être persuadés que le bien de toute l'Italie l'exige, « et en conséquence vous dépouiller des petites passions, « et regarder un grand but de la formation d'une puis- « sance qui nous mette en mesure de n'être point sou- « mis à d'autres, comme nous l'avons été jusqu'ici, parce « que nous étions divisés. » Mais, peu après, le même homme qui avait prononcé ces nobles paroles divisait la Toscane en trois départements français (1), lui conservant seulement une certaine apparence d'autorité, aux

(1) De l'Arno, de la Méditerranée et de l'Ombrone.

seuls effets d'avoir à Florence un souverain nominatif de sa famille (1) et une représentation de cour. Ces arrangements si opposés aux promesses faites, tandis qu'ils contribuaient à tenir vive l'ambition municipale, et à empêcher la fraternisation des esprits dans la Péninsule, mécontentèrent extrêmement les masses populaires, en qui déjà commençait à revivre le sentiment de la nationalité. Le général Nugent, en 1813, flatta ces dispositions, en promettant aux Italiens, comme l'avait fait l'archiduc Jean en 1809, *unité et indépendance;* mais quand les Autrichiens se trouvèrent maîtres de la Péninsule, ils ne les gratifièrent que d'insultes, oppressions, spoliations et tyrannie. C'était mal s'y prendre pour réaliser le projet de Metternich, qui était de *former de l'Italie un État fédératif sous la direction de l'Autriche comme puissance principale;* mais le despotisme ne peut manquer à sa loi.

XIII

Depuis les traités de Vienne jusqu'en 1859, l'histoire de Toscane continue d'être un long acte d'accusation contre l'Autriche. Mais la plupart de ces nouveaux méfaits n'étant qu'une répétition de méfaits antérieurs, nous les négligerons pour résumer en quelques lignes les désastreux effets d'une domination funeste.

(1) La princesse Élisa Bonaparte, grande-duchesse de Toscane, de 1809 à 1814. Son apanage était de 1,000,000 de francs par an; mais l'*intendance de la Liste civile* entretenait les monuments et jardins impériaux, les galeries publiques, le musée de physique et l'atelier de pierres dures.

Le passage de la souveraineté d'une dynastie nationale à une dynastie étrangère fut un immense malheur pour la Toscane, parce que, en raison des liens de sang qui les enchaînaient à la maison d'Autriche, les nouveaux souverains ne purent jamais ni se nationaliser, ni se rendre indépendants de la cour de Vienne. Celle-ci fut particulièrement coupable de deux crimes : des spoliations sans pitié ; des humiliations et perversions politiques de tout genre. François II, premier grand-duc de la race lorraine, commit d'énormes extorsions ; il ravit de l'argenterie et des joyaux appartenant à l'État ; il vendit des biens domaniaux en quantité ; il obligea les Toscans à répandre leur sang et à dépenser leur argent pour des intérêts tout à fait étrangers au pays, et puis les récompensa en les privant de leur indépendance au dedans et de l'autonomie diplomatique au dehors. Durant son règne, l'État tomba dans le plus grand épuisement économique, à l'occasion principalement de la constante résidence à Vienne, où se fabriquèrent continuellement des chaînes pour tenir en sujétion l'Italie en général et la Toscane en particulier.

XIV

François étant mort et Léopold étant venu résider à Florence, Joseph II prétendit à l'hérédité paternelle, et avec cet artifice ravit à l'État une somme considérable qui ne lui appartenait en aucune manière. Léopold lui-même, qui durant son règne avait introduit tant de bonnes réformes dans le pays, devenu héritier de la couronne impériale, envoya des garnisons autrichiennes dans le grand-duché; et pendant qu'il se montrait empressé de liquider les créances qu'il avait sur le trésor grand-ducal, il montra peu de souci de lui faire réintégrer l'*extorsion paternelle*, ainsi qu'il la qualifia dans un document public. En outre, observant alors les choses sous un point de vue différent, il abandonna les meilleurs conseillers et instruments de ses réformes, et M. Scipion de Ricci put s'apercevoir que les services et l'amitié ne servent de rien pour conserver la faveur des princes montés plus haut.

XV

Ferdinand III, resté libre de la sujétion paternelle, ne fut point pour cela délivré de la tutelle du cabinet de Vienne, vu que les menées autrichiennes de ses parents et alliés le poussèrent précisément à compromettre la Toscane au point d'être envahie deux fois par les Français, savoir en 1796 et en 1799. Occupée ensuite par les armées impériales, les commandants disposèrent à leur gré du pays, s'imposant jusqu'au sénat florentin, qui gouvernait l'État au nom de Ferdinand même, retenu en Allemagne par la cour de Vienne pour servir à ses vues particulières. Quand l'Autriche se trouva contrainte d'accepter la paix d'Amiens, elle négocia pour la Toscane avec la France sans seulement consulter le souverain. Toujours insatiable de l'argent du grand-duché, elle détermina Ferdinand à expédier des commissaires à Florence pour tâcher d'en avoir encore. Elle en eut réellement, au moyen de ruses et d'artifices ; et le refusa ensuite d'accéder aux conventions qui l'obligeaient à rembourser des sommes auxquelles s'étaient obligés ses généraux, en payement de vivres et de deniers réclamés et reçus.

XVI

Le cours des événements européens ayant ouvert la voie au retour de Ferdinand en Toscane, l'Autriche s'empressa de s'en attribuer le mérite ; et, sans le consulter, obligea le grand-duché à prendre part à la guerre de Naples, et son trésor à en supporter les dépenses. Elle poussa ensuite l'audace jusqu'à déclarer la Toscane *État autrichien,* traitant son souverain comme un simple vassal. Et pour que Ferdinand et ses successeurs lui restassent toujours enchaînés, elle provoqua le traité du 12 juin 1815, afin d'empêcher qu'à l'avenir ils pussent contracter d'autres alliances.

Léopold II étant parvenu au trône, l'Autriche chercha à s'insinuer entièrement dans son esprit pour l'avoir à merci ; et quand elle le vit disposé à mettre sur un meilleur pied les choses de l'État, elle s'empressa d'exiger la reconnaissance d'une créance invoquée par elle mille fois en vain, et elle eut soin d'exclure des compensations résultant des plus évidents et plus justes titres. Quand l'Autriche vit encore le même prince animé du désir de faire des réformes libérales, elle lui intima l'ordre de s'en abstenir, le menaçant, s'il accordait des franchises constitutionnelles à la Toscane, d'envahir le pays et de les abroger. Ces franchises appartenaient au pays depuis trois siècles ; mais comme elles ne plaisaient point à l'Autriche, elles ne devaient pas être données. Elles furent néanmoins promulguées ; mais l'Autriche se vengea en enveloppant Léopold dans des complications qui le conduisirent sur les rochers de Gaëte. Et quand elle l'eut réduit à l'exil préparé par sa main, elle lui envoya une armée, non afin de lui reconquérir le trône, mais afin de lui donner la force nécessaire pour faire le plus grand mal possible au pays, et aux dépens du pays.

XVII

Si l'on récapitule en un seul chiffre toutes les sommes certaines ravies par l'Autriche à la Toscane dans l'espace de 122 ans, on voit que le total de ses rapines est de 90,533,080 livres, ou 76,047,787 francs, sans compter les objets et biens dont la valeur est ignorée. Néanmoins l'Autriche paraît créancière de 7,203,000 livres, soit 6,050,520 fr., tant cette puissance est habile dans la manière de présenter ses comptes.

XVIII

Peut-être, malgré toutes ces spoliations, et les dépenses introduites, et les imprudences commises dans le gouvernement de l'État par Léopold II, la générosité du peuple toscan aurait-elle tout pardonné, si le manque de foi et l'appel des Allemands abhorrés n'eussent rendu le pardon absolument impossible. Et, après les événements du 27 avril 1859, la même impossibilité a atteint les fils et descendants de Léopold, qui ne pourront jamais plus régner un instant dans ce pays sans l'appui d'une armée étrangère et dévorante. Leur présence à Solférino scella pour toujours la séparation de la dynastie lorraine avec la Toscane, parce que la première est inséparable de l'Autriche, ennemie perpétuelle de l'Italie (1).

(1) *Memorie economico-politiche*, o sia de danni arrecati dall'Austria alla Toscana, dal 1737 al 1859, dimostrati con documenti officiali raccolti e pubblicati dal cav. Antonio Zobi. Firenze, presso Grazzini, Gianni e C. 2 vol. in-8°

CHAPITRE XVIII

I. Ce qu'il en coûte aux Romains pour dire leur pensée sur l'Autriche. Condamnations en quatre ans dans les États pontificaux.— II. Exécutions politiques dues à l'Autriche. — III. Comment on punit à Rome les impatients de liberté. — IV. Nouveaux détails demandés à mes compagnons de captivité. — V. La prison de *Montecitorio*. Malédictions contre les persécuteurs. — VI. Saccage sur la personne des prisonniers. Manque de nourriture. Une table pour lit. — VII. Inexécution de la loi romaine. Promesses en échange de révélations. — VIII. Un gendarme compatissant. Général marqué d'un fer sur l'épaule.

I

Après avoir lu attentivement les notes dont on vient de voir la substance, je compris mieux que jamais la haine des Italiens pour l'Autriche, et je ne cachai pas mon sentiment à mes nouveaux camarades. Ils me dirent : « C'est pourtant pour avoir osé dire ce qu'ils pensaient de cette intime alliée du Pape que tant de patriotes ont payé, les uns de la mort, les autres du bagne, les autres de l'exil, les autres de la prison, le crime d'être Italiens; car il est peu de sentences rendues contre les Romains dans lesquelles l'Autriche n'ait trempé directement ou indirectement. Or, savez-vous le nombre des condamnations, la plupart capitales, qui ont été prononcées, en quatre années seulement, dans les *États pontificaux*, sous le bienheureux règne de Pie IX ? Le voici : — A *Bologne*, du 23 mai au 23 juin 1849, 208.— A *Ancône*, du 23 juin 1849 au 23 juin 1853, 60. — A *Rome*, depuis le mois d'août 1850 jusqu'au mois de juin 1853, 46 ; le 24 janvier 1854, 3. — A *Sinigaglia* (1), en septembre 1852, 24. Total : 341 condamnations dans les seules possessions du Pape.

II

« Voulez-vous, continuèrent les prisonniers de *San Michele*, pour le même laps de temps, la statistique des exécutions politiques dans des pays plus directement soumis à l'influence ou au joug de l'Autriche? — TOSCANE. — A *Livourne*, exécutés sans jugement, les 13 et 14 mai 1849, 200; le 13 septembre 1851, 40. — ROYAUME LOMBARDO-VÉNITIEN. — A *Padoue* et à *Rovigo*, condamnés par le conseil de guerre en 1849, 2,514; en 1850, 1,329 ; en janvier et mars 1851, 223. — A *Este*, condamnés par le conseil de guerre, du 17 mai au 30 juin 1851, 115. — A *Brescia*, massacrés par les ordres de Haynau, au mois d'avril 1849, 222, dont 85 restés inconnus; pendus, le 9 juillet 1849, 6; le 10 juillet, 6. — A *Mantoue*, le 7 décembre 1852, le prêtre Tazzoli et ses compagnons, 5; le 3 mars 1853, Tito Sperio et ses compagnons, 5. — A *Milan*, en février 1853, 46. Total : 4,711.— Que tout homme impartial, ajouta celui

(1) Patrie du pape Pie IX.

qui parlait, dise maintenant si les Italiens n'ont pas raison de vouloir chasser l'Autrichien de leur pays! »

III

« Mais, poursuivit-il, en attendant que le jour de la justice arrive, les impatients payent cruellement le malheur d'avoir hâté de leurs vœux le moment de la délivrance; car il faut que vous sachiez que, si la plupart de ceux qui sont ici ont été emprisonnés pour conspiration vraie ou fausse contre le gouvernement papal, beaucoup aussi n'ont commis d'autre délit que de parler contre les Autrichiens. Non qu'on ait toujours osé baser la décision sur ce fait; mais, au fond, leur captivité n'a pas d'autre cause. Quant au traitement, il est le même pour tous; et, aux yeux du gouvernement romain, les ennemis de l'Autriche ne méritent pas plus d'égards que les adversaires du Pape-Roi. »

IV

Je savais que plusieurs des captifs qui venaient de me donner ces douloureux détails avaient été traînés de prison en prison avant d'arriver à *San Michele*. Ils m'avaient instruit du régime de Paliano, mais je ne connaissais rien des autres lieux de détention. Je les priai de m'en dire quelque chose, et chacun alors fournit sa part de renseignements. Voici, en substance, ce que je pus recueillir, et qui est confirmé, d'ailleurs, par le récit d'un ancien prisonnier dont j'ai déjà cité l'écrit.

V

Parlons d'abord de *Montecitorio*. Cette prison appartient au corps de garde principal des carabiniers. Une charbonnerie est moins obscure. C'est un local de plain-pied, avec une petite porte de face à la porte d'entrée du corps de garde. Elle ne reçoit d'autre jour que celui qui pénètre par une étroite fenêtre grillée, placée au-dessus de la porte même. L'humidité règne constamment dans cette tanière. Les détenus sont enfermés dans des trous d'environ dix pieds carrés, dont les murs sont couverts des noms de malheureux qui, avec des mains frémissantes et des cœurs déchirés, ont écrit mille malédictions contre leurs persécuteurs. Des ordures dégoûtantes et malsaines font du sol un fumier immonde. Ces cachots sont plus particulièrement destinés à des voleurs et à des assassins, qui plus tard sont conduits dans d'autres prisons de la ville; mais il arrive parfois, même souvent, qu'on y enferme provisoirement les prévenus politiques, oubliés là ensuite des semaines et des mois, mêlés et confondus avec des bandits de la pire espèce.

VI

Dans cette prison comme dans les autres, l'invariable coutume papale est d'exercer un véritable saccage sur la personne des prisonniers. A leur arrivée, les bijoux et l'argent qu'ils possèdent passent de leurs mains dans les mains rapaces de leurs geôliers. Privés ainsi de tout moyen de se procurer ce dont ils ont besoin, les dépouillés se trouvent dans la condition la plus misérable. Il n'est pas sans exemple que l'administration ait négligé de leur envoyer même des aliments; et l'on en a vu rester ainsi trois et quatre jours, ne vivant que par la commisération de ceux qui, n'étant point oubliés, consentaient à partager avec eux leur maigre pitance. Quand on vient à se souvenir d'eux, on leur fait passer quelques baiocchi pour se procurer un peu de nourriture supplémentaire, par l'intermédiaire des carabiniers. Mais il leur est presque impossible d'obtenir un lit. La plupart couchent à nu sur une table étroite; et il en est qui n'ont pas même un banc ou une chaise pour reposer leur tête pendant la nuit.

VII

D'après la loi romaine, tout incarcéré devrait être examiné dans les vingt-quatre heures de son entrée en prison. Mais à Montecitorio, pas plus qu'ailleurs, cette loi n'est exécutée. Souvent il se passe des semaines et des mois sans que personne vienne vous interroger. Enfin il arrive qu'au lieu du juge instructeur un prêtre, qui est en même temps directeur général de la police, vient, assisté d'un secrétaire, pour questionner le captif. Ce que ce personnage cherche surtout à obtenir, ce sont des révélations. En échange il promet l'exil et même la liberté. Si le prévenu ignore ce qu'on lui demande, ou que, le sachant, il refuse de le révéler, il demeure en prison.

VIII

Les gendarmes pontificaux sont en général peu sensibles. On en a vu néanmoins qui, touchés de compassion pour les prisonniers confiés à leur garde, ont montré envers eux de l'humanité et des égards. Un ancien hôte de Montecitorio raconte qu'au temps où il était dans ces cachots infects, un de ses gardiens le fit monter, pour lui procurer quelque soulagement, dans la chambre réservée aux carabiniers de garde. Là le captif passait son temps à écrire sur les murs, avec un crayon, des pensées politiques, des maximes de droit, dont la hardiesse ne pût effaroucher personne. Les carabiniers paraissaient prendre un grand plaisir à lire ces sentences; ils engageaient le captif à en écrire toujours davantage; souvent ils en prenaient copie; et un jour, quand la confiance se fut établie, ils lui racontèrent comment un de leurs chefs, aujourd'hui général, se trouvait être un franc voleur et marqué pour tel d'un fer sur l'épaule. Je ne nommerai point ce coquin, quoique sa victime le nomme (1). Quant au malheureux prisonnier, il passa trente-deux jours dans son horrible cachot, sans pouvoir jamais se dévêtir, ni jour ni nuit.

(1) *Quattro anni nelle prigioni del S. Padre.* Lavvocato dottore Vincenzo di Tergolina, membro di più Instituti scientifici, già giudice et deputato al Parlamento di Venezia. Torino, 1860. 4 vol. in-12, p. 37.

CHAPITRE XIX

I. Autres particularités sur *San Michele*. Le directeur de la prison. — II. La cellule n° 61. Un sac de paille pour lit. — III. Nourriture des captifs. Amabilités d'un carabinier pontifical. — IV. Description d'une cellule ordinaire. Une visite d'Anglais.— V. Un criminel innocent d'intention. Excitation d'un curé. — VI. Une loi du Pape-Roi. Le *lit de mort*. Le *régime de mort*. La *paye de mort*. Condamnés assaillis. Confession forcée. — VII. Un spectre vivant. Espérances trompeuses. Nouveau genre de torture. — VIII. Un assassin supposé. Suicide d'un innocent. — IX. Supplice de Santo Constantini.— X. Condamnations à mort dans l'État papal, de 1849 à 1853. Un pays infortuné.—XI. Obligation d'assister à la messe. Curé puni de sa bonté. — XII. Un accusé devant son juge instructeur. — XIII. Défenseur d'office. M. Castelli. — XIV. Un accusé dans les rues de Rome. Blessures du corps et blessures du cœur. — XV. Un ancien juge jugé. — XVI. La Sacrée Consulte. Un président comme il y en a peu.

I

Habituellement les prévenus politiques, provisoirement enfermés à Montecitorio, sont de là conduits à *San Michele* pour y subir une captivité plus ou moins longue. Je n'ai dit encore que peu de mots de cette prison. Je crois devoir maintenant entrer dans de nouveaux détails.

Quand un accusé ou condamné politique arrive à *San*

Michele, il se trouve en face d'un homme grand et gras, privé du bras droit, lequel est remplacé par un bras artificiel, dont la main est soigneusement recouverte par un gant tissé, de couleur noire. Cet homme est un brigadier des carabiniers pontificaux, qui remplit les fonctions de gardien en chef de la prison (1). S'il est seul dans le vestibule, comme cela fut d'abord pour moi, il demande au nouveau venu ses nom et prénoms, sa profession et son lieu de naissance. Quand celui-ci a répondu, s'il est Romain ou natif de quelque partie de l'Italie, le manchot réplique ordinairement par quelques mots sarcastiques; s'il est étranger, et que notre homme s'aperçoive qu'il comprend le français, alors il est tout fier de montrer qu'il connaît notre langue, et vous l'entendez, par exemple, dire sans que rien l'y convie : — *Temps beau, aujourd'hui. — Chaise bonne, asseoir*, — et autres discours de cette force. Puis il vous fouille et vous prend tout ce que vous portez sur vous : clefs, couteau, canif, livres, portefeuille, argent, or, bijoux, même vos lunettes, si vous êtes presbyte ou myope. Ensuite, avec une feinte douceur, il vous confie à un gardien pour vous conduire au lieu de votre destination.

II

Ce gardien, qui est aussi un carabinier, après avoir monté un escalier tortueux, fait entrer la victime dans une grande salle sans meubles, aux deux côtés de la-

(1) Je crois avoir lu dans les journaux que, depuis mon départ de Rome, cet homme s'est enfui, après avoir favorisé l'évasion d'un prisonnier.

quelle se trouvent 60 petites cellules, moitié à droite, moitié à gauche, divisées en trois étages parallèles et semblables. Toutes les prisons cellulaires se ressemblent à peu près intérieurement. Chaque cellule de celle-ci a donc une porte et une fenêtre grillée donnant sur la grande salle. Mais parfois il arrive que ces cachots sont encore trouvés trop bons pour certains prisonniers. Alors le malheureux doit gravir un escalier à colimaçon très-étroit, dépassant le troisième étage, et au haut duquel se trouve une cellule éloignée, à porte plus petite que les autres. Aussi porte-t-elle le n° 61, ne faisant point partie des séries principales. Une fenêtre fortement grillée, regardant sur un toit, et revêtue à l'extérieur d'une espèce de tuyau en bois qui intercepte l'air et la lumière ; à l'intérieur, rien que les murs nus ; le sol couvert d'ordures, et partout des insectes dégoûtants : tels sont les agréments de ce bouge !

Quand on se voit enfermé dans ce trou infect, la première pensée qui vient à l'esprit est de se briser la tête contre le mur ; mais l'on songe à sa famille, à ses amis, et l'on consent à vivre. Peu de temps après arrive un auxiliaire portant un sac assez sale, de la longueur et de la hauteur d'un homme, qui contient un peu de paille. Le prisonnier ne doit pas avoir d'autre lit !

III

Chaque matin, après la levée du secret, il est permis au prisonnier de descendre pendant quelques moments, à l'autre extrémité de la salle, pour faire ses ablutions ; et à onze heures on le laisse aussi aller recevoir sa nourriture, laquelle consiste en un peu de soupe, un petit morceau de poisson salé et deux morceaux de pain noir et malsain. Il rentre ensuite dans sa cellule, où il peut tout à l'aise maudire ses bourreaux.

Vincent de Tergolina, dont j'ai déjà mentionné le martyre, passa ainsi une semaine entière, ne voyant aucun être vivant, si ce n'est quelque carabinier, quand il descendait pour se laver; et celui-ci se mettait alors à polir et rendre aigu un stylet, comme s'il voulait faire observer au prisonnier que c'était une arme préparée pour lui. Après huit jours, le malheureux Vénitien fut transféré avec son sac de paille au n° 52, faisant partie des cellules du troisième étage.

IV

Cette cellule, égale à toutes les autres donnant dans la grande salle, était longue et haute de six pieds, et large de cinq; elle avait un pavé de briques, avec une fenêtre correspondante à celle qui regardait la salle, mais plus étroite, et formée dans le mur extérieur, épais de trois pieds. A l'intérieur de cette fenêtre était une grille, une raquette au milieu, et à l'intérieur une seconde grille, avec une trompe de bois au dehors, pour empêcher toute vue et toute communication possible. Par cette combinaison infernale, le soleil ne pouvait pénétrer que quelques minutes dans ce réduit; encore sa lumière y vacillait-elle, comme si l'astre du jour craignait lui-même de découvrir l'horrible situation du malheureux enfermé là. Une fois, le captif entendit la voix de quelques Anglais qui avaient obtenu la permission de visiter la salle, lorsque tous les prisonniers s'étaient déjà retirés. Ces étrangers trouvèrent le promenoir suffisant ; mais la porte d'aucune cellule ne s'ouvrit pour eux. Combien alors leurs observations eussent été différentes!

V

Un voisin de cellule de notre prisonnier venait encore augmenter ses souffrances par les cris déchirants qu'il poussait nuit et jour. C'était un jeune homme de vingt ans, condamné à mort pour un crime dont il se disait innocent, du moins d'intention. S'il avait tué un homme du parti libéral, c'était sur l'excitation du curé de sa paroisse, qui lui avait promis l'absolution. Ce malheureux jeune homme ne cessait de se repentir d'avoir commis un tel meurtre. Il en demandait pardon à Dieu et aux hommes; mais pour que l'instigateur fût tranquille, il fallait que l'instrument de sa haine mourût.

VI

A cette occasion, on dira quelle est la loi du Pape pour les condamnés à mort. Continuellement tenus, jusqu'au moment de la sentence, à un rigoureux secret, c'est-à-dire dans une prison éloignée et séparée de toute autre, les condamnés, quand la sentence est prononcée, obtiennent le bénéfice de la *Larga*. Ils peuvent alors jouir de la compagnie des autres prisonniers et se promener avec eux. Il leur est, en outre, accordé un matelas de laine, placé sur un sac de paille plus commode que les autres ; et ceci se nomme le *lit de mort*. On leur donne de meilleurs aliments avec du vin ; et ceci se nomme le *régime de mort*. Ils reçoivent chaque jour quatre *baiocchi* et ceci se nomme la *paye de mort!*

Ainsi passent le temps ces malheureux, qui, durant des jours, des semaines, des mois, et souvent des années, attendent à chaque heure qu'on les conduise au supplice. Et il n'est pas rare que cette torture s'applique à des gens qui n'ont commis aucune sorte de délit!!!

Quand le jour de l'exécution est arrivé, les gardiens oignent doucement avec de l'huile les cadenas, les serrures et les verrous de la porte du cachot, de manière à ne faire entendre aucun bruit en les ouvrant. Et à minuit, quatre ou six hommes (1), portant des torches et des chaînes, entrent à l'improviste dans la cellule, se jettent comme des tigres sur le condamné, lui enchaînent les mains sur le dos et l'entraînent abasourdi dans une chambre opposée, où il est obligé de faire sa confession à un prêtre qui, le plus souvent, n'a de prêtre que le nom. Peu d'instants après, le martyre est fini ; mais on a connu des individus qui pendant deux ans, trois ans, cinq ans, six ans, et même sept ans, ont eu chaque jour en face une pareille mort ! Telle est la loi papale ; tel est le gouvernement de celui qui se nomme le vicaire du Christ sur la terre!!

(1) Le nombre varie suivant la constitution du patient et la résistance que ses bourreaux supposent.

VII

Après quatre mois passés au n° 52, Tergolina, dont la captivité est de tradition à *San Michele*, fut transféré au n° 15, situé au niveau de la salle. On lui accorda la *Larga* pour quelques heures de la journée. Mais, hélas! bien souvent, quand il ouvrait la porte de sa cellule pour aller prendre ses aliments, il voyait aussi s'ouvrir le cachot placé en face du sien, et un condamné à mort, nommé Andréa, en sortait. Maigre, pâle, défait, les yeux caves, et tenant mal sur ses pieds, Andréa présentait l'image d'un spectre. Son aspect fermait la bouche et serrait le cœur; une espèce de terreur et de stupéfaction, supérieure aux forces morales, s'emparait de ceux qui le regardaient : ce fantôme était à la fois un objet d'horreur et de compassion.

Au bout de deux ans du plus horrible secret, le spectre vivant reprit un peu de force et de courage, la *Larga* lui ayant donné l'espérance fallacieuse d'une mitigation de peine. C'était véritablement un tourment des plus cruels que d'entendre ce malheureux, voué à une mort inévitable, demander s'il pouvait concevoir une espérance réelle. Des réponses ambiguës étaient tout ce qu'on pouvait lui faire; et, au grand désespoir de tous les prisonniers, le doute suffisait pour que l'infortuné Andréa se reprît à l'idée de vivre. Bientôt, pour rendre la position plus intolérable, deux autres condamnés à mort, partageant les mêmes espérances, vinrent aussi jouir de la promenade en commun. Ces trois individus, quoique imputés de crimes ordinaires, étaient retenus là pour avilir les prévenus ou accusés de délits politiques. Nouveau genre de torture repoussé de tout autre gouvernement que le gouvernement pontifical, à l'exception du gouvernement autrichien.

VIII

En ce temps-là se trouvait à *San Michele* M. Philippe Grondoni, ancien colonel de la garde nationale de Rome, un des assassins supposés du ministre Rossi. Tergolina fit sa connaissance, et il se loue fort de sa généreuse cordialité. « C'est à lui, » dit-il, que je dus d'avoir un « linceul pour couvrir mon misérable sac de paille, ce « qui me permit d'ôter dans la nuit une partie de mes « vêtements, qui étaient de nouveau quasi déchirés. »

On conçoit qu'un pauvre malheureux obligé de dormir tout habillé pendant des jours, des mois et des années, considère comme un bienfait le prêt d'un drap de lit qui permet de se dévêtir ! Du reste, Tergolina, qui reçut souvent les confidences intimes de Grondoni, le tient pour innocent du crime qu'on lui reprochait. L'infortuné n'en mit pas moins fin à ses jours pour éviter le supplice trop oublieux de ce beau vers :

Le crime fait la honte, et non pas l'échafaud.

IX

Avec le malheureux Grondoni, et pour la même cause, avait été condamné à la même peine Santo Constantini, âgé de vingt-six ans, « et de trop honnête et bon

« caractère pour être coupable d'un tel délit. Sa seule « faute, » dit notre captif, « fut l'imprudence de ses « discours ; mais j'ai des raisons de croire qu'il était in- « nocent, parce que celui qui frappa Rossi se trouve « probablement en Angleterre, même en ce moment. « Et pourtant Constantini subit son horrible destin pu- « bliquement, en septembre 1853, au milieu d'une indi- « gnation générale contre le détestable gouvernement « pontifical. »

X

Tergolina ajoute à ces graves paroles : « Les condam- « nations à mort qui furent exécutées dans les États « pontificaux pour cause politique, de 1849 à 1853, sont « trop nombreuses pour pouvoir être comptées. Elles « sont au nombre de plus de 200. Il n'était pas question « d'innocent ou de coupable pour tuer, de la part du « gouvernement du Saint-Père ; l'esprit de parti était « l'unique arbitre de l'existence humaine, ce don sacré « de Dieu.

« Et tout cela est arrivé au milieu du XIXe siècle, « quand dans tout État, hors celui du Pape, la civilisa- « tion marche à grands pas ! Mais on ne pouvait mieux « attendre d'un pays infortuné qui a un prêtre pour « chef et roi, et des cardinaux pour hommes d'État ; « un pays dont les lois sont formées sur des traditions « qui depuis longtemps auraient dû être abandonnées « comme des fablés à ne pas croire (1). »

(1) Vincenzo di Tergolina : *Quattro anni nelle prigioni del S. Padre*, p. 40.

XI

Chaque dimanche on célébrait la messe sur un autel placé à l'extrémité de la salle où se trouvait la cellule de Tergolina. L'autel était séparé de la salle par une grille en bois. Durant la messe, les individus de *Larga* devaient se mettre chacun devant la porte de sa cellule et s'agenouiller quand il paraissait bon aux gardiens ou aux geôliers présents. Ceux-ci veillaient attentivement et punissaient la moindre infraction. Au temps de Pâques, les prisonniers étaient obligés d'ouïr un discours religieux trois fois par jour, durant huit jours consécutifs. Ils devaient, en outre, aller à confesse, et ceux qui ne recevaient pas aussi la communion étaient l'objet d'une note défavorable. Le prêtre qui prêchait alors à *San Michele*, D. Giuseppe Cipolla, se trouvait un bon homme, montrant quelque sympathie pour les prisonniers. Les cardinaux furieux lui ôtèrent, pour le punir, la cure de San Tommaso in Parione, qui convenait merveilleusement à l'excellence de son cœur et à son instruction.

XII

Un jour, le 2 juin 1852, un gardien vint prendre le prisonnier pour le conduire dans la chambre du juge. Ce magistrat lui dit qu'il avait besoin de savoir quel avocat il désirait choisir pour défenseur, parmi les quatre légistes attachés à la sacrée Consulte. Tergolina répondit : « J'avais espéré être renvoyé sans formalité « judiciaire, par un décret au lieu de sentence, vous-

« même m'ayant signifié que je serais mis en liberté, « attendu qu'il ne résultait en aucune manière de l'ins- « truction que j'eusse offensé la loi. Mais, supposant « même que je fusse considéré comme coupable, ce que « vous m'assurez de nouveau ne pas croire, je pense « avoir expié suffisamment toute offense présumée par « le temps déjà passé en prison, et par les souffrances « endurées, que vous ne contestez point. Quant à votre « demande touchant un avocat, le choix m'importe peu, « n'ayant commis aucune action blâmable et n'ayant, « par conséquent, rien à plaider, sinon l'injustice de « mon emprisonnement. » Tergolina demanda ensuite que les écrits envoyés par lui pour être examinés lui fussent rendus; mais le juge répondit qu'il n'avait rien reçu, et il s'en alla !

XIII

Le jour suivant arriva l'avocat assigné au prévenu. Après diverses questions, auxquelles Tergolina répondit par la vérité des faits, le défenseur dit qu'il ne pouvait découvrir aucun motif de condamnation. Puis vint le secrétaire de la sacrée Consulte, M. Castelli. Suivant l'usage, celui-ci donna au prisonnier de vaines promesses et espérances de libération, qu'il n'eut jamais la générosité de tenter au moins d'effectuer.

XIV

Dans la matinée du 4 juin, le gardien prévint le captif qu'on le demandait en bas, dans la chambre du brigadier, où il l'escorta, pour être conduit à la sacrée

Consulte. Jugez de l'indignation de Tergolina lorsque le directeur de la prison le consigna à deux carabiniers, qui, s'avançant aussitôt, lui attachèrent les deux mains ensemble avec des menottes de fer! C'est dans un tel état qu'un docteur en droit, un ancien magistrat, un membre de plusieurs académies, devait cheminer en pleine rue, pendant plus d'un mille, jusqu'à Montecitorio, où résidait la sacrée Consulte! Voyez-vous cet honnête homme, que toute méchante action révoltait, obligé de traverser les voies publiques comme un voleur ou un assassin! Les fers placés à l'extrémité inférieure de l'avant-bras pénétraient dans les chairs; ils le blessèrent à tel point, que le malheureux Tergolina porta longtemps les traces de la violence qu'on fit en les serrant. Mais qu'était-ce encore que cette douleur physique auprès des blessures du cœur!

XV

Le prisonnier avait parcouru une partie des rues les moins fréquentées, lorsqu'il lui souvint que le tant regretté Grondoni l'avait, avant de partir, muni d'un peu d'argent en cas de besoin. L'idée lui vint de demander aux carabiniers s'il ne lui serait pas permis de monter dans une voiture payée de ses deniers. Les carabiniers dirent que oui, et le bonheur voulut qu'un cocher passât avec son *legno*. Tergolina y monta avec empressement. Par un retour sur le passé, il songea alors au temps fortuné où, jaloux d'accomplir son devoir, il allait quelquefois à une certaine distance, en qualité de juge préteur, accompagné de son greffier et de plusieurs gendarmes, qui se montraient trop heureux de recevoir ses ordres et de lui plaire! Maintenant les gendarmes étaient ses maîtres, et le juge allait être jugé!!!

XVI

Arrivant au tribunal, et après avoir attendu plusieurs heures dans une prison criminelle, en compagnie d'une vingtaine de malfaiteurs, le captif fut conduit devant six prélats, qui semblaient autant de prétendants à la couronne de roi et qui avaient l'air de siéger plutôt sur un trône que sur un lit de justice. On plaça l'accusé quatre degrés au-dessous de ses accusateurs, avec un carabinier à côté. Le président Matteucci, affectant la douceur, lui adressa plusieurs questions sans lui dire de quoi il était accusé. Tergolina déclina sa condition et son état. Il fit valoir avec force qu'il avait rempli diverses charges honorables, même de juge, sous le gouvernement autrichien, et qu'il n'avait jamais reçu aucun reproche. Il avait au contraire toujours obtenu l'approbation supérieure, si bien qu'il aurait pu prétendre à des honneurs et décorations s'il les avait ambitionnés. Il voulait poursuivre, en insistant pour savoir de quoi on l'inculpait; mais le président ne voulut plus l'écouter, et son avocat, par suite sans doute d'instructions reçues, n'ouvrit jamais la bouche. Le président l'accusa ensuite d'être à Rome sans passe-port. Tergolina répondit qu'il avait déposé son passe-port au bureau de police, laquelle lui avait donné en échange une carte de permanence à temps déterminé, carte prorogée depuis deux ou trois fois. Alors le président lui annonça qu'il serait appelé de nouveau, et il le renvoya en prison.

CHAPITRE XX

I. Les prisonniers de *San Michele* conduits aux *Carceri nuove*. Singulier motif d'une mauvaise mesure. — II. Régime des *Carceri nuove*. A quoi l'on est réduit pour n'avoir pas d'argent. — III. Une sentence de mort rendue en l'absence de l'accusé. Condamnation sans motifs exprimés. — IV. Régime de *San Michele*. Nourriture insuffisante. Salade en toute saison. — V. Un procédé horrible de médecin. — VI. Comment le Pape couche ses prisonniers politiques. — VII. Un captif oublié de ses amis. Privation de draps de lit pendant quinze ans.

I

Ce fut en vain que Tergolina attendit de jour en jour, pendant des semaines et des mois, l'effet de la promesse qu'on lui avait faite. Le soir du 30 juillet, tous les prisonniers de *San Michele* furent appelés un à un, conduits au-dessous de l'escalier attenant au promenoir, et mystérieusement colloqués dans une immense salle. Ils apprirent bientôt qu'on allait les mener aux *Carceri nuove*. La cause de ce transfèrement était que le gouvernement ne voulait plus continuer à fournir le peu de poisson salé que recevaient les détenus politiques, les détenus pour délits communs se plaignant de n'avoir, eux, que la soupe et le pain. Il faut être le gouvernement papal pour avoir l'idée d'empirer la condition des uns parce qu'il ne veut pas améliorer le régime des autres!

II

Voilà donc Tergolina aux *Carceri nuove*, sans les trois onces de viande et de poisson dont on avait gratifié jusque-là des hommes habitués à toutes les aisances et même au luxe de la vie. Un liquide composé d'eau et de sel, avec un peu de riz, des pâtes, ou des haricots, qu'on nommait soupe; du pain non cuit intérieurement, malsain et quasi noir, mêlé de matières pesantes comme du sable : telle était la nourriture qui devait maintenant soutenir l'existence des prisonniers! Tous furent bientôt exténués et épuisés. Notre Vénitien, pour ne parler que de lui, eut à endurer une autre douleur. Comme il avait voulu épargner à sa famille, particulièrement à sa mère, la nouvelle de ses souffrances, il se trouvait sans moyens de renouveler ses habits, et il dut garder, malgré leur triste état, ceux qui lui avaient servi depuis qu'il était en prison !

III

Le 3 du mois d'août 1852, le gardien principal, un nommé Véri, auquel on donnait dérisoirement le titre de greffier, appela Tergolina; et un homme vulgaire remit, en sa présence, au prisonnier un papier qu'il lui dit être la sentence de la sacrée Consulte. Le cœur du Vénitien se brisa de surprise et de désespoir en lisant cette horrible décision. Il était frappé de vingt ans de galères! Père, mère, femme, enfants, tous les siens lui apparurent soudain à l'esprit! Il crut ne jamais les revoir!...

Et cet abominable jugement, le tribunal l'avait rendu sans appeler de nouveau l'accusé, ainsi que le président l'avait promis, et sans exprimer dans la sentence les raisons pour lesquelles on le condamnait!

IV

On peut juger si j'avais écouté avec intérêt ce récit, que j'ai lu depuis avec non moins d'émotion dans l'opuscule publié par le prisonnier lui-même. Je vais maintenant continuer les observations qui se rattachent au temps de mon emprisonnement.

Je tiens des pensionnaires de *San Michele* que leur régime actuel est un paradis auprès du régime précédent. Or, qu'on juge de la manière dont les détenus politiques devaient être traités à Paliano et dans les autres prisons, d'après la manière dont on les traite à Rome. Pour la nature des aliments, il n'y a pas trop à se récrier. Le *brodo* (pâtes au bouillon) est passable, le pain n'est pas mauvais, le bouilli vaut celui des cachots de France, et le vin peut se boire, quoiqu'il ne soit pas naturel. Mais la nourriture est insuffisante. La quantité de viande est évidemment au-dessous de ce qu'il faudrait (3 onces pour tout le jour), et le soir on ne donne qu'une salade, toujours et en toute saison une salade.

V

L'insuffisance des aliments me donne occasion de flétrir un procédé horrible du médecin de la prison. Ordinairement cet ordre de fonctionnaires se donnent la douce mission d'améliorer autant qu'il est en leur pouvoir la condition des prisonniers; mais celui-ci est sanfédiste, et il fait exception à la règle. Un jour, un détenu, jeune et plein de vigueur, le fit appeler pour lui dire que son estomac souffrait parce qu'il n'avait pas assez de pain. Le médecin lui tâta le pouls : il accusait une santé robuste, une organisation des plus saines. Alors notre Esculape dit du plus grand sang-froid au jeune homme : « Il faudra tirer un peu sang. » Il voulait, en affaiblissant le mangeur, diminuer l'appétit ! Je tiens ce fait du frère même du prisonnier.

VI

Pour le coucher, la conduite du gouvernement papal est infâme. Il n'accorde au prisonnier pour tout lit qu'une paillasse, un sac de paille devrais-je dire, posée à même sur le sol, un traversin bourré de paille et une seule couverture. Si vous n'avez pas de quoi payer une seconde couverture, vous devez vous résigner à supporter les fraicheurs du matin, souvent assez vives pendant l'été, et le froid dans la saison rigoureuse; et si vos moyens ne vous permettent point de vous procurer un matelas et des draps de lit, vous reposerez à nu sur la paillasse !

VII

J'ai vu là un malheureux qui s'appelait *Giuseppe del Prete*. Il est en prison depuis 1848, pour l'affaire de Bénévent, qui se liait à celle du 15 mai à Naples. Il n'a rien, sa famille est pauvre et ses amis l'ont oublié, comme il arrive dans les longs malheurs. Depuis quinze ans il n'a pas couché dans des draps de lit. Longtemps, plus de vingt mois, je crois, il ne put se faire à une telle privation, et il essaya de dormir tout habillé. Il tomba malade, le médecin fit une ordonnance pour qu'on lui donnât un matelas et des draps : la police refusa; del Prete guérit comme il put, et il finit par se dévêtir pour passer la nuit. Mais il m'avoua que l'horrible supplice qu'il endure lui est maintenant aussi sensible qu'au premier jour.

CHAPITRE XXI

I. A propos d'un prisonnier de *San Michele*. Coup d'œil sur l'histoire des Deux-Siciles.— II. Avénement de Ferdinand II. Son éducation. — III. Manifeste royal. Promesses pour rire.—IV. Une lettre du roi des Français à son cousin de Naples. — V. Réponse hautaine de Ferdinand II. La liberté fatale aux Bourbons.— VI. Feinte de libéralisme. Le prince de Cassaro. —VII. M. Parisio. Le marquis d'Andréa. — VIII. Nicolas Intonti. Un courrier du prince de Metternich. —IX. Le général Fardella. Fraudes découvertes.—X. Arrestation du marquis Hugo de Le Favare. Voyage de Ferdinand II en Sicile.

I

L'histoire des Deux-Siciles est un peu oubliée depuis la chute des Bourbons de Naples. Il est pourtant des épisodes de ces tristes annales qu'on ne devrait point perdre de vue, en présence surtout d'une abominable réaction, ayant le gouvernement romain pour complice, qui prétend rétablir François II sur le trône de ses pères. Au nombre de ces événements, nul ne nous parait plus digne de souvenir que celui auquel se rattache la captivité de del Prete.

II

Le roi de Naples François Ier était mort le 8 novembre 1830, laissant la couronne à son fils Ferdinand-Charles de Bourbon, né à Naples le 12 janvier 1811, et qui prit le titre de Ferdinand II.

L'éducation de l'héritier présomptif avait été confiée à trois prêtres : l'évêque Olivieri, l'abbé Capocasale et l'abbé Scotti, depuis évêque de Césarée.

Doué, assure-t-on, de dispositions assez heureuses, Ferdinand fut de bonne heure détourné de ses penchants naturels par la direction qu'il reçut. Olivieri lui enseigna l'art de convertir en aumônes des dons qui auraient pu avoir quelque grandeur. Capocasale l'initia aux ténèbres d'une métaphysique nuageuse. Et Scotti lui enseigna moins le grec, le latin, le catéchisme et l'histoire sainte, qui étaient dans ses attributions, que l'art d'être inexorable en feignant toujours la clémence et la charité. Haïr tout ce qui avait force, noblesse, intelligence et savoir fut aussi l'une des maximes favorites de cet homme habile, mais à vue courte, et vain plutôt qu'orgueilleux.

D'un tempérament nerveux, que rendait plus irritable une épilepsie rebelle à tous les traitements, Ferdinand se trouva, au sortir des mains de ses trois précepteurs, plus accessible aux impressions soudaines, d'humeur plus inconstante, d'un caractère plus soupçonneux.

L'éducation militaire du nouveau roi avait été confiée au général Fardella. Qu'il y eût faute de l'instituteur ou de l'élève, les leçons profitèrent peu.

Mais, comme tous les ignorants, Ferdinand était d'une suffisance extrême et ne doutait de rien. Après la révolution de Juillet, le duc de Blacas, notre ambassadeur près la cour de Naples, ayant raconté à François Ier, en présence de l'héritier présomptif, comment le duc d'Orléans avait remplacé Charles X, crut devoir ajouter : « Sire, ce n'est pas seulement le roi de France qu'on a « mis en question à Paris, qu'on a battu sur les barri- « cades ; c'est la souveraineté, c'est la maison de Bour- « bon tout entière. La révolution ne s'arrêtera pas là ; « M. Lafayette l'a dit : le drapeau tricolore fera le tour « du monde ! » Ferdinand l'interrompit : « Non, mon « cher duc, non ; vous vous effrayez bien vite, et vous « comptez beaucoup trop sur vos Français. L'étranger « connaît le chemin de Paris ; et *avant trois mois nous* « *y retournerons avec nos armées*, pour replacer sur le « trône S. M. Charles X. »

III

Le jour même de son avénement au trône, Ferdinand II faisait placarder sur les murs de Naples un manifeste royal, qui était l'œuvre de Mgr Scotti, et dans lequel on lisait notamment : — « Nous voulons que notre règne soit *un règne de justice, de vigilance et de sagesse.* — La Providence nous a fait un devoir de *cicatriser les plaies qui affligent le royaume.* — Notre ardente sollicitude sera tournée *sur une administration de la justice impartiale.* — « Nous voulons que nos tribunaux *soient* « *autant de sanctuaires qui ne puissent jamais être* « *profanés par les intrigues, les intentions injustes,* « *ni par aucun égard ou intérêt humain.* » — Nous promettons d'opérer des réformes salutaires dans la *branche des finances.* »

Comment les espérances que donnait ce programme furent-elles réalisées ? Pas un des juges iniques de François Ier ne fut destitué, pas une loi ne fut adoucie, pas un abus ne fut corrigé ou détruit. Voilà pour l'ordre judiciaire. En matière de finances, on rogna les dépenses de 124,339 ducats, ou 528,540 fr., et toutes les diminutions portèrent sur le ministère de la justice et sur celui des travaux publics. 528,540 fr. sur un budget de 112,721,437 fr.! Encore les économies tombèrent-elles sur de pauvres employés qui déjà n'avaient pas trop de quoi vivre avec leur traitement intégral.

Pour jouer à la clémence, on diminua quelques peines, on déclara que les condamnations politiques cesseraient d'être un obstacle à l'occupation des emplois; mais il n'y eut pas un seul condamné gracié complétement, et plusieurs même furent exceptés de cette mesure dérisoire (1).

L'inspecteur de la police eut, dans les cérémonies d'apparat, le pas sur le juge de paix ; le roi se créa une secrétairerie particulière qui devait monopoliser d'abord, et plus tard absorber, toute l'administration du royaume ; les sujets de Rome et de Naples ne purent plus obtenir un passe-port pour l'étranger sans produire un *certificat de sage politique;* les pouvoirs de la police furent doublés ; dans un moment où l'État était à bout de ressources, on se priva, au profit du Pape, de six mille fusils et d'autant de gibernes : deux mille fusils étaient envoyés purement et simplement à titre de cadeau, quatre mille comme indemnité des canons que

(1) Plus tard il y eut une demi-amnistie pour les politiques les moins importants ; mais, pour cette mesure déjà si imparfaite, on laissa *l'opportunité de l'exécution au ministre de la police.* Il eût été plus loyal de ne pas proclamer d'amnistie.

Murat avait enlevés de Rome, les six mille gibernes pour dire *six mille messes !*

IV

Louis-Philippe, qui était à sa façon un philosophe du dix-huitième siècle, ne croyait pas que les *oremus* fussent toujours suffisants pour sauver un monarque de la colère du peuple. Il savait que le clergé, loin de préserver le trône de Charles X, n'avait pas peu contribué à accélérer sa chute, et il aurait voulu porter son neveu à concéder quelque liberté anodine, afin d'éviter les catastrophes. Le roi des Français écrivit donc au roi de Naples une lettre confidentielle dans ce sens.

Cette lettre, que le public n'aurait probablement jamais connue sans la révolution de Février, accompagnait la dépêche officielle envoyée à Naples par un ambassadeur extraordinaire, pour complimenter Ferdinand II sur son avénement au trône. On la trouva parmi les papiers que le peuple jeta par les fenêtres, lors du sac des Tuileries. M. Petruccelli della Gattina (1) déclare en avoir lu le brouillon écrit de la propre main du roi Louis-Philippe.

V

Le roi de Naples répondit avec une hauteur mal dissimulée par les assurances d'un attachement invariable

(1) Écrivain distingué, ancien rédacteur de la *Revue de Paris*, aujourd'hui membre du Parlement italien.

et profond pour la personne de son oncle. Sa lettre, d'une insolence extrême pour les Napolitains, était aussi arrogante dans la forme que celle du roi des Français était conciliante et douce. Ferdinand y faisait preuve, d'ailleurs, d'une aberration de jugement incroyable. Les Bourbons de France avaient deux fois été précipités du trône pour avoir voulu maintenir ou tenter un despotisme impossible, et, au sens du roi de Naples, ils étaient tombés pour avoir concédé la liberté. Il suffirait de ce document pour montrer que les précepteurs n'avaient élevé Ferdinand ni à voir, ni à penser juste.

« La liberté, » disait le roi de Naples, « est fatale à « la famille des Bourbons, et moi, je suis décidé à éviter « à tout prix le sort de Louis XVI et de Charles X. *Mon « peuple obéit à la force et se courbe; mais malheur s'il « se redresse sous les impulsions de ces rêves* qui sont si « beaux dans les sermons des philosophes et impossibles « en la pratique. Dieu aidant, je donnerai à mon peuple « la prospérité et *l'administration honnête* à laquelle il « a droit; mais je serai roi, *je serai roi seul et toujours...* « J'avouerai avec franchise à Votre Majesté qu'*en tout « ce qui concerne la paix et le maintien du système po- « litique en Italie, j'incline aux idées* qu'une vieille « expérience a montrées *au prince de Metternich effi- « caces et salutaires*. MON PEUPLE N'A PAS BESOIN DE « PENSER : je me charge de son bien-être et de sa di- « gnité. *Nous ne sommes pas de ce siècle*. Les Bourbons « sont vieux, et *s'ils voulaient se calquer sur le patron « des dynasties nouvelles, ils seraient ridicules*. Nous « ferons comme les Habsbourg. *Que la fortune nous « trahisse, nous ne nous trahirons jamais!* » La lettre se terminait par la phrase si usitée dans les cours absolues, que la France était *le fléau de l'Europe.*

VI

Malgré l'audace de son langage, le roi de Naples crut devoir feindre un peu de libéralisme. La situation de l'Europe après la révolution de Juillet ; les velléités du cabinet français sous le ministère Laffitte ; l'attitude des officiers qui avaient servi le gouvernement ultra-despotique de Murat, et qui, par un préjugé bizarre, passaient pour patriotes, ces trois circonstances portèrent le roi de Naples à faire ébruiter diverses améliorations. On parla de la création prochaine d'une garde nationale dont le commandement serait donné à Florestan Pepe, de la proclamation d'une charte, de la nomination du général Filangieri au ministère de la guerre. Mais ces bruits n'étaient qu'un moyen de plus de tromper l'opinion publique, et le caractère des hommes placés à la tête de l'administration du royaume prouvait suffisamment que le roi ne voulait rien faire pour le peuple.

Le prince de Cassaro avait le portefeuille des affaires étrangères. Sicilien de haute naissance et d'une grande fortune, homme de tradition et partisan du droit divin, pour lui, le roi avait toujours raison, et là où était la force, là était le droit. Attaché à la fortune de Ferdinand Ier, Cassaro l'avait servi dans tous ses excès. En Sicile, il combattit toutes les réformes salutaires proposées par le Parlement; à Naples, comme vice-roi, il « toléra les scélératesses de Guidobaldi, qui, trouvant

« que *le bourreau ruinait les finances du royaume en* « *exigeant six ducats par chaque exécution capitale*, le « prit à la solde au mois (1). » Le prince de Cassaro était, en outre, un partisan fanatique du protectorat autrichien.

VII

Les sceaux étaient confiés à un homme instruit et intègre. Fort sur le droit, érudit en histoire, littérateur distingué, et surtout cœur honnête, M. Parisio, sous tout autre monarque, aurait pu faire beaucoup de bien. Mais il était trop faible pour lutter contre la volonté du roi, et ses bonnes dispositions furent paralysées dès les premiers jours. Parisio dut se contenter de gémir sur la bassesse de la magistrature, et borner son action à quelques translations de juges.

Le marquis d'Andréa tenait les finances. Mauvais économiste, mais bon théologien, il connaissait mieux Alphonse de Liguori qu'Adam Smith. Il disputait en latin avec le roi sur la *Somme* de saint Thomas, ou les théories de saint Augustin, et lisait chaque matin la *messa secca* avec permission du Pape. Le ministre passait la moitié de ses journées dans les églises, et consacrait la moitié de l'autre moitié à méditer des livres ascétiques. On peut imaginer si l'on avait bon marché d'un tel administrateur. Le marquis d'Andréa croyait que l'impôt était pour la nation le meilleur des placements; il était protectionniste outré, et considérait la

(1) F. Petruccelli della Gattina : *Ferdinand II*, *roi de Naples* (*Revue de Paris*, 15 octobre 1856, p. 179).

dette publique comme une excellente affaire pour l'État. En politique, le ministre détestait d'une haine égale l'Angleterre et la France, et ne voyait aucun salut hors de l'Autriche. Il croyait autant, lui ultramontain, à l'infaillibilité du prince de Metternich qu'à celle de Grégoire XVI. Du reste, assez honnête et incapable de se laisser voler quand il savait voir et comprendre le vol, ce qui était rare.

VIII

Le ministre de la police, Nicolas Intonti, était une tête politique et un homme d'une grande habileté. Par tempérament, Intonti valait mieux que sa réputation; mais l'ambition est souvent une funeste conseillère. Intonti avait été ministre sous Ferdinand Ier, avec le chevalier de Médici. Menacé dans sa position par ce fonctionnaire, que M. de Rothschild imposait au roi de Naples comme une dette de l'État, Intonti, pour se rendre nécessaire, avait été conduit à des fautes, même à des crimes. Ferdinand II ne l'aurait pas choisi sans doute; mais il l'avait trouvé ministre, il le laissa ministre. François Ier, qui avait agi de même, disait de lui : « J'en ai peur! il sait même ce qui se passe dans « mon alcôve avec la reine. »

Intonti, voulant, par une bonne action, faire oublier sa conduite passée, chercha à obtenir l'octroi d'une constitution. Mais un courrier du prince de Metternich changea ce projet et bien d'autres en une scène lamentable. Intonti fut arrêté et conduit à la frontière sous escorte. Le lendemain, l'inspecteur général de la gendarmerie, assez tristement connu dans les annales de Naples, occupait le poste du ministre expulsé. Les suppôts de la police, flanqués de huit mille janissaires, obtinrent par des lois les émoluments, les titres et les honneurs de *magistrature armée*. On ne parla plus de constitution. Bientôt l'Autriche fit donner le ministère à François-Savere Delcarretto, marquis de Bosco, qui déjà en exerçait les fonctions, car Delcarretto n'était autre que l'inspecteur général de gendarmerie.

IX

Le général Fardella, un des instituteurs de Ferdinand, était ministre de la guerre et en quelque sorte le gouverneur du roi, si un tel roi pouvait avoir un gouverneur. Sicilien de naissance, comme le prince de Cassaro, Fardella comprenait peu néanmoins la liberté, qu'il prenait pour synonyme de désordre. Ayant passé sa vie dans l'obéissance ou le commandement militaire, tout ordre de société consistait, pour ce ministre, dans l'ordre de la caserne. A ses yeux, les droits et les priviléges d'un peuple étaient de vraies lettres mortes. Il ne devait y avoir dans un État qu'un maitre et des serviteurs ; un despote pour commander, des esclaves pour obéir. Cependant, tel était son esprit de justice, que, lorsque l'arbitraire blessait l'équité, il le combattait résolûment. Ferme, entier, brusque même, il se montrait alors aussi inaccessible aux flatteries qu'aux menaces, aussi peu soucieux de son portefeuille qu'indifférent au désir de plaire. Lorsqu'il avait découvert un acte ou une tendance coupable, si élevé qu'en fût l'auteur, il le poursuivait sans ménagement. Probe, éclairé, homme d'ordre et d'un sens droit, Fardella ne tarda point à voir beaucoup de fraudes, et il poussa le roi, qui s'y prêtait mal, à la punition des voleurs.

X

Débutant par un exemple éclatant, Fardella accusa de concussion son prédécesseur, le ministre de la guerre, le prince de Scaletta, et lui fit son procès.

Un acte non moins hardi d'autorité fut l'arrestation du marquis Hugo de Le Favare, le proconsul de funeste mémoire. Le maréchal Nunziante, envoyé par Fardella, arrive de nuit à Palerme. Il se présente immédiatement, avec les ordres du roi, au gouverneur du fort Castellamare, en prend possession, rassemble la garnison et, suivi par deux bataillons de soldats, se rend au château et entre avec ses forces. Le Favare, d'un ton insolent, ordonne au général de sortir ; mais celui-ci lui communique l'ordre du roi, le fait empoigner, jeter sur un bâtiment et conduire à Naples, d'où il dut partir pour l'exil.

Cet acte de justice mit un moment Ferdinand II dans les bonnes grâces des Siciliens. Son frère, le comte de Syracuse, venu avec une cour et un ministère, avait déjà annoncé de sa part la ferme intention de *guérir les plaies profondes de la Sicile*. Lorsque le roi arriva lui-même dans l'île (1831), précédé de telles promesses, il fut reçu avec des larmes de joie et toutes les marques d'une sincère affection.

CHAPITRE XXII

I. Déception d'espérances conçues. Trois conspirations successives. La Junte d'État dans la forteresse de Capoue. Courage du défenseur Badolisani. Condamnés à mort. Condamnés aux galères. — II. Seconde conspiration. César Rossarol ; un neveu de Colletta ; Ancellotti ; Giaquinto ; les frères Ulloa. Une torture à la Ferdinand. Le supplice des parricides. Commutation dérisoire. L'Italie unitaire. — III. Troisième conjuration. Charles Poerio ; le marquis Dragonetti ; Pierre Leopardi et autres célébrités. Projet avorté par une trahison. — IV. Redoublement de rigueurs. Dernières garanties enlevées à la Sicile. La *haute Junte d'État*. Innombrables victimes du despotisme napolitain. — V. Les conseils de guerre à Civita di Penne et à Aquila. La compression bourbonienne pire que la compression autrichienne. — VI. Vertige du gouvernement napolitain. La révolution bouillonne des deux côtés du Phare. Mort de Dominique Romeo. Un prisonnier volontaire fusillé. La *grâce après exécution*. —VII. Mécontentement du peuple et de la réaction. Démonstrations journalières dans les rues de Naples. Pie IX populaire en 1847. Morts et blessés. La *Jeune Italie*. — VIII. Deux avertissements de la magistrature. La dernière espérance des modérés évanouie.

I

Mais la déception des espérances qu'on avait un moment conçues jeta dans tout le royaume un profon mécontentement. Il y eut successivement trois cons rations, que la police favorisa, dit-on, si même elle n' les provoqua. Toutes se terminèrent par l'arrestation e la condamnation des principaux conjurés, à l'exception de ceux qui étaient les agents secrets de Delcaretto. Pour la première, les accusés, condamnés d'avance, comparurent devant la *Junte d'État*, siégeant dans la forteresse de Capoue. Le choix d'un avocat leur fut interdit; on leur refusa la production des témoins à décharge. M. Badolisani se présenta spontanément pour la défense, et montra, dans cette œuvre périlleuse, autant de courage que de conscience et de savoir. Il accusa catégoriquement la police d'avoir provoqué, ourdi, exploité la conspiration. Mais ni allégations, ni raisonnements ne servirent de rien dans un simulacre de procès où il fallait des victimes. Des accusés, les uns furent condamnés à mort; les autres aux galères, qui à perpétuité, qui à vingt-cinq ans, qui à treize, qui à sept ans.

II

La seconde conspiration était beaucoup plus circonscrite que la première. Elle avait pour chef César Rossarol, fils d'un général que son amour de la liberté avait fait bannir, et Romano, neveu du général et historien Colletta, tous deux sous-officiers dans les chevau-légers. Ancellotti, lieutenant dans le même corps, et quelques autres en petit nombre en faisaient partie. Une imprudence ayant fait découvrir le complot, Romano se tua, et Rossarol n'échappa à la mort que par miracle, une balle qu'il avait dirigée contre sa poitrine l'ayant traversé de part en part à deux lignes du cœur. Emprisonné, après guérison, à Sainte-Marie-Apparente, il fut soumis à la torture; mais aucun aveu ne put lui être arraché. Ancellotti, arrêté, dès les premiers jours, et également torturé, fut aussi inébranlable que Rossarol. Giaquinto, chevau-léger, emprisonné comme complice, en même temps que Milicio et les frères Ulloa, officiers d'artillerie, ne put résister aux mauvais traitements. Le corps presque nu, un carcan au cou, attaché à un anneau, et de temps à autre inondé d'eau glacée, il dit tout ce qu'on voulut.

Après trois mois de supplices, les six accusés furent envoyés dans les prisons du Château-Neuf, et jugés par la *Commission suprême d'État*. La discussion dura quinze jours. Rien ne put établir que le complot eût reçu aucun commencement d'exécution, et qu'il fût autre chose qu'un projet auquel les accusés pouvaient renoncer de leur propre mouvement. Néanmoins, et contre l'avis du colonel de marine de Laspina, Rossarol et Ancellotti furent condamnés au supplice des parricides. L'arrêt devait être exécuté dans les vingt-quatre heures. Giaquinto, Milicio, les deux frères Ulloa furent mis en liberté *provisoire*.

L'avocat général, M. Marcarella, ne craignit pas de représenter au roi que l'arrêt était illégal, que les commissaires avaient mal jugé, et que la grâce était indispensable pour réparer cette iniquité. Ferdinand ne voulut rien promettre ; mais, au moment où l'exécution allait avoir lieu (14 décembre 1833), arriva une commutation de peine. Ancellotti et Rossarol furent condamnés au bagne pour la vie (1).

(1) Rossarol resta dans le bagne de Castellamare jusqu'à la révolution de 1848. Ancellotti, qui avait été envoyé au bagne de Procida, fut tué par le gouverneur, d'un coup de fusil, au moment où il s'évadait.

III

La troisième conjuration avait marché parallèlement à la seconde. Dans celle-ci se montrèrent plusieurs hommes dont quelques-uns avaient déjà souffert pour la liberté, ou qui, depuis, ont joué un rôle considérable. Charles Poerio avait loué un petit appartement écarté, où se rassemblaient souvent, pour causer des douleurs de la patrie, Joseph Mauro, Jérémie Mazza, le marquis Dragonetti, Pierre Leopardi, Mayo, Bracale, Trippoti, et bon nombre de citoyens des Abruzzes et des Calabres. On y voyait aussi Horace Mazza, plus tard directeur de la police de Naples, et qui devait trahir les conjurés. Imitant le mystère qui avait présidé à la fondation du Carbonarisme, Benoît Musolino, de Pizzo, avait fondé une société de la *Jeune-Italie*, n'ayant de commun que le nom avec la *Jeune Italie* de Mazzini. Musolino donnait à la secte un chef puissant et secret; mais, en réalité, il n'y avait d'autre chef que lui-même. Les affiliés étaient nombreux, et parmi eux on comptait surtout des Calabrais. Il y avait divergence d'opinion sur le programme révolutionnaire; mais tous les conspirateurs étaient d'accord sur la nécessité d'un changement de dynastie ou de monarque, seul moyen d'assurer l'indépendance de l'Italie (1). L'insurrection devait éclater simultanément, le 10 août 1833, à Capoue, à Salerne, à Aquila, et être suivie le 11 et le 12 de l'insurrection de

(1) Le projet d'une Italie unitaire existait déjà à cette époque; seulement, dans la première conception, c'était Ferdinand II qu'on voulait faire roi d'Italie.

la Pouille et des Calabres. Le projet échoua par la trahison de Mazza, qui révéla tout à Delcarretto.

Dès qu'on eut vent des révélations, on se hâta d'expédier des avis dans les provinces pour que l'insurrection fût suspendue. Sur plus de soixante mille conspirateurs, aucun ne souffla mot. Malgré le zèle de trois ou quatre commissaires instructeurs créés pour la circonstance, tous les arrêtés durent être mis en liberté, faute de preuves, à l'exception de six, connus par leur correspondance hors du royaume, et dénoncés spécialement par l'Autriche.

IV

Loin d'être porté aux concessions par cette vaste conjuration, qui accusait un mécontentement général, Ferdinand redoubla son système de rigueurs. Les excès qui s'étendirent partout n'irritèrent pas seulement l'État de Naples; la Sicile en fut exaspérée. Aussi, lorsque le roi fit un second voyage dans l'île (1834), il reçut un accueil dont la froideur offrait un étrange contraste avec l'expansion et la joie que les insulaires lui avaient autrefois manifestées. Mais Ferdinand ne savait pas comprendre que « le silence des peuples est la leçon des rois. » De cette muette éloquence des Siciliens, qui lui parut un outrage, il conclut que son frère était trop populaire, et qu'il se posait en rival. Il craignit plus que jamais de voir lui échapper le plus beau fleuron de sa couronne; il lui sembla qu'une révolution semblable à celle de Belgique était sur le point d'éclater. Pour combattre ce péril imaginaire, le roi rappela brusquement le prince Léopold, et ne pensa plus « qu'à arracher à la Sicile le reste des garanties qu'elle avait pu conserver depuis 1816 (1). »

Le reste du royaume n'avait pas moins à gémir que la Sicile. La *Haute Junte d'État*, qui depuis 1821 s'attribuait la connaissance des délits politiques, avait jugé, à huis clos, douze cents procès politiques, et un nombre plus considérable avait été déféré *pour avoir du sang*, suivant l'énergique expression de Leopardi, à des *commissions militaires permanentes* dans chaque province, et à des *conseils de guerre* qui surgissaient çà et là subits et terribles. Les cruautés et les assassinats avaient été exercés sur une si grande échelle que Colletta disait, en terminant son histoire classique : « Dans « l'espace de six lustres (de 1794 à 1824), *cent mille* Na- « politains ont péri de diverses morts, tous pour la cause « des libertés publiques ou pour leur amour de l'Italie. » Et Leopardi estime que, sous les règnes de François Ier et de Ferdinand II, le nombre des victimes s'accrut encore de *cinquante mille*.

V

En 1842, Civita di Penne et Aquila voyaient les conseils de guerre déployer de nouveau leurs fureurs. Cosenza, déjà décimée en 1837, avait vu encore deux fois les conseils de guerre dans l'année 1844. Au mois de mars, ils immolèrent douze cents citoyens qui avaient combattu en braves; au mois de juillet tombaient, sous

(1) P.-S. Leopardi : *Narrazioni storiche*, p. 66.

le plomb royal des sbires, les deux frères Baudiera, avec sept de leurs camarades, en criant : *Vive l'Italie! Vive la liberté!* Cent autres furent enchainés et envoyés dans les cachots ou aux galères.

« La compression bourbonienne, cent fois pire que « la compression autrichienne, se servait de tous les « moyens, outrepassait toutes les limites de l'équité na- « turelle. Le seul soulagement à l'esprit public était « les impressions clandestines qui, sous forme de feuilles « volantes, applaudissaient aux gouvernements réfor- « mateurs, et vitupéraient les gouvernements de résis- « tance (1). »

VI

Tels étaient, dans le dernier mois de 1847, le vertige et l'aveuglement de ceux qui tenaient les rênes du gouvernement, que les agents provocateurs parvenaient quelquefois à se faire écouter. La révolution bouillonnait des deux côtés du Phare. Le 3 septembre, onze constitutionnels, suivis de plus de deux mille citoyens, se soulevèrent à Reggio, en criant : *Vive Ferdinand II, roi constitutionnel! Vive Pie IX! Vive l'Italie! A bas les ministres!* Ils s'emparèrent du château par capitulation, arborèrent le drapeau tricolore italien, et instituèrent un gouvernement provisoire. Par suite d'un accord antérieur, le même mouvement devait avoir lie à Messine. Mais celui-ci, anticipé d'un jour, avait avorté. Le roi, prévenu par le télégraphe, dépêcha im-

(1) Pantaleoni et Lumia, p. 110.

médiatement son propre frère Louis, comte d'Aquila, avec quatre frégates à vapeur. A l'aube du 4 septembre, quelques bombes furent d'abord lancées contre la cité rebelle de Reggio, qu'on remplit ensuite d'artillerie et de soldats.

Les citoyens non soulevés accueillirent cette démonstration avec un sang-froid dédaigneux; les soulevés se retranchèrent en ordre sur les hauteurs; ils s'y maintinrent jusqu'à ce que la mort héroïque de Dominique Romeo, l'âme et la clef de la révolte, les fît se disperser. Parmi ceux qu'on arrêta postérieurement, plus de cent furent envoyés aux galères; sur dix-huit que la commission militaire condamna à mort, neuf eurent, par commutation, le cachot à vie, et neuf furent fusillés. Dans ces derniers était un beau jeune homme, unique héritier de la famille Mazzoni di Rocella. Il s'était constitué volontairement, sur la promesse d'immunité faite à son père par le général Nunziante. Le père mourut de douleur, au moment même où le fils était fusillé. La grâce du roi arriva pour plusieurs morts, *le lendemain de l'exécution !*

VII

Ces rigueurs et cette comédie augmentèrent l'irritation. Le roi essaya de la calmer. Vers le milieu de novembre 1847, le plus haï des ministres, parce qu'il était le plus corrupteur, Nicolas Santangelo, fut congédié. De son dicastère, qui était l'intérieur, on détacha les travaux publics, et l'on enleva en même temps au dicastère des finances l'agriculture et le commerce. Le roi eut ainsi à disposer de trois portefeuilles. Il les donna à des hommes qui n'étaient ni libéraux ni sanfédistes; c'est-à-dire qu'il mécontenta à la fois le peuple et la réaction.

A dater de ce moment, des démonstrations eurent lieu chaque jour dans les rues de Naples. Le 14 décembre (1847), une nombreuse réunion de jeunes gens des deux sexes parcourut la rue de Tolède, poussant les cris de *Vive l'Italie! Vive Pie IX!* alors populaire. Des commissaires de police, escortés de forts escadrons de gendarmerie et de coupe-jarrets, tentèrent d'arrêter la démonstration. Une mêlée s'engagea. Il y eut beaucoup de blessés, mais peu de morts. D'ordre du gouvernement, bon nombre de jeunes gens furent emprisonnés, parmi lesquels le duc Proto, Camilo Carracioli, fils du prince de Torella, et le peintre Savere Altamura. Mais, au bout de trois semaines, la *Cour criminelle de Naples* rendait une ordonnance de *non-lieu*, et tous les prisonniers étaient mis en liberté (7 janvier 1848). Vers le même temps, la *Cour criminelle de Chieti* acquittait plus de cent citoyens, qui avaient comparu devant elle comme appartenant à la *Jeune Italie*.

VIII

C'étaient deux avertissements donnés au roi par la magistrature, qui alors n'avait point encore souillé la toge par ses lâches complaisances. Le roi ne comprit pas, ou ne voulut pas comprendre. Ordre fut donné à quinze mille jeunes gens des provinces de quitter la capitale pour retourner chez eux. Peu obéirent, et une révolte faillit avoir lieu.

La dernière espérance des modérés s'étant évanouie, tandis que la Sicile, lasse de souffrir, se soulevait, l'insurrection fut, pour ainsi dire, mise à l'ordre du jour dans le royaume de Naples. Elle éclata immédiatement à Cilento, un des districts les plus maltraités de la province voisine de Salerne. Costabile Carducci et Antoine Leibnecker armèrent une nombreuse troupe de citoyens, repoussèrent plusieurs assauts des troupes royales, et tinrent ferme sur les rives du Sele, pendant que, dans les autres provinces, apparaissaient les signes d'une révolte plus ou moins prochaine, et que, dans la capitale, mûrissait une imposante manifestation.

CHAPITRE XXIII

I. Nobles, bourgeois et plébéiens rassemblés dans un même but. Un hussard remis en selle par le peuple. Le drapeau rouge arboré sur le fort Saint-Elme. Incertitude fiévreuse. — II. Ferdinand II et Machiavel. Un ministère ni sanfédiste ni libéral. Promesse d'une constitution sur les plus larges bases. — III. Le ministre Bozzelli. Précautions d'un roi contre ses propres promesses. — IV. Constitution de 1848. La famille royale au balcon. — V. Brillante illumination à Naples. Gouvernement constitutionnel inauguré à Turin, Florence et Rome. — VI. Haute cour de justice. Murmures du parti libéral. — VII. Menées infernales des sanfédistes. Le roi âme et moteur d'une abominable intrigue. — VIII. Offre des constitutionnels au gouvernement. Colloque entre Salicetti et Ferdinand II. — IX. La Sicile traitée en pays conquis. Entremise de lord Minto. — X. L'indépendance et l'autonomie plus chères que la liberté. Ferdinand déclaré déchu du trône de Sicile.

I

Le 27 janvier 1848, le temps était sombre et pluvieux, et néanmoins, suivant l'accord fait, vers les onze heures du matin arrivèrent de divers points de la cité, dans la rue spacieuse de Tolède, de nombreuses troupes de jeunes gens, nobles, bourgeois, plébéiens, mêlés ensemble et criant tout d'une voix : *Vive le roi! vive la Constitution!* A ce cri personne n'eut peur, personne ne prononça l'accoutumé : *Fuyez, fuyez! fermez, fermez!* mais, comme dans une fête publique qui n'est troublée ni par les gendarmes, ni par les mouchards, de grands flots de peuple firent irruption dans cette rue de tous les côtés, et la remplirent de telle manière que les longues files bouchant toutes les ruelles latérales, il devint impossible d'avancer autrement qu'en suivant la foule épaisse. Point d'armes. Rien absolument que des rubans aux trois couleurs italiennes, et un immense concert de voix qui de temps en temps répétaient les mêmes cris.

« Dans un instant tous les balcons des palais apparurent garnis de femmes, d'enfants et de vieillards, agitant des mouchoirs blancs ou tricolores. Le septuagénaire duc de Bovino lui-même, ami intime du roi, jeta un regard complaisant sur la séduisante démonstration.

« La foule avançait lentement. Le général comte Jean Statella, commandant du palais, ayant d'abord fait occuper quelques postes par les troupes royales, voulut, avec une petite escorte de cavaliers, s'ouvrir un passage au travers de la rue de Tolède, pour voir de quoi il s'agissait. Il recommandait la tranquillité. « Nous sommes tran- « quilles, » lui dit son propre neveu Vincent Statella, « mais : *Vive la Constitution!* » — « Oui, quand le roi « l'aura donnée, » répliqua l'oncle, continuant de pousser en avant. Sur la place de la Charité, un de ses hussards perdit les étriers : le peuple le remit en selle : lui-même, ayant lâché la bride, se sentit tout à coup soulevé en l'air par la foule qui l'entourait. Un vénérable vieillard, Xavier Barbarisi, lui remit les rênes et lui dit : « Général, racontez au roi ce que vous voyez ; dites-lui « que son peuple, désarmé et suppliant, lui demande

« unanimement la Constitution. » — « Je raconterai, je « dirai tout, mais je ne pourrai donner à Sa Majesté « mes yeux et mes oreilles, » répondit le commandant Statella, et il s'en retourna. On le reconduisit jusqu'auprès du palais, où il entra et parla au roi en galant homme.

« Peu après, le château Saint-Elme tirait le premier, le second, le troisième coup de canon, arborait le drapeau rouge, et les autres forts lui répondaient à point nommé. C'était le signal de siége et de guerre. Mais la démonstration, qui par ruse, qui par ignorance, le prit comme un augure de largesse et de paix, et cria avec plus de force : *Vive le roi! vive la Constitution !*

« Ainsi les troupes qui s'ébranlèrent dans la rue Saint-Ferdinand, à la place du Château, à Foria, se trouvèrent en présence de barrières fermes et immobiles de poitrines, du fond desquelles sortaient avec accord ces paroles : « Nous mourrons s'il le faut, mais nous ne « croirons jamais qu'un roi, *mis par Dieu sur le trône* « *pour être le père* et non le tyran de son peuple, veuille « répandre le sang de tant de fils innocents qui, désar- « més et suppliants, réclament de lui un bon gouverne- « ment. *Vive le roi! vive la Constitution* (1)! »

Les forteresses ne tirèrent point : les troupes s'arrêtèrent. Après une demi-heure d'incertitude fiévreuse, un sourd murmure circula dans la foule : *Le roi fera droit à nos vœux*, mais de sa volonté, *pleine*, *libre et spontanée*. Et aussitôt, comme par enchantement, la démonstration disparut sans laisser d'elle aucun souvenir pénible. Les citoyens rentrèrent dans leurs maisons,

(1) P.-S. Leopardi, *Narrazioni storiche*, p. 77, 78.

les troupes dans leurs quartiers, et la ville reprit ses occupations habituelles, plus paisible et plus joyeuse qu'elle n'avait jamais été.

II

Ferdinand, qui voyait déjà sa couronne en danger par les événements de Sicile, feignit, suivant le conseil de Machiavel, d'accorder libéralement ce qu'il ne pouvait refuser sans péril. Le lendemain de la manifestation (28), il déclara que le temps était venu d'accéder aux demandes du peuple. Le cabinet qui s'était rendu coupable de tant d'excès ne pouvait inaugurer le nouvel ordre de choses. Un ministère qui n'était ni sanfédiste ni libéral remplaça le ministère austro-sanfédiste. Présidé par le duc de Serracapriola, le nouveau ministère se composait du prince de Torella, du prince Dentice, du baron Romani, du commandeur Scavazzo, du général Garzia et du chevalier Cianciulli.

Le 29 janvier 1848, le roi, par un acte solennel de sa volonté souveraine, promit une Constitution sur les plus larges bases. Une joie délirante accueillit cette nouvelle; Ferdinand fut considéré comme le bienfaiteur du pays, et le peuple éleva jusqu'aux nues la bonté de son monarque. Il ne devait pas tarder à changer de sentiment.

III

Outre que les nouveaux ministres n'avaient pas des mérites suffisants pour se porter garants envers le roi de la fidélité du peuple, envers le peuple de la fidélité du roi, ils étaient complétement incapables de mettre en jeu un statut constitutionnel. Le duc président, excellent père d'une famille modèle, dit Leopardi, « mais né, « grandi, blanchi parmi les bassesses de la diplomatie « bourbonienne, et admirateur à Paris des artifices « frauduleux avec lesquels le roi Louis-Philippe et son « complaisant ministre Guizot étaient parvenus à dis- « créditer le gouvernement représentatif, ne croyait « pouvoir rien faire de mieux pour les Deux-Siciles « que d'y transplanter un ordre de choses semblable. « Cependant ni lui ni aucun de ses collègues ne se croyait « capable d'une telle besogne. Il fallait un homme qui « eût le cœur et l'esprit nécessaires pour violer pédan- « tesquement l'originalité de la résurrection italienne. « Cet homme se trouva dans François-Paul Bozzelli, « qui eut le dicastère de l'intérieur, refusé par Cian- « ciulli. »

Il semble que le roi, même avant de l'avoir remplie, voulut prendre des garanties contre les conséquences possibles de la promesse qu'il avait faite. Au lieu d'une réforme dans le personnel de la magistrature, que tout le monde attendait, il fit des promotions et des avancements parmi les juges, afin de les attacher d'une manière plus étroite à la personne du monarque et à son système de gouvernement, si mauvais fût-il. Cette conduite fit jeter les hauts cris; mais on avait un moyen de distraire l'attention.

IV

La Constitution, signée le 10, fut promulguée le 11 février 1848.

Quoique ce statut ne fût autre chose qu'une traduction incomplète de la charte française de 1830, et qu'il demeurât, par conséquent, bien au-dessous de la Constitution de 1820, la nation l'accueillit par des marques non équivoques de satisfaction. Le peuple se rendit en foule devant le palais pour exprimer son contentement.

Les cris de la reconnaissance publique étant parvenus jusqu'aux oreilles du roi, Ferdinand parut au balcon. Il se découvrit, et mettant la main droite sur son cœur, il se montra si satisfait de tous ces vivats que, ayant vu un grand chariot où Michel Viscusi avait colloqué douze lazzaroni portant chacun la bannière de son quartier, il voulut descendre avec la reine et avec ses deux frères mineurs pour jouir de la fête. Il refusa de laisser traîner le char par le peuple, mais il entra dedans avec la foule, parcourut et reparcourut à pas lents la longue rue de Tolède, accompagné des bénédictions et des vivats universels.

La fête dura presque toute la nuit, continuellement éclairée par des luminaires spontanés, et elle se reproduisit les deux soirées suivantes. Le troisième soir parut une compagnie nombreuse et choisie de dames, ayant tout autour des bannières blanches ornées de fleurs rouges et de lauriers verdoyants. Le peuple remplissait la place Saint-François de Paule et tous ses aboutissants. Les applaudissements appelèrent la famille royale sur le balcon, et, au son de plusieurs concerts militaires.

des milliers de voix des deux sexes entonnèrent un hymne magnifique, dont la musique et les paroles, chaudes de patriotisme italien, arrachèrent des larmes, *même aux yeux de Ferdinand.*

V

Le 24 février 1848, la Constitution fut, avec une grande pompe religieuse et militaire, jurée par le roi dans la basilique, par l'armée sur la place Saint-François de Paule. L'illumination surpassa les précédentes, sinon par l'abondance, par la disposition artistique des lumières. En certains lieux on voyait l'image du roi qui, de la main droite, touchait les saints Évangiles, et de la gauche étreignait le statut. Ailleurs, le génie de la Liberté et celui de la Science aidaient l'Italie à sortir du tombeau. Un arc triomphal portait les armoiries de la Sardaigne, de la Toscane, de l'État romain et des Deux-Siciles, heureusement entrelacées et illuminées par les trois couleurs nationales.

Dans les provinces, tout le monde posa les armes aussitôt qu'on eut appris la grande nouvelle.

Le gouvernement constitutionnel promis à Naples fut subitement inauguré à Turin, puis à Florence, puis à Rome.

VI

Puisque la Constitution napolitaine était copiée sur la charte française de 1830, elle admettait naturellement deux chambres. Ces chambres se nommaient, comme chez nous, chambre des pairs, chambre des députés.

La chambre des députés se composait de cent soixante-quatre membres, que la nation devait élire tous les cinq ans. Pour être élu, il fallait posséder un revenu de deux cent quarante ducats.

La chambre des pairs, nommée par le roi, pouvait être formée en haute cour de justice pour le jugement des membres des deux chambres qui seraient accusés de haute trahison ou d'attentats contre la sûreté de l'État.

Quand le parti libéral vit que le roi, malgré la Constitution accordée à ses instances, gardait près de lui des hommes dangereux et n'opérait aucune réforme dans l'État, ses murmures s'élevèrent de plus en plus haut, quoiqu'on essayât activement de le câliner par le système si dissolvant des flatteries. Parmi les non-optimistes, une chose surtout était reprochée au roi, c'était l'institution de la chambre des pairs. Ces législateurs n'étaient pas plus populaires à Naples qu'à Paris. Tenant leurs droits de la couronne et de leurs titres féodaux, ils semblaient devoir être les avocats et les apologistes de tous les actes arbitraires. Aussi le cri de *Vive la Constitution!* était fréquemment suivi de *A bas les pairs!*

VII

Les sanfédistes, qui avaient fait naître une foule de mécontentements individuels, profitèrent habilement de ces dispositions pour s'assurer un triomphe ultérieur. Ils s'appliquèrent à augmenter, au lieu de la calmer, l'irritation du peuple, qui avait bientôt suivi celle des principaux patriotes ; et lorsque la révolution de France et l'insurrection de la haute Italie eurent enlevé toute espérance de voir une intervention étrangère soutenir le roi de Naples contre la nation, les sanfédistes conçurent le dessein infernal d'exciter des désordres, de plonger l'État dans l'anarchie, afin de pouvoir, en compromettant tous les intérêts, en soulevant toutes les peurs, revenir au gouvernement absolu. Qu'importent les voies, pourvu qu'on atteigne le but !

Un des premiers moyens mis en œuvre fut de semer la défiance entre les soldats et le peuple. On disait aux soldats que le peuple les traitait de lâches suppôts de la tyrannie ; on disait au peuple que les soldats n'auraient pas de plus belle fête que le jour où ils recevraient l'ordre de le mitrailler. Les jésuites avaient été bannis du royaume. A la faveur de cette main qui atteint partout, ils organisèrent une propagande formidable pour décrier la Constitution et préparer son renversement. De l'argent fut distribué, d'autre fut promis, aux avocats du despotisme ; les agents secrets de la Société se mirent en mesure de prêter aide et assistance le jour où il faudrait, en définitive, avoir recours à la violence. « La « noblesse, à l'exception d'un très-petit nombre d'hom- « mes éclairés ; des fonctionnaires de toutes les classes, « excepté celle des plus honnêtes citoyens ; le corps en- « tier des infâmes satellites de la police, démons de l'in- « trigue et de la corruption, s'unirent dans une noire « conspiration contre la liberté de leur pays. *Le minis- « tère passait pour l'encourager*. Ainsi soutenu, le parti « réactionnaire augmentait chaque jour en force, et ne « négligeait aucun moyen de produire des dissensions

« entre le roi et la nation. Il disait au peuple que le roi « était de mauvaise foi ; il disait au roi que le peuple le « haïssait (1). » C'est de ces haines réciproques, créées et entretenues avec un art dont elle seule avait le secret, que la faction absolutiste attendait son triomphe.

Pour le commun des observateurs, le roi semblait avoir besoin d'être trompé par les sanfédistes sur les dispositions du pays ; mais, en réalité, il était lui-même l'âme et le moteur de cette abominable intrigue.

VIII

Les constitutionnels virent clairement que, pour éviter un conflit, ils devaient se hâter de rassurer le pays. Ils offrirent au gouvernement leur concours le plus dévoué, mais à la condition qu'on agirait contre les intrigues des réactionnaires pour déconcerter leurs desseins. Le ministre de l'intérieur, chevalier Bozzelli, avait d'autres intentions. Il n'eut aucun égard aux plaintes qu'on lui adressait, et toutes les garanties qu'il voulut donner de son patriotisme aux constitutionnels, ce fut la nomination d'un homme de leur parti en qualité de *commissaire de police*. Xavier Barbarisi avait soixante-dix ans. Sa probité, son passé, ses talents le rendaient digne de bien autres fonctions. Il accepta néanmoins cette position subalterne, dans l'espoir d'être utile à sa patrie, mais en stipulant qu'il ne recevrait aucun salaire, et qu'aussitôt après les élections pour la chambre il résignerait son office. Ce n'était qu'avec une

(1) Lord B***, *Naples political, social and religious*, t. II.

extrême répugnance que Salicetti était entré dans le conseil. Lorsque le roi l'avait nommé intendant général à Salerne, Aurèle l'avait déjà prié de le laisser mourir dans la magistrature. Ferdinand répondit qu'il avait besoin d'hommes capables pour établir le nouvel ordre de choses. — « Mais Votre Majesté a donc vraiment « l'intention de mettre en activité le statut? — Oh! « quelle question! Si je n'avais pas eu l'intention de « l'exécuter, je ne l'aurais pas donné. Je veux le voir « fonctionner au plus tôt. » Quand il s'agit du ministère, même question de Salicetti, même réponse de Ferdinand. La comédie se poursuivait.

IX

Si à Naples la conduite du roi était tortueuse et déloyale, elle fut, par rapport à la Sicile, fourbe et violente à la fois. La Constitution qu'il avait accordée devait, suivant sa propre déclaration, être applicable à la Sicile, sauf quelques légers changements. Loin de tenir sa promesse, Ferdinand manifesta bientôt l'intention de traiter l'île en pays conquis. A cette incroyable prétention, les Italiens indignés répondirent par les cris: *A bas les Bourbons, mort à Ferdinand* (1)! et songèrent à déposer le roi. Lord Minto, accouru de Rome à la demande du souverain, parvint à calmer l'irritation populaire. Il y eut une transaction provisoire. Dans la chaleur du ressentiment, le comité révolutionnaire de Palerme avait convoqué le parlement italien. Ferdinand, par un

(1) *Fuori Borboni! morte a Ferdinando!*

acte spécial, légitima la convocation (6 mars 1848), et prit pour ministres trois présidents du comité de Palerme. On semblait donc près de s'entendre. Cependant la rédaction d'un arrangement, car on traitait d'égal à égal, offrit des difficultés. Lord Minto, qui avait reçu de pleins pouvoirs de la cour, — du moins il l'assurait, — voulait conserver l'unité de la monarchie en la personne de Ferdinand. La Sicile, qui l'abhorrait, ne voulait plus entendre parler de ce prince. Elle finit cependant par céder, sur ce point, aux sollicitations de lord Minto. Un *ultimatum* fut rédigé (12 mars) dans lequel on stipula : 1° Le roi prendra le titre de *roi des Deux-Siciles ;* mais il aura un représentant en Sicile, avec le titre de *vice-roi.* Cette dignité impliquera un *alter ego*, entier et irrévocable, avec toutes les attributions dévolues par la Constitution au pouvoir exécutif. 2° Tous les emplois donnés par le comité général seront conservés ; tous les actes émanés de ce comité seront maintenus. 3° L'acte de convention du Parlement publié par le comité général aura force de loi, jusqu'à ce que le pouvoir exécutif ait adapté au temps présent la Constitution de 1812. 4° Les charges de toute nature seront conférées exclusivement aux Siciliens, et par le pouvoir exécutif résidant dans l'île. 5° L'institution de la garde nationale sera conservée ; les réformes que le Parlement décrétera seront maintenues. 6° Détails relatifs à l'exécution de l'accommodement. 7° La Sicile frappera la monnaie. 8° Elle conservera sa cocarde et son étendard tricolore. 9° On remettra aux Siciliens le quart de la flotte, des armes et du matériel de guerre existant, ou l'équivalent en argent. 10° Le budget de la guerre se partagera proportionnellement entre les deux États. 12°, 13° Garanties de détail pour la Sicile. 14° Relatif au port de Messine. 15° Toutes les affaires d'un intérêt commun aux deux pays seront réglées d'un commun accord par les deux Parlements. 16° Si une ligue commerciale et politique se forme entre les États italiens, la Sicile y figurera à part et y sera représentée par des députés au choix du pouvoir exécutif résidant en Sicile. 17° Restitution de bâtiments à vapeur demandée par la Sicile. 18° Formalités pour la validité de l'acte. La convention se terminait ainsi : « Les présentes stipulations seront mises — sous la garantie du gouvernement britannique. »

X

Les termes de cet acte indiquent clairement que la Sicile tenait encore plus à l'indépendance et à l'autonomie qu'à la liberté elle-même. Que ce désir fût un bien ou un mal pour le royaume, ce n'est point ce qu'il s'agit d'examiner. Les Siciliens avaient conquis leur position actuelle à la pointe de l'épée ; ils usaient comme ils l'entendaient de leurs droits de vainqueurs, à leurs risques et périls. Toute la question est de savoir si lord Minto était autorisé par Ferdinand à traiter sur ces bases. Or le diplômate anglais assurait que, « pourvu que l'unité « de la couronne fût sauvée, il avait *carte blanche pour « tout le reste*, et ne demandait que deux fois vingt « quatre heures pour recevoir la sanction du gouver« nement. »

La convention partit pour Naples ; mais deux jours quatre jours, huit jours, dix jours s'écoulèrent sans qu la ratification arrivât. Enfin, le 24 mars, on vit paraître un bâtiment à vapeur qui portait... le refus du roi d'accepter l'*ultimatum*. Le Parlement sicilien devait s'ouvrir le 25 ; il s'ouvrit. Malgré l'impatience du peuple de voir prononcer la déchéance de Ferdinand de Bourbon et de sa dynastie, « le Parlement retarda autant que « possible cet acte de justice ; il attendait toujours que « le bandeau tombât des yeux de ce monarque, que la « Providence semblait avoir aveuglé pour le punir de « son injustice et de sa cruauté. Il l'aurait retardé plus « longtemps encore, si l'annonce d'une *fédération italienne*, rendue nécessaire et indispensable par les « événements de Lombardie, ne lui eût fait croire qu'un « plus long retard serait une sorte de renonciation à ce « pacte sacré *qui doit fonder l'avenir de l'Italie.* » Par un décret du 13 avril 1848, voté *à l'unanimité* dans la chambre des communes, *à l'unanimité* dans la chambre des pairs, célébré pendant trois jours par des fêtes *dans toute la Sicile*, et auquel *toutes les communes* de l'ile donnèrent leur adhésion, Ferdinand fut « déchu du « trône de Sicile, non-seulement en vertu de ce droit « *imprescriptible* que nul publiciste, nul théologien n'a « jamais dénié au peuple, *de chasser les tyrans et de* « *recouvrer sa liberté*, mais encore parce que le prince « était tombé dans le cas prévu par la Constitution « jurée par ses ancêtres et qu'il n'avait lui-même « jamais annulée (1). »

(1) Pantaleoni et Lumia, p. 119-120.

CHAPITRE XXIV

I. Aveuglement incroyable. Programme d'un nouveau ministère. Quatre plénipotentiaires envoyés à Rome. — II. Tout le monde n'est pas dupe des apparences. Ministres persuadés que l'on calomnie le roi. — III. Formation de corps de volontaires. Un cabinet impuissant. — IV. Ferdinand secrètement hostile à la guerre de l'indépendance. Nouvelles intrigues sanfédistes. — V. Clairvoyance des démocrates. Habileté des manœuvres du roi. — VI. Dernier effort tenté pour éviter une catastrophe. Comédie qui se dénouera par le sang.

I

Cependant Naples, qui par un aveuglement incroyable continuait de croire au roi, attendait toujours des réformes sincères et un nouvel ordre de choses. Le 3 avril 1848, la *Gazette officielle* publia la nomination de cinq nouveaux ministres (1) aussi confiants que la nation elle-même, et dont voici le programme :

(1) MM. Charles Troya, président ; le marquis Louis Dragonetti, affaires extérieures ; Jean Vignale, grâce et justice ; le comte Pierre Feretti, finances ; le général Raphael del Giudice, guerre et marine. Le colonel Vincent degli Uberti restait aux travaux publics. Ces six ministres occupèrent par intérim les dicastères restés libres, en attendant qu'il y fût pourvu.

« 1° Fixer le plus près possible le jour de l'élection « des députés, conformément à la loi électorale provi- « soire ; mais avec l'extension qu'on pourra élire dépu- « tés des hommes de capacité indépendamment du cens « nécessaire à tout autre député.

« 2° Élections d'arrondissement directes des députés « par chaque province, et dépouillement des votes par « la commission centrale de scrutin dans le chef-lieu de « la province. Le cens des éligibles réduit à celui des « électeurs, et toutes les capacités éligibles.

« 3° Par capacité, on entend l'exercice louable et ac- « tuel des professions facultatives, du commerce et de « l'industrie, des sciences, des lettres et des beaux-arts.

« 4° Pour cette première fois, le roi, voulant recueil- « lir par le vote public les noms de ceux qui seront « estimés les plus dignes de faire partie de la chambre « des pairs, commet à chaque collège électoral le soin « de présenter une liste de ceux qui sont jugés tels dans « les provinces respectives, mais dans les catégories « indiquées par le statut, et ceci, afin qu'il soit choisi « sur lesdites listes le nombre de cinquante pairs.

« 5° Après l'ouverture du Parlement, les deux cham- « bres, d'accord avec le roi, auront la faculté de déve- « lopper le statut, principalement en ce qui concerne « la chambre des pairs.

« 6° Des agents diplomatiques seront expédiés immé- « diatement pour former franchement une ligue étroite « avec les autres États d'Italie.

« 7° Mettre à la disposition de la ligue italienne un « gros contingent de troupes, qui, au plus tôt, quittera « notre frontière, et, en attendant, faire partir sur-le- « champ un régiment par la voie de mer.

« 8° Les bannières royales seront entourées des cou-
« leurs italiennes, de manière à ne former qu'un seul
« corps de bannières.

« 9° Continuer à presser avec activité l'armement de
« la garde nationale.

« 10° Envoi de délégués organisateurs dans les pro-
« vinces, munis d'instructions qui seront données par
« le ministre de l'intérieur, ou collation de pouvoirs
« semblables aux intendants des provinces. »

En exécution de ce programme, quatre plénipotentiaires : le prince de Colubrano, le prince de Luperano, Blaise Gamboa et Casimir de Lieto, furent immédiatement députés à Rome. On leur adjoignit le duc d'Albaneta, et deux secrétaires, Roger Bonghi et Alphonse Dragonetti. Leur mission avait pour objet de poser les premières bases de la *ligue italienne*. La ligue italienne devait avoir une *diète fédérale* composée des représentants du Parlement. Il n'était pas dit que les membres du Parlement de Sicile fussent compris, mais ils n'étaient pas exclus. La diète fédérale déciderait toutes les questions nationales, et pourvoirait à la guerre, *laissant néanmoins la direction au roi de Sardaigne, déjà entré en campagne.*

En même temps le roi de Naples déclarait la guerre à l'Autriche. C'était encore de la comédie.

II

La partie du public qui tenait compte du passé ne se laissait pas prendre aux apparences; à ses yeux l'hypocrisie du roi était claire comme le jour. On ne pouvait douter que Ferdinand fût, au fond du cœur, non-seulement ennemi de toute réforme, mais disposé à combattre, dans un moment favorable, des concessions faites à regret, lorsqu'on lui voyait donner la main à tous les ennemis des nouvelles institutions. Avant que Salicetti quittât le ministère de la justice, il avait voulu opérer des changements : son projet avait échoué ; mais la seule tentative de déloger des magistrats en avait fait des réactionnaires furieux. Dans le palais même du monarque se tenaient des conciliabules secrets, où la faction des royalistes extrêmes, des commissaires de police et de leurs créatures, des militaires, des individus de toutes les classes, conspirait le renversement de la Constitution. Les démocrates jugeaient que tant d'intrigues créaient un danger suffisant, sans qu'on dût encore l'augmenter en mettant des armes aux mains des ennemis. Mais le cabinet ne voulait pas même tenter de recourir à des mesures exceptionnelles. Il se complaisait dans la pensée qu'il parviendrait à sauver le pays avec la *stricte légalité ;* et il voulut donc rester dans la loi, dussent tous ses adversaires en sortir. Jusque-là, d'ailleurs, les ministres étaient persuadés que l'on calomniait le roi, en lui prêtant de sinistres desseins.

Le cabinet du 3 avril se compléta, au bout de douze jours, par la nomination de quatre ministres nouveaux : Raphael Conforti eut l'intérieur, Paul-Émile Imbriani l'instruction publique, Antoine Scialoja l'agriculture et le commerce, François-Paul Ruggiero les affaires ecclésiastiques.

III

Aussitôt après la proclamation de Ferdinand aux peuples italiens, il s'était formé divers corps de volontaires, ayant à leur tête d'excellents officiers de l'armée, et pourvus d'armes, de munitions, de vêtements, de moyens de transports. Deux compagnies étaient déjà parties : la première par l'intervention de Christine Trivulzi, princesse de Belgiojoso ; la seconde commandée par un officier de mérite, François Carrano. Trois bataillons les suivirent de près, sous les ordres de César Rossarol, François Matterazzo et Raoul Vaccaro. Ces départs, dit Leopardi, privèrent les austro-sanfédistes d'une foule de jeunes gens qui faisaient partie de leur conventicule, et qui donnèrent à Venise d'excellents défenseurs.

Le ministère profita de cet affaiblissement provisoire de l'ennemi intérieur pour tenter quelques réformes ; mais tous ses efforts restèrent, ou à peu près, sans résultat.

Le ministre des affaires étrangères ne put parvenir à faire aucun changement important dans la diplomatie. L'ambassadeur à Turin ne put même obtenir pour secrétaire Joseph Massari, qu'il désirait. Malgré lui, et malgré le marquis Dragonetti, le roi donna à Leopardi Guillaume Ludolf, le fils d'un sanfédiste.

Le ministre de l'intérieur tenta le renouvellement des municipes par la nomination de délégués réorganisateurs ; mais ces instructions dépassaient de si peu les pouvoirs ordinaires des intendants de province, que les délégués ou ne partirent point, ou ne firent rien. Dans un grand nombre de communes, on n'arma point les gardes nationales, quoique les fabriques royales et les arsenaux fussent abondamment pourvus. Une répartition de biens domaniaux avait été commencée sous Murat. Conformément à un rescrit souverain du 29 septembre 1838, Conforti voulut faire rendre aux communes ce qui leur appartenait, pour qu'elles pussent le diviser entre les citoyens indigents. On se heurta contre des usurpateurs puissants, qui firent tout échouer.

Le ministre des finances, trouvant le trésor épuisé, s'adressa au roi pour qu'il lui fournît les moyens de pourvoir à l'expédition de la haute Italie. Ferdinand l'ayant conduit dans la chambre où étaient les coffres, les ouvrit, et montrant quelques misérables piles d'écus, dit au ministre : *Voilà tout mon avoir.* « Alors le bon « comte Ferretti interdit par un décret royal l'exporta- « tion de l'or et de l'argent, et par un autre décret royal « prescrivit un emprunt de douze millions de livres, « forcé pour deux tiers, et volontaire pour l'autre tiers. « Deux expédients inconsidérés, l'un parce qu'il était en « opposition avec les notions les plus vulgaires de l'éco- « nomie politique, l'autre parce qu'il était tout à fait « inutile dans un royaume où, peu de mois après, la « réaction trouvait les moyens d'entretenir une armée « de cent mille hommes, indigènes et suisses, et destinés « non à combattre les ennemis extérieurs, mais à servir « les ennemis intérieurs du pays. »

Le ministre de l'instruction publique, dans l'intérêt de l'éducation du peuple, et pour enlever aux évêques un pouvoir dont ils faisaient mauvais usage, rendit des décrets royaux qui commencèrent par n'être pas exécutés, et furent bientôt rapportés.

Le ministre de l'agriculture et du commerce ne put

que faire cesser la prohibition de l'exportation des céréales, dont le pays avait en grande abondance. Ce n'était pas un grand triomphe, mais encore fut-il plus heureux que ses confrères, puisqu'il fit au moins quelque chose de salutaire au pays.

Le ministre de grâce et justice créa quelques bons magistrats nouveaux. Une partie des anciens furent changés de poste, mais le changement ne fit pas disparaître les mauvais juges.

Le ministre des affaires ecclésiastiques déplut aux évêques sans pouvoir opérer aucun bien pour la nation.

Le ministre des travaux publics n'eut le temps de rien faire.

Le ministre de la guerre et marine fut réduit au rôle de commis du roi. Toutes les fois que del Giudice voulait agir dans l'intérêt des engagements pris, le roi disait : « Personne ne peut s'immiscer dans ce qui con-« cerne l'armée et la marine, parce que, en concédant « le statut, je me suis expressément réservé le comman-« dement des forces de terre et de mer. » Aussi le ministre disait-il avec douleur, quand on se plaignait que tout allait mal pour le succès de l'expédition, malgré l'enthousiasme des volontaires, l'ardeur des troupes régulières et les sympathies de la nation pour la guerre : « Je ne suis pas maître de disposer seulement d'une pa-« trouille. »

IV

Qu'il fût ou non dans le droit constitutionnel, Ferdinand savait bien ce qu'il faisait. Par des ordres ouverts ou secrets, des trames, des intrigues, des menées infernales, il s'arrangea de telle façon que ni sa marine, ni son armée de terre, ne furent d'aucun secours pour la guerre de l'indépendance. Leopardi, tantôt comme ambassadeur, tantôt comme simple citoyen, eut beau agir et se multiplier; Pepe combattre comme un jeune homme, et porter l'abnégation jusqu'à vouloir servir comme simple soldat, la mauvaise volonté du chef dirigeant fit tout échouer. Naples se couvrit de honte, et s'attira le mépris de quiconque avait un cœur italien ; mais les austro-sanfédistes conservèrent leur domination, et le roi put tout à l'aise rêver au coup d'État qui devait replacer la nation sous le joug.

Les élections se firent avec un calme admirable. Les députés furent nommés sans que l'on eût à signaler nulle part le moindre désordre, ni la moindre confusion. Ce témoignage solennel de la maturité des Napolitains pour les institutions politiques aurait dû combler de joie les royalistes ; il les rendit furieux. La faction austro-sanfédiste ne perdit pas un moment pour tenir une nouvelle assemblée secrète, où l'on récapitula les forces. Des renseignements apportés par les divers-conspirateurs, il résulta que le concours de plusieurs mille hommes était assuré pour renverser la Constitution et mettre le despotisme pur à sa place. La faction décida néanmoins que, par surcroît de précaution, on devait s'efforcer de corrompre quelques nouveaux députés, et les gagner n'importe comment à la cause du despotisme.

V

Il s'en fallut peu, cependant, que la situation ne fût sauvée. Si le parti constitutionnel, dans sa regrettable confiance au roi qui le jouait, avait laissé les rétrogrades mettre en péril la liberté, quelques démocrates n'avaient pas cessé de voir les dangers que courait l'État. Les ministres crédules s'étaient vus fréquemment accueillis dans les rues par des démonstrations peu sympathiques, et les républicains ne cessaient de signaler la nécessité de recourir à des moyens énergiques pour rendre la cour impuissante. Ces républicains avaient pris pour lieu de réunion spéciale le café Buono. Là se distinguait par son zèle et son ardeur politique un démocrate nommé Mauro. Malheureusement, deux causes s'opposaient à ce que la réunion eût un pouvoir efficace. Les hommes qui mettaient la liberté au-dessus du roi étaient alors rares à Naples; et quelques agents provocateurs s'étaient glissés dans le café Buono. De cette double circonstance il résultait que, pour les uns, les démocrates étaient des fous; pour les autres, que le café Buono était une assemblée de mouchards. Le chevalier Bozzelli, avant sa retraite du ministère, avait su, avec beaucoup d'adresse, déconsidérer le premier élément au moyen du second. Lorsque des patriotes honnêtes, ignorant que lui-même trahissait, venaient lui rapporter le mécontentement public à cause des tendances rétrogrades du gouvernement : « Bah! répondait-il, cela vient du café Buono. » C'était un mot magique. Les patriotes se retiraient, persuadés qu'on les avait trompés et que tout allait à merveille.

Les démocrates étaient moins faciles à égarer ; mais ils se trouvaient en trop petit nombre pour pouvoir réagir d'une manière efficace contre la faction. Une opinion néanmoins gagnait chaque jour du terrain : c'était celle d'une seule chambre au lieu de deux. Comme s'il feignait d'entrer dans ces vues, le roi, dont la politique avait toujours pris pour devise *Divide et impera*, n'avait pas encore nommé les pairs le 6 mai. Ses manœuvres en tous sens avaient été si habiles, qu'il était parvenu à éloigner, même de l'esprit du cabinet, toute crainte sur des événements prochains. Le ministre des affaires étrangères écrivait à Leopardi, sous la date du 6 mai 1848 : « L'ouverture de notre Parlement étant imminente et « les élections accomplies, beaucoup de députés sont ar- « rivés dans la capitale. La tendance de l'opinion pu- « blique pour une seule chambre va se généralisant ; les « modérés de cette catégorie voudraient s'en référer à la « majorité de la chambre des députés. Le roi n'a pas « encore nommé les pairs.

« On n'est pas sans inquiétude sur la tranquillité de « nos provinces ; la capitale se ressent elle-même de ces « agitations ; mais *rien ne fait craindre qu'elles dérivent* « *en de funestes événements.* »

VI

Les démocrates ne cessaient cependant de se tenir sur le *qui vive*, et bientôt ils virent de la manière la plus évidente arriver la catastrophe. Ils voulurent tenter un dernier effort pour la prévenir.

Pendant que la cour enrégimentait des séides pour un

coup d'État, les patriotes avaient formé en secret une *légion sacrée* dont l'objet avoué était de sauver le pays et la Constitution. Ceux qui la composaient devaient, après avoir vaincu la faction absolutiste, promulguer des lois provisoires pour s'opposer également à l'anarchie et au socialisme. Ils voulaient ensuite, avec le concours du pays, remettre en vigueur la Constitution de 1820 sur les plus larges bases, abolir la chambre des pairs et tout ce qui, dans la Constitution du 10 février 1848, était contraire à la vraie liberté. Comme ces démocrates étaient fortement persuadés qu'aucune démonstration verbale ne pourrait déterminer le roi à agir dans l'intérêt de la nation le 9 mai 1848, ils firent afficher, au nom de la *magistrature suprême du royaume*, une proclamation dont les paroles répondaient sans doute au sentiment de quelques libéraux, mais qui, pour deux motifs, ne pouvait avoir d'effet. En premier lieu, la réaction avait fait trop de chemin pour qu'on pût maintenant l'empêcher d'atteindre son but ; secondement, si des hommes de bonne foi étaient engagés dans cette tentative suprême, la plupart des patriotes avancés ne pouvaient les suivre, parce qu'ils savaient de science certaine que la proclamation elle-même était l'œuvre d'un agent provocateur, d'un espion de la cour, d'un partisan de l'Autriche, de Joseph Dardano.

Une scène de plus venait donc de s'ajouter à la grande comédie qui devait se dénouer par le sang.

Le 10 mai 1848, trois membres du cabinet du 3 avril résignèrent leurs portefeuilles.

Le comte Ferretti, parce que, ne pouvant ou ne sachant pas faire tête à la situation, il se laissa gagner par la lassitude. Il fut remplacé par Jean Manna.

Paul-Émile Imbriani, parce que, ainsi qu'il le disait dans sa lettre de démission, la guerre contre l'Autriche était nécessaire et désirée de tout cœur italien, et qu'on ne faisait rien pour la soutenir efficacement.

Ruggiero, parce que, s'étant fait prosélyte du conventicule, il voulait, non content d'avoir poussé le gouvernement, par ses sophismes, à renoncer à la guerre contre l'Autriche, rendre quelque signalé service à ses nouveaux amis. Leurrer et tromper les députés dans une assemblée qui se tiendrait chez lui (11 mai); jouer un rôle aussi actif que peu honorable dans la catastrophe qui approchait; se faire un marchepied de cadavres pour conquérir un siége ministériel plus stable, tel était le but de ce démissionnaire.

CHAPITRE XXV

I. Craintes de la faction royaliste. Les députés à Monte-Oliveto. Sujet mis en discussion. Nomination de cinquante pairs. Menées du *cercle du Progrès*. Preuves de la culpabilité du roi. — II. Agression contre le chanoine Pellicano. Nouvelle assemblée des Chambres. La garde nationale élève des barricades. Un officier de la marine française. Conspiration de la cour. Bataille dans les rues. — III. La démonstration de Ferdinand. Mot de la reine. Un comité de salut public. — IV. Protestation de la Chambre des députés. Premier soin du roi après la boucherie. Naples et ses environs en état de siége. Rappel des jésuites. Système de terreur. Assassinat du député Carducci. Procédure sur l'attentat du 15 mai. Mouchards récompensés. — V. Les Chambres de nouveau dissoutes. Une comparaison instructive. Persécution générale dirigée par Navarra. Emprisonnement de Settembrini, Poerio, Scialoja, Barbarisi et trente-sept autres députés. La *grande Cour criminelle spéciale* rétablie. Tout scrupule de légalité rejeté au loin. Une assemblée compacte de juges corrompus et serviles. — VI. Le *Memorandum de Nicolas Baron*. Des agents de police *témoins d'État*. Passé des accusateurs au service de la cour. — VII. Trois cent vingt-six *accusés connus* pour l'affaire du 15 mai. Séquestre des biens des contumaces. La peine de mort sur des rapports de police. — VIII. Des questions d'incompétence écoutées pour la forme. Un combat dans les replis secrets de l'âme. Décision à faire rougir. — IX. Une accusation appuyée sur 250 volumes de procédure écrite et 440 témoins à charge. Adresse coupable de l'accusation. Priviléges de la magistrature. — X. Une preuve importante écartée. Refus aux accusés et aux défenseurs de mettre à néant l'accusation. Condamnations prononcées le 8 octobre 1852. Un procès infâme entre tous.

I

La plus grande crainte de la faction était que les chambres ne missent fin aux embarras par elle créés, et qu'elles ne parvinssent ainsi à affermir la Constitution. Il fallait donc à tout prix empêcher la réunion du Parlement ; car si le pays était une fois rassuré sur ses intérêts, nul doute qu'il ne préférât la liberté au despotisme. Alors les trames si laborieusement ourdies devenaient inutiles, et le coup d'État échouait. Les absolutistes décidèrent que cela ne serait point. Huit jours avant l'époque fixée pour l'ouverture des chambres, ils étaient résolus d'empêcher leur réunion; la proclamation adroitement attribuée au corps entier des démocrates leur fournit le dernier moyen qui leur manquait. Ayant maintenant un prétexte plausible pour jouer la terreur, on pouvait appeler de nouvelles troupes et tenir les régiments sous les armes. Il ne s'agirait plus ensuite que de paraître ne pas s'opposer à la réunion du parlement. Au moment voulu, on exciterait des troubles, ce qui est toujours facile à un pouvoir qui dispose de la police. On en prendrait prétexte pour dissoudre ou disperser les chambres, et le tour serait joué.

Le 12 mai 1848, les députés furent invités, par circulaire imprimée, à se rendre le jour suivant au palais municipal de Monte-Oliveto, dont la salle principale avait été désignée pour leurs assemblées préparatoires. Conformément à cet avis, le 13 au matin, environ une centaine de députés se trouvèrent réunis au lieu assigné. Les arrangements pour l'ouverture solennelle des chambres, qui devait avoir lieu le lendemain, furent le seul sujet mis en discussion. Le soir arriva sans que cette affaire fût terminée. Il fut convenu qu'on se réunirait encore le jour suivant pour l'amener à conclusion. Cependant, dès la première séance deux points étaient résolus définitivement : 1° une députation, composée de six membres choisis, devait aller recevoir solennellement le roi à la porte de l'église San Lorenzo ; 2° les pairs et les députés feraient un serment dans une forme déterminée.

Ce même jour, le roi nomma cinquante pairs. Le décret royal qui les instituait fut inséré dans la *Gazette officielle*, avec le programme de la cérémonie pour l'ouverture du Parlement.

En même temps le *cercle du Progrès*, fondé sous l'influence et avec l'argent de l'Autriche, ne se bornant pas aux proclamations, expédiait dans les provinces suburbaines des émissaires avec des instructions et des placards incendiaires, et avec l'assurance mensongère que vingt mille insurgés se réuniraient à Monteforte, *pour marcher sur la capitale et empêcher l'ouverture du Parlement.*

Cette nouvelle manœuvre de la faction austro-sanfédiste ne put aboutir à troubler l'ordre, grâce au zèle de la garde nationale qui veillait. Toricelli et Cavasi, expédiés dans la province d'Avellino, se sauvèrent précipitamment par la fuite. Dans la province de Campobasso. André Saccone, membre avoué du cercle présidé par Dardano et par Merenda, se laissa surprendre par le syndic de Sanlupo, pendant qu'il affichait un imprimé. Conduit devant le commandant de la garde nationale, Achille Jacobelli, il produisit les instructions et les affiches que lui avaient remises Raphaël Crispino. Or, Saccone et tous ses complices furent innocentés par décret royal. Et quant à Crispino, qu'on se vit contraint de traduire en justice par des circonstances particulières, il répondit dans son interrogatoire : « *Tout ce que j'ai fait, je l'ai fait par ordre du commissaire, puis secrétaire général de police, Nicolas Merenda.* »

Les preuves de la culpabilité du roi et de la cour sont-elles assez évidentes? Nous choisissons entre mille; car ici comme ailleurs on n'a d'embarras que sur le nombre des témoignages.

II

A Naples, un seul attentat sérieux avait eu lieu: l'agression contre le chanoine Pellicano, coadjuteur du ministre des affaires ecclésiastiques, faite par les soldats de marine, qui *obéissaient au comte d'Aquila.*

Le 14 mai, il y eut une nouvelle assemblée des chambres. Pendant la séance, et vers minuit, une clameur soudaine s'élève dans les rues. Un homme se précipite dans la salle de Monte-Oliveto, et annonce que les troupes ont quitté les casernes, et s'avancent sur la garde nationale, qui, pour sa propre sûreté, élève des barricades. Bientôt après, le capitaine Jean La Cecilia, qui commande le poste d'honneur, entre lui-même dans l'assemblée en criant *à la trahison!*

La surprise et l'indignation de la chambre furent universelles. Tous les membres conjurèrent l'officier de préserver la paix publique et de mettre fin à toute démonstration hostile. Gabriel Pepe, commandant de la garde nationale, fut immédiatement dépêché pour rétablir l'ordre, et d'autres députés influents quittèrent la chambre dans le même objet.

A peine étaient-ils sortis, que des gardes nationaux introduisirent un officier de la marine française. « Mes-

« sieurs, dit-il, je viens, au nom de tous mes camarades,
« offrir au Parlement napolitain l'appui et le secours
« de notre flotte républicaine, dans le cas où il serait
« attaqué par les troupes royales. »

Lanza répondit : « Les représentants de la nation na-
« politaine sont extrêmement sensibles à la générosité
« des officiers de la flotte française ; mais ils n'ont rien
« à craindre de la part du gouvernement de leur roi ; et
« en tous cas, ils n'aimeraient point à voir des étran-
« gers se mêler des affaires intérieures de leur pays. »

L'officier français se retira.

Les rapports apprirent que la cour avait fait venir d'avance, bien que rien n'en montrât la nécessité, plusieurs escadrons de cavalerie et divers bataillons d'infanterie, de Caserte, Nola, Nocera, Capoue et Aversa ; et que les quatre régiments suisses étaient sortis de leurs quartiers au milieu du calme le plus profond. Enfin on a su depuis que le commissaire de police Merenda, ses fils, divers agents provocateurs, et presque tous les espions, avaient pris la plus grande part à l'érection des barricades.

Le 15 mai, à dix heures du matin, quelques coups de fusil, puis des feux de file, puis l'artillerie qui tonnait de toutes les forteresses, annoncèrent que la tyrannie avait commencé une nouvelle campagne contre les habitants de Naples. La bataille s'engagea dans les rues avec fureur. Le combat dura toute la journée, et le carnage fut effroyable. Quelquefois les troupes napolitaines se trouvaient insuffisantes pour exterminer leurs concitoyens ; alors on appelait les régiments suisses, et le massacre était consommé.

III

Le moment est venu de prouver que Ferdinand, avec cette infamie de caractère qui ne regarde point à l'impiété des rôles, jouait une indigne comédie. La scène qu'on va rapporter eut de Picolellis pour témoin. Lorsque Naples ne fut plus qu'un sépulcre, Carascosa se présenta au palais, et dit au roi et à la reine : « J'annonce à Vos « Majestés que la ville est à nous. »

« Enfin ! » exclama le roi ; et, dans l'ivresse de la victoire, s'étant tourné vers la reine, il ajouta : « *Ma dé-* « *monstration, à moi, vaut bien toutes les leurs.* »

« Sire, — lui répondit l'altière archiduchesse d'Autriche, — « *voilà le plus beau jour de ma vie !* »

« Le soleil retirait ses derniers regards de la cité fu- « mante de ruines et de carnage (1) ! »

Voilà l'homme et la cour dont on espérait obtenir quelque chose avec des représentations ou des conseils !

La chambre des députés, qui aurait pu, avec moins de confiance dans le gouvernement, sauver la charte constitutionnelle, finit par nommer un comité de salut public. On envoya ensuite des émissaires à l'amiral commandant la flotte française, afin de le prier d'intercéder auprès du roi de Naples pour qu'il mît fin au carnage. Il était bien temps ! Au moment du message, les troupes royales étaient victorieuses sur tous les points, et le feu cessa naturellement lorsqu'il n'y eut plus d'adversaires à massacrer.

(1) P.-S. Leopardi, *Narrazioni storiche*, p. 172.

IV

Durant tout le conflit, soixante-quatre membres de l'Assemblée étaient restés réunis. Ils rédigèrent une protestation solennelle contre la violence exercée par le roi, et annoncèrent l'intention de ne se séparer que lorsqu'ils y seraient contraints par la force. Cette résolution était à peine adoptée, lorsqu'un officier entra dans la salle, et intima aux députés, au nom du roi, l'ordre de se disperser sur-le-champ. Le président, vieillard octogénaire, mais en qui l'âge n'avait affaibli ni le courage ni la résolution, commanda impérieusement à l'officier de sortir pendant que le parlement allait délibérer. Bientôt après, le chevalier Gagnazzi donna l'ordre de rappeler l'officier. Il lui remit la protestation rédigée, et déclara le parlement suspendu. La protestation était signée de tous les députés présents.

Le premier soin du roi, après la boucherie, fut de renvoyer son ministère et de rappeler le chevalier Bozzelli à la place qu'il avait déjà occupée. Autant ce fonctionnaire s'était autrefois montré inerte quand il s'agissait de punir les ennemis des institutions, autant il se montra zélé à seconder son maître lorsqu'il fallut détruire les derniers vestiges de liberté. Par son conseil, le parlement, dont il était indigné de n'avoir pas été membre, fut immédiatement dissous. La ville de Naples et ses environs furent déclarés en état de siége. Une commission spéciale, nommée à cet effet, eut pour objet de rechercher l'origine des événements du 15 mai. Mais on avait eu soin, avant de l'investir, de relâcher six cents personnes prises les armes à la main. De cette manière, la cour était certaine d'obtenir un résultat selon ses désirs. Huit jours plus tard (24 mai 1848), Ferdinand publia une proclamation qui, rapprochée des faits qui devaient la suivre, montre une fois de plus la déloyauté d'un monarque dont la vie n'a été qu'un long parjure.

Les jésuites, qui avaient été obligés de quitter le royaume, furent rappelés ; ils reprirent leurs anciennes habitations, et l'éducation fut, une fois de plus, remise entièrement entre leurs mains. Les chambres, réélues, s'étaient de nouveau réunies (juillet 1848). C'était moins pour tenir ses engagements, qu'il va bientôt violer sans scrupule, que le roi avait fait cette convocation, que dans l'espérance de voir les membres du parlement se compromettre par quelque imprudence. Mais ils surent tous allier par un rare privilége la réserve à l'énergie. Alors le roi reprit l'initiative de la violence. L'armée fit régner dans la ville de Naples un système complet de terreur. Il n'y eut plus de garde nationale. Les membres et fonctionnaires de la chambre des députés se trouvèrent absolument sans protection. Le gouvernement espérait qu'en les exposant au danger et à l'insulte, la crainte qu'ils éprouveraient pour leur sûreté personnelle les ferait se déconsidérer aux yeux du peuple par quelque acte de couardise et de bassesse. Carducci, un des députés, fut assassiné, et son meurtrier continua de se promener ouvertement et audacieusement dans les rues de la cité. Un député, Mazzaroti, fut attaqué par un agent de police, et il sauva sa vie avec difficulté. Le journal du parti réactionnaire employait le langage le plus menaçant contre les chambres. Chaque fois qu'une question importante était en débat, ce journal *faisait appel à l'armée pour tomber sur l'Assemblée et en finir avec elle d'un seul coup*.

Après la levée de l'état de siége, la commission créée pour instruire sur l'attentat du 15 mai renvoya sa volumineuse procédure à la *grande Cour criminelle de Naples*, avec un rapport qui se terminait par ces paroles remarquables : « Toutes recherches ultérieures pour « remonter aux origines de ce désastre *conduiraient à « des découvertes désagréables au gouvernement*. »

Alors commencèrent les procès criminels, et il y eut autant de victimes que d'accusés. Quant aux mouchards et aux agents provocateurs, ils furent tous récompensés suivant l'importance du rôle qu'ils avaient joué et le degré d'infamie de leur conduite.

V

Malgré la conduite exemplaire du gouvernement, également éloignée de toute faiblesse et de toute violence, le 30 mars 1849 les chambres avaient été de nouveau dissoutes, pour n'être plus convoquées. Il est instructif de comparer la situation de l'État à ce moment avec ce qu'elle devait être d'après la Constitution, si solennellement jurée par le roi.

L'article Ier promettait une monarchie constitutionnelle et limitée : il y eut une monarchie complétement absolue et illimitée.

L'article IV annonçait une chambre des pairs et une chambre des députés : il n'y eut plus ni chambre des pairs, ni chambre des députés.

L'article XIV déclarait qu'aucun impôt ne pourrait être levé qu'en vertu d'une loi : toutes les taxes furent imposées et levées sans lois.

L'article XXIV garantissait la liberté individuelle, défendait d'arrêter sans un mandat en forme, obligeait de conduire les accusés devant le magistrat compétent dans les vingt-quatre heures, fixait le même délai pour faire connaître aux accusés les motifs de l'arrestation : on arrêta sans mandat, on retint dans les prisons sans informer aucun juge, on ne dit à personne pourquoi on arrêtait.

Et ainsi du reste.

Bientôt commencèrent de nombreux procès politiques. Les magistrats qui, agissant avec honnêteté, ne remplissaient pas les vues du gouvernement, furent révoqués ou déplacés ; on les remplaça par des hommes qui comprenaient mieux les désirs du roi. Sous la direction de Navarra, cet infâme agent du pouvoir arbitraire, une persécution générale, semblable à un immense filet, enveloppa tout le royaume dans ses mailles. Par l'ordre de Navarra, les prisons s'emplirent ; tous les examens véritables furent altérés ou supprimés à son plaisir ; les plus viles et les plus fausses accusations furent portées, avec son consentement, par des dénonciateurs parjures ou stipendiés, contre les plus distingués et les plus vertueux des hommes.

Settembrini avait été arrêté le 23 juin 1849 ; Poerio le fut le 19 juillet ; le ministre Antonio Scialoja le 25 septembre, et Barbarisi le 19 octobre de la même année. Bientôt trente-sept députés vinrent grossir dans les prisons le nombre des victimes. Pour rendre la persécution plus facile, on fit revivre une institution abolie antérieurement. *La grande Cour criminelle spéciale* fut rétablie, et présidée par Navarra. L'article 83 de la Constitution portait qu'aucun tribunal extraordinaire ne pourrait être créé *sous aucun prétexte quelconque*, et Navarra lui-même, une année auparavant, avait voté pour leur suppression. Mais tout respect de soi-même, tout scrupule de légalité étaient rejetés au loin !

Tous les magistrats de la cour suprême de justice suspects de principes libéraux, ou qui avaient, à des époques antérieures, désaprouvé les cours spéciales, furent déplacés. En même temps on agit par intimidation sur le corps tout entier de la magistrature. La jurisprudence du pays fut changée, et une assemblée compacte de juges corrompus et serviles se trouva prête à exécuter les volontés ou les caprices du despote qui régnait. Devant cette indigne cour, les membres les plus libéraux de la chambre des députés furent poursuivis, deux ans après la dissolution des chambres, comme coupables de haute trahison, comme complices de la conspiration pour l'unité de l'Italie, comme instigateurs de la rébellion du 15 mai (1848). Ces hommes pourtant étaient si éloignés d'avoir commis les prétendus crimes qu'on leur reprochait, qu'ils avaient été fréquemment accusés par les démocrates d'un modérantisme qui perdrait le pays et la liberté.

VI

Le 7 septembre 1849, c'est-à-dire seize mois après la catastrophe du 15 mai, un des agents les plus diffamés de la police napolitaine dicta une dénonciation qui servit de fondement au procès. Dans cet acte, plein de calomnies, de fausses assertions, et qui fut appelé pompeusement, du nom de son auteur, *Memorandum de Nicolas Baron*, le policier, non content de reprocher aux députés de n'avoir dû leurs siéges au parlement qu'à la fraude et au mensonge, les accusait, les uns d'avoir conseillé, les autres d'avoir édifié les barricades, tous d'avoir participé au désordre, soit par paroles, soit par action. L'accusation comprenait aussi de prétendus *démagogues*, c'est le mot consacré, qui ne faisaient point partie des chambres.

Tous les témoins invoqués par le *Memorandum* comme pouvant certifier les faits avancés, et qui prirent le nom de *témoins d'État*, étaient des agents de police, inscrits plusieurs fois chacun comme accusés : de fraude, de vols, d'offenses graves, d'homicides, de vols qualifiés, de complicité d'homicide, de désertion, de faux en écriture publique, de blessures, d'assassinats à coups de massue, de blessures, et de tentatives d'avortement !

Voilà les accusateurs des personnages les plus honorables et les plus considérés du royaume !

VII

Le 7 juin 1851, la Cour spéciale de Naples réduisit à trois cent vingt-six *accusés connus*, présents ou absents, les milliers de citoyens impliqués dans la cause du 15 mai 1848. Dans ce nombre, le procureur général du roi choisit d'abord cinquante et un accusés d'entre les absents. Ils furent portés comme criminels contumaces.

presque tous en vertu du *Memorandum baronien*. Leurs biens furent aussitôt arbitrairement séquestrés par la police.

Le procureur général choisit ensuite quarante-six des accusés présents, dont le dernier était P. S. Leopardi, ancien député, deux fois élu, et ex-ambassadeur du roi de Naples près la cour de Sardaigne et la Confédération helvétique.

Les crimes qui étaient imputés tant aux accusés présents qu'aux absents entraînaient tous la peine de mort, quoiqu'il n'y eût pour les établir, particulièrement en ce qui concernait les députés, d'autres éléments de preuves que ceux fournis par les *témoins d'État*.

VIII

A l'ouverture des débats, les accusés et les défenseurs soulevèrent, parmi les autres, sept questions de droit résolues par quarante-quatre habiles avocats près la Cour de cassation des États sardes.

La Cour spéciale écouta, pour la forme, le développement de toutes les questions d'incompétence, de toutes les exceptions de nullité. Sautant à pieds joints sur les unes et les autres, elle retint le procès (décision du 16 juillet 1851), et tout ce qu'elle crut devoir à l'équité fut de mettre hors de cause neuf des accusés.

La décision de la Cour spéciale fut portée par recours devant la *Cour suprême de justice*. Quoique extrêmement contraire aux motifs du recours, le procureur général ne put s'empêcher de conclure à l'incompétence de la Cour spéciale relativement à Antoine Scialoja.

Si la Cour suprême eût admis les conclusions d'Agresti, le procès du 15 mai s'évanouissait. Alors eut lieu un triste phénomène : la conscience, l'équité naturelle, une jurisprudence constante, luttant chez des magistrats contre le désir de plaire à une faction. Le combat dut être vif dans les replis les plus secrets de l'âme, car la Cour se partagea : quatre juges se prononcèrent dans le sens du procureur général, quatre émirent un avis contraire. Enfin le servilisme l'emporta sur la probité : le président, usant de sa voix prépondérante, vida le partage, et fit pencher la balance en faveur des derniers. En conséquence, le pourvoi fut rejeté, et la Cour spéciale demeura nantie, en vertu d'une décision (27 août 1851) qui fera rougir quiconque aura le courage de la lire.

IX

L'accusation s'appuyait sur 250 volumes de procédure écrite et sur 440 témoins à charge; mais, en dehors des volumes et des témoins du *Memorandum baronien*, tout ce fatras ne prouvait qu'une chose, qui n'était contestée de personne, à savoir, que la question du serment avait, le 14 mai 1848, divisé le roi, les ministres, les députés et les pairs, et que, le 15, avait eu lieu un conflit, avec certaines particularités qui concernaient seulement les constructeurs et les défenseurs des barricades. Tout ce qui, dans le procès, pouvait tendre à établir que la catastrophe avait été préparée par la police, sous l'influence des austro-sanfédistes, l'accusation ou le dissimula avec art, on n'en fit nulle mention, ou le confondit avec d'autres faits qui changeaient les rôles des vrais coupables. Les priviléges dont jouit la magistrature dans la conduite des affaires judiciaires, le pouvoir discrétionnaire du président, qui tant de fois a été funeste à l'équité, servirent merveilleusement dans cette occasion le système qu'on avait résolu de faire prévaloir.

X

Ainsi fut écartée la preuve, si facile à produire, que le *cercle du Progrès* avait été ouvert pour le compte du *conventicule austro-sanfédiste*, et avec l'argent fourni par le comte de Leibzeltern, ancien ambassadeur d'Autriche à Naples, et ensuite simple agent officieux de cette puissance, mais agissant beaucoup plus efficacement qu'un agent officiel.

Quand le procès s'ouvrit, on ne se fit aucun scrupule d'interdire aux accusés, comme aux défenseurs, tout ce qui aurait été de nature à mettre à néant l'accusation.

La conséquence de pareils procédés était facile à prévoir. Par décision du 8 octobre 1852, la Cour spéciale condamna : *à mort* sept accusés, *col terzo grado di publico esempio;* deux accusés, *à trente ans de fers;* trois, *à vingt-six ans de fers;* deux, *à vingt-cinq ans de fers;* deux, *à neuf ans de réclusion;* deux, *à huit ans de réclusion;* six, *à six ans de réclusion;* un, *à trois années de prison;* un, *à deux années de prison;* et le dernier, P. S. Leopardi, à l'exil perpétuel.

Ainsi finit un procès dont l'infamie n'a peut-être eu d'égale à aucune époque et dans aucun pays !

CHAPITRE XXVI

I. Coup d'œil historique sur le pays de Bénévent. Ses revenus sous le régime papal. L'origine du chef-lieu de cet État attribuée à Diomède. *Maleventum* changé par les Romains en *Beneventum*. Conséquence d'une peste et d'un tremblement de terre. — II. Une enclave illogique. Contre-sens de la diplomatie en 1815. — III. Bénévent mêlé aux mouvements de Naples. Ses habitants ne veulent plus être la propriété de l'Église. Causes de l'emprisonnement de Del Prete. — IV. Ce que je promis à cet infortuné. Mes démarches pour lui à Turin. Peut-être Del Prete couche-t-il maintenant dans des draps de lit. — V. Nouveaux détails sur *San Michele*. Pas de lumière dans les cellules. Un gouvernement sans entrailles. — VI. Le journal officiel du Pape interdit dans les prisons de Rome. La police impuissante pour cacher certaines nouvelles aux détenus. — VII. Qu'il y a des rigueurs auxquelles les pouvoirs despotiques feraient sagement de renoncer. Résultat des vexations dont les captifs sont accablés. — VIII. Aucun de mes compagnons de *San Michele* n'avait été emprisonné au château Saint-Ange. Comment je suis instruit des cachots de ce fort.

I

Le pays de Bénévent, qui faisait anciennement partie de celui des Samnites, passa, dans le cours du temps, au pouvoir des Romains. Dans le moyen âge, il fut soumis à Totila, roi des Goths. Devenus maîtres de cette partie

14.

de l'Italie, les Lombards l'érigèrent en duché en 571. A la chute des Lombards, il fut longtemps gouverné par des ducs et des princes particuliers. En 1047, les Normands en chassèrent ces princes et s'y établirent; mais ils opprimèrent tellement les habitants, que ceux-ci portèrent leurs plaintes au Pape Léon IX. Le Souverain-Pontife alla exposer leur situation à l'empereur Henri II, et ces deux princes conclurent, en 1053, une convention en vertu de laquelle l'empereur céda au Pape ce duché, en échange de quelques droits féodaux que le pontife avait à répéter sur Bamberg, en Franconie. Depuis cette époque, les Papes se sont regardés comme les légitimes possesseurs du duché; mais des contestations ont eu lieu à cet égard entre le Saint-Siége et le roi de Naples. En 1769, Ferdinand IV s'empara de Bénévent et le conserva plus de cinq ans. En 1806, Bonaparte, possesseur de toute l'Italie, pour mettre fin à toutes réclamations de la part des deux souverains, érigea ce duché en principauté, et le conféra à M. de Talleyrand, son ministre des relations extérieures, qui le conserva jusqu'en 1815, époque à laquelle le congrès de Vienne en fit la restitution au gouvernement papal. Néanmoins le roi de Naples exerça encore quelques droits, tels que l'inspection sur les écoles, sur la poste, les caisses publiques, et la vente du sel, du tabac, du fer, etc. Aussi, malgré un sol assez fertile, produisant en abondance du blé, du vin, de l'huile, et malgré un bon commerce de bétail, le pays ne rapportait qu'environ 6,000 piastres au gouvernement papal. C'était donc plus encore la vanité que l'intérêt qui lui en avait fait désirer la possession. — Le chef-lieu de cet ancien petit État dans un État est une ville d'environ une lieue de circuit. Elle est entourée de murailles et défendue par un château. Son origine est attribuée à Diomède. Dans les temps les plus reculés, on l'appelait *Maleventum*, à cause de la violence des vents qui y régnaient. Les Romains, en y établissant une colonie, changèrent son nom en celui de *Beneventum*. C'est dans une plaine voisine que Charles d'Anjou, roi de Naples, défit et tua, en 1266, son rival Mainfroi. La population de Bénévent était autrefois assez considérable; mais la peste de 1656 et le tremblement de terre du 16 juin 1688 la réduisirent de beaucoup, et la ville ne s'est jamais relevée de ces désastres.

II

Lors des événements du 15 mai 1848, exposés dans les chapitres précédents, Bénévent, en vertu de la méchante ou absurde décision de Vienne, formait une délégation des États de l'Église, enclavée dans la province de la Principauté Ultérieure du royaume de Naples. Elle comprenait le territoire de l'ancien duché de Bénévent, de dix lieues carrées, et renfermait une ville, huit villages et 20,350 habitants. Si l'on songe que cette ancienne possession papale est à cinquante lieues de Rome, tandis qu'elle se trouve seulement à douze lieues de Naples, on comprendra mieux le contre-sens commis en 1815 par la diplomatie.

III

La Principauté Ultérieure, dans laquelle, avons-nous dit, Bénévent est enclavé, s'était associée avec ardeur au projet, d'abord formé, d'unifier l'Italie sous le sceptre de Ferdinand II; et plus tard, lorsque le roi de Naples eut trahi toutes les espérances qu'il avait fait concevoir, cette province fut une de celles qui s'agitèrent le plus en faveur de la liberté et de la Constitution. Avellino, le chef-lieu, se distingua entre toutes les autres villes de la Principauté par le patriotisme de ses habitants (1). Or, Avellino, siége d'un évêché suffragant de Bénévent, ne pouvait naturellement s'agiter sans que la délégation papale ressentît le contre-coup de ses mouvements. Les Bénéventins déclarèrent vouloir aussi faire partie de l'Italie une et ne vouloir plus être la propriété de l'Église. Tant que les esprits furent exaltés au point de rendre la répression impuissante, ou que le Pape voulut faire parade de libéralisme, le gouvernement romain se tint dans une sage réserve; mais après le retour de Gaëte, lorsque les armes françaises eurent replacé Pie IX sur son trône, et que la réaction cardinalesque put agir sans ménagement, la faction austro-sanfédiste

(1) Le district d'Avellino est divisé en quatorze cantons : Altavilla, Atripalda, Avellino, Cervinara, Chiusano, Santo-Giorgio-la-Montagna, Mercogliano, Monteforte, Montefusco, Montemiletto, Montesarchio, Serino, Solofra, Vitolano. Tous ces cantons prirent plus ou moins part, comme le chef-lieu et comme le reste de la Principauté Ultérieure, aux mouvements qui précédèrent ou suivirent l'événement du 15 mai 1848.

poursuivit, sans en oublier un seul, tous les patriotes de Bénévent qui s'étaient montrés Italiens ; et ce fut alors que le pauvre Del Prete fut condamné à un emprisonnement perpétuel.

IV

Le sort de cet infortuné me toucha particulièrement, et je lui promis, si jamais je sortais, de faire des efforts pour adoucir sa position. Le gouvernement papal n'ayant pu, comme on le verra plus tard, me retenir indéfiniment, en passant à Turin pour me rendre en France, je parlai de Del Prete à des hommes importants du parti italien, et j'ai toute raison de croire qu'ils seront venus en aide, par voie détournée, à ce malheureux. Du jour où il aura eu un petit crédit au greffe, il aura cessé de coucher entre un sac de paille et une couverture de laine sans aucun intermédiaire. C'est tout ce qu'il demandait.

V

De lumière on n'en a pas plus à *San Michele* que de matelas et de draps de lit. Le gouvernement des prêtres, qui est un gouvernement sans entrailles, ne veut absolument fournir ni huile ni suif aux prisonniers. Si vous avez de l'argent pour acheter l'un ou l'autre, on tolère que vous éclairiez le soir votre cellule. Mais si vous n'en avez point, comme Del Prete et tant d'autres, vous restez dans l'obscurité. Or, si l'on veut bien réfléchir qu'en hiver les prisonniers sont enfermés avant quatre heures du soir, et que leur porte ne s'ouvre ensuite qu'après huit heures du matin, on jugera de ce que doit souffrir un homme obligé de passer chaque jour plus de seize heures dans une obscurité profonde !

VI

La plupart des gouvernements se préoccupent assez de ne laisser lire aux prisonniers politiques quoi que ce soit qui puisse les tenir au courant des affaires du jour, et on leur interdit les revues et lès journaux, même quand on leur permet les livres. Cependant, en France, le *Moniteur* au moins est toléré; à Rome le journal officiel est exclu comme les autres, et on ne peut rien savoir de ce qui se passe au dehors. Rien savoir, je veux dire du consentement de la police ; car, pour ce que les détenus veulent absolument connaître, ils s'arrangent bien pour l'apprendre.

VII

Vraiment, les pouvoirs despotiques feraient sagement de se départir de certaines rigueurs à l'égard de leurs prisonniers. Nous savons par le cardinal de Retz qu'il recevait au donjon de Vincennes les nouvelles presque aussi exactement que lorsqu'il était libre ; M. Marc Monnier, dans son beau livre *L'Italie est-elle la terre des morts?* nous apprend que Charles Poério , malgré sa double chaine et une surveillance incessante, dirigeait l'opinion publique du fond du bagne qu'il habitait; Leopardi, Dragonetti et leurs compagnons de captivité recevaient journellement au fort Saint-Elme, où les avait relégués Ferdinand II, tous les renseignements qui pouvaient les intéresser; à Belle-Isle-en-Mer, les condamnés de Versailles connurent successivement toutes les phases du coup d'État de décembre; et je me suis aperçu que les murs de *San Michele* ne sont pas plus difficiles à franchir que ceux des autres prisons. Aiguiser le désir et se faire un peu plus détester, tel est l'unique résultat des vexations dont on accable le malheureux captif.

VIII

Ainsi, voulant profiter de ma détention à *San Michele* pour connaître le régime des divers *cachots du Pape*, dont trois ou quatre seulement m'étaient encore connus, j'eus le regret d'apprendre qu'aucun de mes compagnons actuels de geôle n'avait été emprisonné au château Saint-Ange; mais l'un d'eux me dit : « Une de vos « meilleures revues a publié sur ces cachots célèbres un « article un peu romanesque, qui nous a été communiqué en son temps. Pour vous éviter de longues re- « cherches, car je ne puis préciser l'époque où il a été « publié, vous en recevrez une copie quand vous serez « dans un pays libre. Vous trouverez dans cet écrit de « précieux renseignements; mais gardez-vous de croire « que le commun des prisonniers soient traités à Saint- « Ange avec la même douceur que le héros de l'histoire. « Ainsi qu'il le dit lui-même, grâce à des circonstances

« particulières, il a joui d'un régime exceptionnel. » Après ma sortie de prison, et pendant un voyage que je faisais en Italie, je reçus, en effet, l'article en question, portant le titre de *Le Château Saint-Ange. — Souvenirs de jeunesse d'un prisonnier politique.* Après l'avoir lu et relu, il m'a paru d'un assez haut intérêt pour en reproduire la plus grande partie.

CHAPITRE XXVII

I. Une histoire du temps de Grégoire XVI. Visite nocturne de police. Le célèbre *Nardoni*. Saisie de *Botta*, *Machiavel*, *Bentham*, *J.-J. Rousseau* et *Louis Blanc*. Les *Ruines* de *Volney* sauvées du naufrage. La *licence* et les *ordres supérieurs*. Un interrogatoire au palais *del Governo Novo*. Satire contre la danseuse *Cerrito*. Livres saisis, livres gardés. Ordre de retraite dans un couvent. Punition commune à Rome parmi les jeunes gens du monde. Exercices spirituels à Saint-Eusèbe. Effet de ce moyen de conversion. Accusation de mettre en doute certains miracles. Lutte sourde entre les libéraux et le gouvernement pontifical. Passe-temps de la jeunesse à Rome Ce qu'il en coûte pour lire les nouveautés littéraires. — II. Miracles opérés à l'arc de *Cenci*. L'hypocrisie et la franchise. Les béquilles d'un maçon. Aveugle qui recouvre la vue. Une madone adorée par Rome entière. *Maria santissima, vogliamo la grazia*. Ornements d'un autel improvisé. Registre ouvert pour les offrandes. Une femme qui vient de recevoir la grâce. Pieuse orgie troublée. Scène burlesque. Invocation à la Vierge remplacée par des imprécations affreuses. Aveugles devenus sourds. Ivresse dégoûtante. Hardiesse d'une administration théocratique. Une chapelle gardée par deux carabiniers. — III. Tolérance calculée. La licence des mœurs couvrant la hardiesse des idées. La morale considérée comme un objet de luxe. Jugement sur Grégoire XVI. Le cardinal Lambruchini. Crainte de la vengeance de Dieu. Crainte de la vengeance du peuple. Léthargie de la jeunesse romaine. Bon tour à un mouchard. — IV. Les débuts de madame Ristori à Rome. Un vers de Dante arrangé par les cardinaux. Arrestation par deux sbires. — V. Un vivant pleuré comme mort. Régime de la prison du palais Madame. Les procès politiques à Rome. Interrogatoires interminables, malgré un aveu franc et net. Portrait d'un juge d'instruction. Une condamnation foudroyante. — VI. Situation et historique du château Saint-Ange. Ce que valent à un prisonnier des recommandations. *Sanctus Michael inter nubes.* Espérance et désespoir. Une substitution inspirée par l'amour. Demande rejetée par le Pape. Un habile faussaire. Dix ans de réclusion pour une inadvertance. Deux personnages mystérieux. — VII. Traité avec un geôlier. Prisonnier libre deux fois par mois. Le Pape rencontré la nuit dans un corridor secret. Procès de l'abbé Dominique Abbo. Son exécution dans le château Saint-Ange. — VIII. Un mariage à la romaine. Conséquences d'un bruit d'enlèvement à main armée. Les *audiences* du Saint-Père aux femmes. Grégoire XVI à Castel Gandolfo. Séraphine et sa mère à Albano. — IX. Une *infiorata*. Le Pape à la villa Barberini. Une femme habillée de noir. Demande d'un époux. Levée d'une mise au secret. La *clémence inépuisable* de Sa Sainteté. Conversion de cinq années de détention en un exil perpétuel.

I

C'était sous le pontificat de Grégoire XVI. « L'année 184... allait finir, » dit le héros de l'histoire, à qui l'écrivain laisse la parole, « l'hiver venait de commencer. Pendant toute la journée, le temps était resté triste, et le ciel romain n'avait cessé de verser des torrents de pluie. Je rentrai chez moi, *via dell' Orso,* vers minuit, et je trouvai mon ami Giulio déjà couché. Mécontent de moi, mécontent des autres, j'étais en proie à un sentiment ou, pour mieux dire, à un pressentiment pénible et mélancolique. J'ouvris, selon mon habitude, quelques livres, et je me mis à les feuilleter machinalement : ma pensée était ailleurs, ou plutôt je ne pensais pas. Alourdi par l'ennui, je le fus bientôt par le sommeil; je me couchai et ne tardai pas à m'endormir.

« Mon repos ne fut pas de longue durée; je fus tout à coup reveillé par un bruit sourd qui se faisait à la porte de la maison. Je prêtai l'oreille, et je ne fus pas peu étonné de distinguer le grincement d'une clef qu'on essayait d'introduire dans la serrure. Je crus à une tentative de vol, je réveillai Giulio en criant : Qui est là? Une voix rauque me répondit : « La forza » (la force, comme on dit en France la justice).

« Loin de me calmer, cette réponse ne fit qu'augmenter mon inquiétude. Je me levai et courus regarder à travers le guichet de la porte. Je vis d'abord un personnage habillé en bourgeois, petit, trapu, de figure sinistre. Je le reconnus : c'était *Nardoni*, si célèbre depuis dans les fastes de la police romaine.

« Il était accompagné de deux carabiniers, dont l'un portait une lanterne sourde et l'autre un trousseau de clefs.

« Nardoni, d'un ton sec, quoique poli, m'adressa la parole : « Nous avons, dit-il, une mission pénible à remplir auprès de vous.
« Les précautions les plus minutieuses ont été prises « pour que toute résistance de votre part soit inutile. « Ouvrez, messieurs ; ce n'est pas à votre liberté que « nous en voulons : vos personnes seront respectées. » Je compris alors qu'il s'agissait d'une visite domiciliaire.

« Giulio avait tout entendu et s'était levé. Après avoir allumé une lampe, il s'était empressé de cacher quelques ouvrages qui faisaient partie de notre modeste bibliothèque. Pour lui en donner le temps, je fis semblant de chercher la clef de la porte, que je prétendis avoir égarée. Les gens de la police commençaient à perdre patience et à faire tapage : il fallut leur ouvrir.

« Nardoni se dirigea immédiatement vers mon bureau, et les deux carabiniers, suivis de deux autres sbires, se mirent à fureter dans ma garde-robe, dans mes malles, dans nos tiroirs, dans tout meuble où il était possible de recéler quelque objet. On s'empara de tous mes papiers et de toute notre correspondance; quant aux livres, on se borna à saisir les ouvrages défendus à Rome, tels que *Botta*, *Machiavel*, *Bentham*, *Jean-Jacques Rousseau*, et jusqu'à l'*Histoire de dix ans*, de *M. Louis Blanc*, que je m'étais procurée depuis très-peu de jours.

« Un livre qui aurait pu me compromettre davantage passa heureusement inaperçu : c'était *les Ruines* de *Volney;* il était tombé derrière la table de nuit et ne fut point découvert.

« Quand ils eurent saisi tous ces objets, ainsi qu'une paire de pistolets sur laquelle ils mirent la main, messieurs les inquisiteurs se disposèrent à se retirer. Je protestai contre cette saisie en exhibant une *licence* en règle qui me permettait d'acheter, lire et garder pardevers moi tous les livres, même défendus, dont les titres ne se trouvaient pas sur mon permis. Nardoni répondit qu'il ne faisait qu'obéir à des ordres supérieurs; puis il se retira avec ses acolytes chargés de leur butin.

« Quelques jours après, je reçus une lettre de l'avocat fiscal qui m'invitait à me rendre au palais *del Governo Novo*. Cette invitation ne me surprit point, et je fus exact à m'y rendre. Là, en présence du juge d'instruction, je subis un interrogatoire qui dura quatre heures. Je m'aperçus qu'on avait compulsé et lu alternativement tous mes papiers, toute ma correspondance, et même fouillé mes livres et mes brochures. On me demanda d'interminables explications sur quelques écrits complétement inoffensifs, mais dont la forme étrange devait nécessairement exciter les soupçons de l'inquisiteur politique.

« Le magistrat paraissait surtout attacher une singulière importance à une satire que j'avais composée contre la célèbre danseuse *Cerrito;* peut-être y voyait-il un symbole. On passa ensuite aux livres défendus, et, malgré une nouvelle exhibition de mon permis et mes énergiques réclamations, on les garda tous. Enfin, pour épuiser le sujet, on me questionna sur la manière dont j'avais publiquement parlé de certains miracles qui s'étaient produits récemment dans la ville de Rome. On m'admonesta sévèrement, et la séance fut levée, après une nouvelle réprimande dont la conclusion fut que la police et le gouvernement avaient les yeux ouverts sur moi, ce dont je commençais à être persuadé.

« Je croyais tout fini, lorsqu'un beau matin je reçus une lettre marquée du timbre de la police. Un gendarme l'avait apportée. Je l'ouvris en tremblant : on m'y intimait l'ordre de me rendre dans un couvent, pour y rester en retraite pendant sept jours. Sachant qu'une pareille *punition* était très-commune à Rome, surtout parmi les jeunes gens du monde, je me soumis sans délai à l'injonction de *l'assesseur* du gouvernement. Je me retirai à Saint-Eusèbe, où je fis ce qu'on appelle les exercices spirituels selon la règle de saint Ignace.

« L'on peut juger d'un pareil moyen de conversion par l'effet qu'il produisit sur moi. A ma sortie du couvent, après huit jours d'isolement, de silence, de jeûnes, de prières et de sermons, la société m'apparut comme une institution folle, absurde, inconcevable. J'étais tout étonné de voir les hommes s'occuper encore d'affaires.

s'inquiéter de leur famille, chercher à donner satisfaction à leurs sentiments ou à leurs intérêts.

« Aussi je fus sur le point de rebrousser chemin et de retourner m'ensevelir pour jamais au couvent Saint-Eusèbe.

« Je repris cependant mes occupations habituelles ; mais une réaction violente suivit ces quelques jours de réclusion claustrale, et je m'abandonnai plus aveuglément que jamais à une vie de plaisir et de dissipation, que partageait d'ailleurs toute la jeunesse romaine.

« Quel était donc mon crime ? quelles étaient les raisons du gouvernement romain pour soumettre la vie d'un jeune étudiant à une surveillance aussi rigoureuse? Je viens de dire qu'on m'accusait d'avoir publiquement mis en doute certains miracles. Pour comprendre ce que mes propos avaient de grave et d'imprudent, il faut se reporter à l'époque où se passe cette histoire. Il y avait alors un singulier contraste, une lutte sourde entre les aspirations libérales d'une partie de la jeunesse romaine et la politique puérilement ombrageuse du gouvernement pontifical. Tout en faisant mes études de droit, je m'étais lié d'une amitié étroite avec quelques jeunes Romagnols au cœur ardent, à l'imagination vive. Nous avions les mêmes tendances en politique. Pleins de l'orgueil et de la confiance que donnent la santé et la jeunesse, nous faisions notre entrée dans le monde, la tête haute, mécontents du présent, forts de l'avenir.

« Notre genre de vie était un mélange de pensées généreuses et de dissipation mondaine. On se levait tard, on déjeunait, on faisait une apparition à la Sapienza (université), ensuite on allait passer quelques heures au manége ou à la salle d'armes. Nous lisions les journaux ou des ouvrages de philosophie et d'histoire. Le soir, après dîner, on se rendait au théâtre. Après le spectacle, qui finit, comme on le sait, fort tard en Italie, nous soupions au restaurant, et si la nuit était belle, — à Rome, les nuits sont presque toujours magnifiques, — nous courions la ville, nous allions au Forum, et sur les ruines de l'antique cité nous évoquions d'éternels souvenirs. Quelquefois nous nous dirigions vers le Colisée, et là nous nous donnions le curieux et sublime plaisir de grimper sur ces glorieuses murailles avec des torches dont on voyait la lueur rouge successivement paraître et disparaître à travers les décombres, derrière les colonnes brisées, parmi les arcs recouverts d'une mousse séculaire et de plantes parasites qui décorent aujourd'hui ce que l'antiquité nous a laissé de plus beau, ce que l'univers offre de plus grandiose. D'autres fois nous nous attachions à suivre des troupes d'artistes ambulants qui parcouraient la ville en improvisant des sérénades sous les fenêtres des beautés et des cantatrices en vogue. Nous nous enivrions d'harmonie, d'amour et de poésie, et nous respirions l'air toujours pur, l'air tiède et embaumé de cette terre, patrie classique des arts, l'éternelle inspiratrice du beau.

« Parmi mes amis, il en était un pour lequel j'éprouvais une sympathie particulière. Il se nommait Raphaël. C'était un esprit froid et profond, d'une simplicité spirituelle ; il était doué d'une merveilleuse aptitude pour les études positives. Une certaine communauté de bonnes et de mauvaises qualités nous avait attirés l'un vers l'autre. Un autre ami, Giulio, dont j'ai déjà parlé, était avec Raphaël le compagnon inséparable de tous mes plaisirs, le confident obligé de toutes mes pensées. Giulio différait complétement de Raphaël : il était poëte et un peu rêveur; il était aussi plus aimant, plus expansif, plus sensible qu'aucun de nous. C'est entre ces deux amis que j'ai passé les heures les plus agréables et les mieux remplies de ma jeunesse. Une fois ou deux par semaine, nous nous réunissions pour lire en commun les nouveautés littéraires qu'on ne pouvait faire venir à Rome qu'à grands frais et en courant de sérieux dangers. C'est ainsi que nous lûmes les œuvres de Gioberti, l'*Arnaldo de Brescia*, de Niccolini, les derniers écrits de Lamennais. Giulio a joué un rôle important sous la dernière république romaine. Raphaël est aujourd'hui l'un des plus célèbres avocats du barreau romain.

II

« A l'époque où nous reportent ces souvenirs, on parlait partout à Rome des miracles opérés à l'arc de *Cenci*, et l'on s'exprimait à ce sujet d'un côté avec beaucoup de réserve et d'hypocrisie, de l'autre avec beaucoup de franchise et de liberté. Je commis l'imprudence, au café *Novo* et à la *Sapienza*, de donner mon avis d'une façon tout ironique. Mes propos, recueillis par des espions, provoquèrent sur ma conduite et sur mes opinions une enquête mystérieuse, à la suite de laquelle eut lieu la visite domiciliaire opérée par Nardoni. Ces miracles, source de tant d'émotions, n'avaient cependant qu'une cause fort ordinaire en Italie.

« Le jour de la Saint-Pierre, le bruit se répandit dans Rome que l'image d'une madone placée dans une niche, près de la place des Juifs et précisément dans la petite rue de l'Arc des Cenci, opérait des miracles et y attirait une grande foule. Un maçon, qui s'y était transporté sur des béquilles, avait entendu une voix mystérieuse qui lui avait dit : *Jette-les ;* et tout à coup il s'était redressé, et il avait pu marcher sans difficulté.

« Un aveugle avait subitement recouvré la vue, et la foule l'avait reconduit processionnellement dans sa maison, au bruit des cantiques et à la lueur de mille cierges.

Rome entière alors accourut pour adorer la madone. On commença par décorer la niche et le tableau de la Vierge en l'entourant à profusion de fleurs, de vases et de bougies. Vers le quatrième jour, j'y fus moi-même conduit par la curiosité. Il me fut d'abord imposible de rien voir, tant la foule était compacte, tant était vif l'empressement avec lequel on se repoussait réciproquement pour approcher de la petite chapelle, tant on était désireux de se mettre en évidence, comme s'il se fût agi de faire la cour à un souverain de la terre. Enfin, ayant réussi à me procurer une chaise sur laquelle je montai, de ce poste élevé je pus dominer cette multitude fanatique et librement observer ce qui se passait. Je vis autour de la chapelle un cercle épais et turbulent de boiteux, d'aveugles et d'épileptiques, enfin de malades de toute espèce et de toute condition sociale. Il y avait aussi des enfants et des jeunes filles qui, en criant et en pleurant, demandaient, à grand renfort de gestes et de contorsions, je ne sais quelle grâce.

« Au milieu de cette cohue, une femme d'une taille athlétique, parfaitement valide, mais tout échevelée, était perchée sur une espèce d'escabeau qui lui servait de trépied. Ainsi placée au-dessus de la foule et lui servant d'interprète et de prêtresse, elle s'écriait de temps en temps, d'une voix rauque et stridente qui sortait d'une bouche affreusement édentée : *Maria santissima, vogliamo la grazia. Si vogliamo la grazia! viva Maria! viva Maria!* et la multitude en délire lui répondait par le cri mille fois répété de : Vive Marie!

« De chaque côté de l'autel improvisé avaient été placées deux tables. Sur l'une étaient déposés les *ex-voto* offerts à la madone, sur l'autre une grande quantité de béquilles et d'instruments orthopédiques qui avaient appartenu, disait-on, aux personnes miraculeusement guéries.

« Près d'une autre table se tenait un pénitent avec un registre ouvert pour recevoir les offrandes en argent et pour consigner les noms et qualités des individus qui prétendaient avoir été l'objet d'un miracle.

« Pour compléter le nombre de ces honorables et pieux fonctionnaires, une vingtaine de jeunes gens aux figures sinistres, portant une boîte de fer-blanc à la main, se faufilaient partout, quêtant pour la madone, rançonnant les crédules, se moquant des graciés. Des voleurs de profession de toute espèce se livraient de leur côté sans péril à leur industrie. Un groupe se forma autour d'une jeune fille, assise sur une borne. Je m'approchai. « Voyez, » me dit-on, « c'est une femme « qui vient de recevoir la grâce. » M'adressant alors à la graciée, je lui demandai si, en effet, elle venait d'être l'objet d'une faveur céleste. « Hélas! oui, monsieur, » me répondit-elle d'un ton moitié burlesque, moitié triste.

« — Mais de quelle maladie étiez-vous atteinte ?

« — Je boitais et j'avais le côté gauche paralysé.

« — Et maintenant?

« — Maintenant je suis guérie, quoique j'aie toujours « le pied gauche légèrement engourdi. »

« Je l'attendis à l'épreuve, mais je m'aperçus qu'elle hésitait à se mettre en marche ; elle remarqua même mon obstination à ne pas la perdre de vue. Enfin, de guerre lasse, elle se leva, fit un effort héroïque et commença à marcher; *incessu patuit*... Un vaisseau battu par la tempête, ballotté en tous sens par des vents contraires, n'eut jamais de soubresauts aussi violents, aussi saccadés que ceux qui balançaient la malheureuse visionnaire: et cependant les spectateurs de cette scène incroyable couraient après elle en criant au miracle et en la montrant du doigt à tous ceux qui accouraient.

« Cette pieuse orgie fut troublée tout à coup par une violente agitation. Des cris perçants se firent entendre; la foule se mit à fuir au milieu d'une confusion inexprimable. Je me réfugiai dans une maison voisine, je montai l'escalier, et de la fenêtre qui donnait sur la rue je découvris la cause de cette panique : l'autel était en feu, un commencement d'incendie s'était déclaré dans la chapelle.

« C'était probablement le trop grand nombre de bougies allumées qui avait communiqué le feu aux draperies et aux voiles de gaze dont on avait orné à profusion le tableau de la madone en vogue. Alors une nouvelle scène tout à fait burlesque se déroula sous mes yeux. Deux ou trois cents aveugles (tous les aveugles de Rome et des environs étaient venus demander la grâce), agenouillés en cercle autour de l'autel, psalmodiaient d'une voix nasillarde. Ne sachant que penser du bruit, de la confusion, des cris de désespoir qu'ils entendaient autour d'eux, surexcités déjà par l'étrangeté de leur situation, ils se levèrent tout à coup, saisis d'une frayeur instinctive, prirent leurs bâtons à deux mains et commencèrent à faire le moulinet.

« Comment décrire la lutte qui s'engagea entre ces malheureux? L'un tombait en poussant de vrais cris d'aveugle, l'autre voulait fuir et se heurtait contre le mur ou s'embarrassait dans les chaises.

« Quelques-uns, atteints par les brandons enflammés qui se détachaient de l'autel, se croyaient au milieu de l'enfer et poussaient des hurlements diaboliques. La vieille pythonisse qui leur servait d'interprète céleste cherchait vainement à sortir de cette cohue. Atteinte par les bâtons de ses protégés, elle remplaçait ses invocations à la Vierge par les imprécations les plus affreuses. Au plus fort de cette mêlée grotesque, la foule s'aperçut enfin que l'incendie ne s'était pas communiqué aux poutres, et la rue se remplit de nouveau. On essaya de séparer les combattants en leur criant que ce n'était rien, qu'il n'y avait là ni diable ni enfer. On eut toutes les peines du monde à leur faire déposer leurs bâtons. La grâce avait agi : aveugles déjà, ils étaient devenus sourds. Le tumulte apaisé, on fit venir des cabarets voisins bon nombre de *mezzi* et de *fogliette*. La peur fit place à la joie la plus bruyante ; l'ivresse la plus dégoûtante, les propos les plus obscènes succédèrent aux prières et aux invocations.

« Le gouvernement finit par s'inquiéter de ces scènes populaires et qui se renouvelaient trop souvent. On prit une décision qui, de la part d'une administration théocratique, exigeait une certaine énergie. Le tableau de la madone fut enlevé pendant la nuit et transporté sans pompe dans l'église la plus proche, *Santa Maria del Pianto*.

« Le peuple se porta en foule à cette église ; mais tout se passa avec ordre et décence. Plus de cris, plus de gens inspirés, plus de contorsions, plus de miracles. Néanmoins on se disait tout bas que cette translation était un sacrilége, qu'on prétendait faire la loi à la madone, mais qu'elle saurait bien se venger en suspendant ses miracles.

« Les dévots les plus exaltés continuèrent à fréquenter l'ancienne chapelle. Ils y passaient la nuit. A la place occupée par la madone, on avait collé une toute petite image de la Vierge, devant laquelle les croyants persécutés entretenaient une modeste lampe. Je vis moi-même plusieurs individus s'approcher avec respect de l'endroit où avait été le tableau enlevé, arracher avec des couteaux, avec des clous, avec leurs ongles, quelques fragments de crépissage, recueillir la poussière qui tombait du mur gratté et emporter le fruit de ce pieux larcin comme une relique ou plutôt comme une amulette.

« Il vint un moment où le fanatisme se ralluma tout à coup. Le bruit courait que la petite image faisait aussi des miracles. Le Pape fit alors fermer la chapelle de l'arc des *Cenci* et garder l'entrée par deux carabiniers. Ainsi finit la comédie.

III

« Rome a toujours eu une physionomie à part ; il faut avoir séjourné longtemps dans cette ville pour en connaître le véritable esprit. Avant le pontificat de Pie IX, il n'était pas rare d'entendre les Romains s'exprimer avec la plus grande liberté sur les matières les plus délicates de la politique et même de la religion. Dans les lieux publics, dans les cafés, dans les réunions de jeunes gens, on discutait les questions les plus épineuses avec une complète indépendance ; mais cette liberté, fondée sur une tolérance calculée, était en quelque sorte négative et s'arrêtait à l'action. Malheur à celui qui se fût avisé de joindre le fait à la parole, la pratique à la théorie ! le gouvernement usait alors d'une sévérité excessive, cruelle, impitoyable. Une lettre, un article de journal, un abonnement suspect, la possession d'un livre défendu, l'affiliation à une société secrète, devenaient tout à coup des crimes d'État et étaient recherchés, punis d'une façon draconienne. Encore cette liberté de la parole était-elle limitée à tels ou tels endroits, à telles ou telles époques. A Bologne, par exemple, la police était toujours assez tolérante ; à Rome, les étrangers, même Italiens, étaient moins surveillés : au carnaval, la licence des mœurs couvrait la hardiesse des idées.

« Les prolétaires de l'Italie centrale sont au reste profondément démoralisés. Ce n'est pas cependant la *morale* qui leur manque, mais ils la considèrent comme un objet de luxe, hors de leur portée, réservé presque exclusivement aux classes élevées de la société. En voyant la profonde et infranchissable ligne de démarcation qui les sépare du clergé, de la noblesse et de la bourgeoisie opulente, ils ne se croient pas astreints (presque à titre de compensation) à la sévérité des principes qu'ils entendent prêcher dans les églises. Aussi les couches infimes du peuple, comme les *Trasteverini*, les *Bagarini*, les

Minenti, les *Montegiani*, sont-elles naïvement et systématiquement corrompues.

« Grégoire XVI, qui occupait alors le trône pontifical, avait passé toute sa vie dans une cellule et connaissait fort peu le monde. Ses ouvrages théologiques l'avaient d'abord porté au cardinalat puis l'avaient fait décorer de la pourpre de saint Pierre. Il se trouva tout à coup placé dans un milieu étranger à toutes ses habitudes et dont il n'avait pas la moindre notion. *Mauro Cappellari* apporta sur le trône pontifical les bonnes comme les mauvaises qualités du cloître ; mais les vertus d'un moine ne sont pas celles d'un pape.

« La modestie, l'humilité, la parcimonie, l'amour de la retraite et de la solitude ne conviennent guère aux souverains.

« Fils d'un marchand de charbon, élevé comme un trappiste, Grégoire XVI resta moine sous la tiare. Le prédécesseur de Pie IX fut donc, comme souverain temporel, un être *sui generis*, sans énergie, sans expérience, méticuleux, pétri de fausses idées en administration, en politique, en commerce, en beaux-arts et même en science. Tout changement lui faisait peur, toute idée un peu grande l'effrayait. Le bien-être matériel de ses sujets était pour lui une chose tout au moins secondaire, je dirai plus, une superfluité. Tout projet conçu dans cette pensée était à ses yeux une innovation empruntée au carbonarisme, au diable, à l'enfer. Ce n'est pas que sous d'autres rapports il négligeât d'améliorer matériellement le sort de ses sujets : jamais le peuple romain n'eut tant d'hôpitaux, tant de bureaux de bienfaisance; mais ce qui lui manquait, c'étaient des institutions commerciales et industrielles ; c'étaient la protection et les encouragements accordés dans d'autres pays de l'Europe aux arts et métiers. En un mot, les lois de l'économie sociale étaient inconnues à Rome en pratique comme en théorie. Tolérant dans les choses indifférentes ou douteuses, un pareil gouvernement était dur, intraitable, cruel même et presque injuste en politique. C'était le sentiment du devoir qui faisait agir le pape Grégoire XVI; il se croyait obligé de gouverner les hommes comme il avait gouverné les moines, sans contrôle, sans garanties, avec une infaillibilité suprême. Aussi la sévérité n'était-elle pas chez lui un effet de l'ambition, non plus qu'une question de politique : c'était tout simplement une question de conscience.

« Il se croyait obligé, dans l'intérêt même de la société, de se conduire ainsi envers tout le monde indistinctement. Les infracteurs vulgaires des lois protectrices de la propriété, de l'honneur et de la vie des citoyens pouvaient encore trouver quelque indulgence auprès de Grégoire XVI. Quant à celui qui s'avisait de conspirer contre son administration, sa faute était irrémissible, comme la punition en devenait éternelle. On pouvait avoir subi sa peine, on pouvait avoir donné des signes non équivoques de repentir : tout était inutile; le coupable libéré était toujours regardé comme un être dandereux. Un péché originel d'une nouvelle espèce faisait du pauvre condamné un paria politique incapable pour jamais de réhabilitation.

« Un ministre, ancien moine aussi, secondait puissamment dans son œuvre le cénobite couronné : c'était le cardinal *Lambruchini*. Il s'était trouvé à Paris, en 1830, en qualité de nonce apostolique, et il avait assisté aux glorieuses journées. Ce spectacle avait produit sur l'âme du diplomate une profonde impression, et, dès ce moment, il voua une haine violente à tout ce qui était libéral, à tout ce qui était français. Il avait pour les affaires une aptitude qui lui valut d'être considéré par l'illustre *Rossi* comme une des plus fortes têtes politiques de l'époque. Grégoire XVI et son ministre arrivaient à la même conduite par deux sentiments différents. L'un avait la conviction raisonnée que le catholicisme est et doit être l'ennemi systématique de toute liberté; l'autre puisait dans sa frayeur les raisons justificatives de cette opinion. L'un craignait la vengeance de Dieu, l'autre celle du peuple.

« Cependant la jeunesse romaine, plongée dans une léthargie obligatoire pour ainsi dire, perdait le sentiment des nobles instincts et se laissait fatalement entraîner par les habitudes d'une vie molle et oisive. La galanterie, la bonne chère, le théâtre, absorbaient l'esprit de toute la population. Quant à ceux qui s'occupaient sérieusement, je ne dirai pas de science politique, mais seulement d'art et de littérature, ils étaient fort rares. Le café *Novo*, au *Corso*, était le rendez-vous habituel de toute la jeunesse libérale de la capitale. Cette espèce de club était très-surveillé, le moindre propos était rapporté à *monsignor* le gouverneur, et lorsque le mot incriminé était sorti de la bouche d'une personne connue pour sa résolution, la police prenait immédiatement ses dispositions pour empêcher d'agir le patriote si prompt à parler. La jeunesse romaine savait d'ailleurs quelle surveillance pesait sur elle et prenait souvent l'ennemi dans ses propres piéges. Je me rappelle à ce sujet une anecdote assez plaisante. Nous étions un jour réunis en un petit cercle autour de la même table, causant politique, histoire et littérature dans l'une des salles du café *Novo*. Nous remarquâmes dans l'embrasure d'une fenêtre une figure suspecte qui nous observait. L'un de nous, garçon d'esprit, dit à voix basse : « Je « vais vous en débarrasser ! » Il se lève, fait semblant de chercher un journal, tourne à droite, à gauche, et finit en dernier lieu par aller s'asseoir à côté de l'indiscret personnage. « Laissez-moi faire, lui dit-il à l'oreille, je « les tiens tous, ces jeunes écervelés ; mais l'un de nous « est de trop ici, l'on commence à nous remarquer. « Laissez-moi seul : je réponds de la situation. » L'honnête *policeman* s'exécute et bat en retraite. Un hourra d'applaudissements accueillit, après sa sortie, la présence d'esprit de notre camarade.

« Au milieu d'une existence aussi irrégulière, c'était avec une fougue désordonnée qu'on se livrait aux intrigues amoureuses. Jusque-là je n'avais point aimé ; quelques liaisons d'étudiant avaient un instant occupé mon attention sans laisser de traces durables. »

[Ici, disait le manuscrit, se trouve un épisode d'amour d'un assez grand intérêt véridique ou romanesque. Nous le laisserons à part, néanmoins, comme étranger aux choses que nous nous sommes proposé de vous faire connaître].

IV

Après avoir eu le bonheur de voir son amour partagé, et ses intentions agréées par la famille de Séraphine (c'est le nom de sa bien-aimée), le héros de notre histoire continue ainsi :

« Cependant l'exaltation de mes idées politiques se ressentit de l'exaltation de mon amour. Je commis une foule d'imprudences qui me signalèrent de plus en plus aux yeux de la police.

« Entraîné par mes amis, je continuai à fréquenter assidûment les théâtres. J'assistai ainsi aux débuts de madame Ristori, dont la renommée ne devait traverser les Alpes que beaucoup plus tard. Je ne manquai jamais de prendre part à une solennité musicale ou dramatique. Un soir je me rendis, en compagnie de mes inséparables camarades d'étude et de plaisir, au théâtre *Valle*, où *Fabri* devait déclamer quelques poésies classiques, entre autres le chant du Dante sur le comte *Ugolin*.

« Tout le parterre lui prêtait la plus grande attention, bien que chacun sût par cœur les vers que *Fabri* récitait. Quand l'artiste arriva au passage où il est question de l'archevêque *Roger*, que l'immortel *Gibelin* a voué aux peines de l'enfer, je m'aperçus que la censure avait supprimé le mot *arcivescovo* (archevêque) dans ces vers :

E questi è l'arcivescovo Ruggeri,

et que l'on disait à la scène :

E questi è l'Ubaldin (1) *Ruggeri.*

« Irrité d'une pareille mutilation et d'une profanation qui me paraissait sacrilége, je me levai, et de ma stalle je criai à l'acteur de toute la force de mes poumons :

E questi è l'arcivescovo Ruggeri ;

j'appuyai à dessein sur le mot *arcivescovo*.

(1) Ubaldini était le nom de la famille de l'archevêque.

« Tout le parterre alors se leva et applaudit avec frénésie à mon audace, en répétant le vers de Dante dans sa véritable leçon.

« Le scandale fut au comble. Pendant qu'on me faisait une espèce d'ovation et que la représentation était suspendue, la police intervint. Je fus arrêté, mais on me relâcha immédiatement après m'avoir demandé mon nom et mes prénoms.

« Je me rendis sans tarder chez Séraphine. Elle avait déjà entendu parler de mon équipée et m'accueillit toute tremblante. Elle désapprouva hautement ma conduite et me supplia, les larmes aux yeux, d'être à l'avenir plus prudent. Je le lui promis, sans savoir si j'aurais la force de lui tenir parole.

« Contrairement à mes appréhensions, la police ne me rechercha point. Une pareille conduite s'accordait parfaitement avec un système alors adopté, qui consistait à allonger la bride autant que possible aux jeunes gens qui se mêlaient de politique, afin que, enhardis par une impunité qui ressemblait à une certaine liberté, ils ne craignissent point de se compromettre de plus en plus, de manière à donner aux inquisiteurs la certitude de les frapper plus sûrement.

« Cet incident, qui avait sa cause dans les susceptibilités de la censure romaine, m'engage à dire un mot de la surveillance exercée par le gouvernement clérical sur les productions de l'esprit.

« La liberté de la presse n'existe pas à Rome, on le sait, et si par malheur on a besoin de recourir à la publicité, il n'est sorte de vexations et de difficultés qu'il faille braver pour obtenir de l'autorité un malheureux *imprimatur*.

« Les ouvrages, même les plus inoffensifs, dont on permet d'ailleurs la circulation et l'impression dans les autres villes des États romains, sont impitoyablement refusés par la censure, si on demande à les faire paraître avec la date de Rome ; aussi n'est-il pas rare de voir des articles publiés avec *avec approbation* à *Bologne*, à *Ferrare*, à *Ancône*, à *Ravenne* (1), et qu'on veut ensuite reproduire à Rome, être encore assujettis à une nouvelle *castration* (c'est le mot employé) ; de telle sorte qu'on trouve dans le même gouvernement deux poids et deux mesures, une censure de la censure.

« La surveillance exercée sur le théâtre est encore plus sévère. L'impression même de la partie musicale est soumise à la censure, et pour faire jouer un simple *libretto* d'opéra, il faut subir trois contrôles, deux ensuite pour le faire imprimer, en tout cinq contrôles successifs. Malgré ces rigueurs, la circulation et le commerce des livres défendus se continuent à Rome sur une assez grande échelle. La police ferme les yeux sur les ouvrages importés du dehors, surtout lorsqu'ils sont écrits dans une langue étrangère. Il n'est pas rare de voir vendre aux enchères publiques, et toujours sous la surveillance du gouvernement, les ouvrages les plus antireligieux et les plus obscènes.

« Cette apparente contradiction s'explique : le gouvernement ne pourrait empêcher qu'avec d'immenses difficultés l'introduction des livres étrangers. Quant à la censure, dont il se sert si bien à l'intérieur, elle ne se comprend pas moins : un livre publié dans la capitale

(1) Depuis que cet article a été écrit ces villes ont cessé d'appartenir aux États de l'Église.

du catholicisme, avec l'approbation du souverain ecclésiastique ou de son représentant, est à quelques égards une publication officielle. Or tout ce qui émane d'une institution qui a pour devise : « Hors de moi point de salut, hors de moi point de vérité, » doit être irréprochable.

« Après l'incident du théâtre Valle, je fus plus prudent et plus réservé ; mais ma sagesse fut de courte durée.

« Trop faible pour résister aux séductions de mes amis, trop amoureux pour m'occuper d'études sérieuses, je retombai dans mes premières folies. Un jeune étudiant corse nous apprit *la Marseillaise* (la connaissance de la langue française est générale en Italie parmi la jeunesse des écoles), et presque tous les soirs, après le spectacle, nous commettions l'étourderie d'aller la chanter en chœur sous les fenêtres des cardinaux. Soit qu'on ne nous ait pas entendus, soit qu'on ne nous ait pas compris, notre bravade, quoique répétée, passa d'abord inaperçue.

« Mon mariage avec Séraphine devait se célébrer aussitôt que j'aurais terminé mes études et que j'aurais été reçu avocat. Étudiant de quatrième année (à Rome, on n'est admis au barreau qu'après avoir été reçu docteur), je touchais à l'époque fixée pour mes examens ; je me mis résolûment au travail et, grâce à des conférences que nous avions organisées entre jeunes étudiants, je fus bientôt en mesure d'affronter la redoutable épreuve. Mon ami Raphaël m'aida puissamment de ses conseils et de ses lumières ; bref, je fus reçu docteur *in utroque jure*.

« Mes désirs allaient donc se réaliser, et l'idée d'unir

mon sort à celui de Séraphine me rendait fou de bonheur.

« On commença les préparatifs des fiançailles. Séraphine voulut se recueillir et me défendit d'aller la voir pendant quelques jours ; bien qu'exempte de bigotisme, elle voulait puiser dans la religion la force et les vertus nécessaires à son changement d'état. Cette séparation momentanée, à laquelle je me prêtai un peu à regret, devait malheureusement se prolonger au delà de toutes mes prévisions.

« Pendant que Séraphine s'était retirée au couvent de Saint-Silvestre *in Capite*, chez une de ses parentes, un soir, en rentrant chez moi, je fus arrêté dans le corridor de ma maison par deux sbires déguisés qui, à la lueur d'une lanterne sourde, me donnèrent à lire un ordre de l'assesseur du gouvernement. Cet ordre leur enjoignait de s'emparer de ma personne et de me déposer à la prison du palais Madame. Plusieurs autres agents survinrent et m'entourèrent de manière à rendre toute résistance impossible. Une sueur froide vint baigner mon front, une pensée violente et terrible m'étreignit le cœur ; en un moment, je vis passer devant mes yeux toute l'amertume, tous les regrets, toutes les douloureuses péripéties que me réservait un avenir fatalement inévitable. Je tâchai cependant de rester calme. Suivi par mes deux sbires, je me dirigeai vers la place Saint-Apollinaire, je traversai le cirque *agonal*, et en deux minutes je me rendis au palais du gouvernement.

« J'y étais attendu ; car je fus reçu par d'autres agents supérieurs, qui me conduisirent dans une petite cellule donnant sur la seconde cour du palais et presque en face de l'hôtel de l'Ambassade russe. J'y trouvai un lit de camp, une table, deux chaises et l'*Imitation de Jésus-Christ*. On me demanda si j'avais besoin de quelque chose; sur ma réponse négative, on ferma la porte et on me laissa seul avec moi-même, c'est-à-dire seul avec les tourments et les tristes fantômes qui tiennent surtout compagnie à un pauvre prisonnier la première nuit de sa détention.

V

« Mes amis, ma famille et Séraphine restèrent une semaine sans entendre parler de moi, à ce point qu'on commençait à pleurer ma mort. Le gouvernement se décida enfin à rompre le silence et à avouer ma détention pour cause politique. Je languis environ vingt jours dans cette espèce de cachot où l'on m'avait jeté d'abord. Il n'est pas de tortures comparables à celles que j'endurai au palais Madame. Mal nourri, mal couché, sans feu au cœur de l'hiver, sans lumière la nuit, sans livres, j'étais en outre mis au secret le plus absolu; mais la douleur physique n'était rien en comparaison de la douleur morale. Je me reprochais amèrement les imprudences qui m'avaient conduit là; je maudissais le passé, je redoutais l'avenir.

« Après plusieurs mois d'attente, mon procès commença. Tout le monde sait qu'à Rome les instructions durent un temps infini; mais comme, dans la prévention qui pesait sur moi (affiliation à une société secrète), j'avouais tout, sauf le nom de mes complices, et que je reconnaissais avoir appartenu *à la Jeune Italie*, mon affaire marcha assez vite.

« Il me fallut subir néanmoins d'interminables interrogatoires. Le juge d'instruction (*giudice processante*) était un homme de cinquante à soixante ans, d'une stature et d'une corpulence assez développées. Il portait un costume qui tenait le milieu entre celui de prêtre et celui de maître d'école ; cependant je ne pourrais le décrire au complet, n'ayant jamais vu l'individu qui en était affublé qu'assis *pro tribunali* et caché derrière un énorme pupitre. La tête seule était tout à fait en évidence, et avec raison, car c'était le morceau vraiment *capital* de sa digne personne. Sa physionomie assez replète, mais allongée, se terminait brusquement en un menton très-pointu ; les mâchoires étaient taillées à angles vifs, les pommettes saillantes, le nez illustré d'une magnifique verrue ; tout le reste du visage, à la fois rouge et vert, bilieux et sanguin, décelait un caractère très-porté à l'irritation. Une perruque rouge dansait sur son crâne dénudé, luisant, raboteux. La surprise redoublait lorsque l'honnête magistrat ouvrait sa grande bouche édentée pour interroger le prévenu. Ses énormes mâchoires, fonctionnant comme si elles eussent appartenu à un squelette ou à un automate, semblaient mues par des ressorts. Sa voix avait de plus l'art de parcourir, en prononçant un seul mot, tous les tons de l'échelle musicale. Il commençait en fausset et terminait en serpent de cathédrale.

« Tel était l'être à la fois étrange et comique auquel j'avais périodiquement affaire deux fois par semaine ; et comme je ne pouvais m'empêcher de sourire aux interpellations absurdes qu'il m'adressait, souvent mon inquisiteur devenait plus terrible et plus acharné dans ses poursuites, et plusieurs fois même il fit constater dans ses informes procès-verbaux mes ricanements séditieux. Pendant toute la durée de la procédure, je fus rigoureusement tenu au secret ; mais il m'était permis de correspondre avec mes amis et avec ma famille ; seulement mes lettres passaient sous les yeux du gouverneur. La pensée de Séraphine me tuait, et j'étais en même temps heureux et désolé d'apprendre qu'elle était inébranlablement résolue à me rester fidèle. Ce sacrifice me plongeait dans une sorte de désespoir mêlé d'admiration qui ne manquait pas de charmes.

« Ma condamnation, une condamnation terrible, me fut signifiée, et j'en demeurai comme foudroyé. Dix années de réclusion dans une forteresse ! C'était pour moi la mort précédée d'un long martyre. Toute ma famille fut consternée ; Séraphine tomba malade et faillit mourir. Une crainte affreuse me tourmentait, c'était d'être enfermé loin de Rome, dans le château d'Ancône ou de Civita Castellana. Je suppliai, je pétitionnai, mes amis firent intervenir des personnages puissants ; enfin j'obtins comme une très-grande faveur l'autorisation de subir ma peine à Rome même et dans le château Saint-Ange.

VI

« Le château Saint-Ange est situé sur la rive gauche du Tibre, devant l'un des plus beaux ponts en marbre de la ville. On sait qu'il fut élevé en l'honneur d'Adrien, et qu'il lui servit de tombeau ; aussi l'appelle-t-on encore le môle d'Adrien (*moles Adriana*). L'édifice avait la forme d'une pyramide ronde; il était entouré d'un immense pourtour composé de colonnes et de statues qui se succédaient alternativement. Le sommet était surmonté par une énorme pomme de pin en bronze que l'on conserve aujourd'hui au musée du Vatican, et dans laquelle, dit-on, étaient enfermées les cendrés d'Adrien. Au moyen âge, les papes changèrent peu à peu la disposition de ce mausolée. On le dépouilla de ses colonnes, on prit le bronze de ses chapiteaux pour en faire des canons. Quant aux statues, les Romains s'en étaient servis, lors du siége d'Alaric, comme de projectiles contre les Barbares. Après l'invention de la poudre, on compléta les fortifications du môle d'Adrien. Des remparts furent élevés et garnis de leurs pièces, des fossés creusés, des ponts-levis établis; la plaine adjacente, qui s'étend à l'ouest derrière la forteresse, fut entourée d'une ceinture continue.

« Le nom de plusieurs papes est attaché au souvenir du château Saint-Ange. Jean II y fut enfermé, et il y mourut; Benoît VI y fut étranglé; Jean XIV y mourut de faim; Grégoire VII s'y réfugia, poursuivi et assiégé par Henri IV; Alexandre VI y chercha son salut. Enfin Clément VII s'y cacha lors du sac du connétable de Bourbon, et il s'en échappa à l'aide d'un déguisement que lui fournit Benvenuto Cellini.

« D'autres personnages ont donné une importance historique à ce sombre château. Crescence, le prédécesseur de Rienzi, y fut pendu; Arnaud de Brescia y fut emprisonné; César Borgia y subit une longue détention; Charles de Bourbon fut tué devant ses murs par un coup de fusil parti du clocher de San-Spirito; Christine, reine de Suède, y braqua ses canons contre la *villa Medici*, aujourd'hui l'*Académie française des beaux-arts;* Michel-Ange y tira le premier feu d'artifice connu; enfin il a servi de prison au célèbre Cagliostro.

« Un corridor secret, œuvre des Borgia, réunit le château Saint-Ange aux appartements qui sont situés au Vatican.

« Au commencement du printemps, je fus transféré à ma nouvelle prison, dans cet ancien tombeau qui devait à son tour enterrer dix années de ma vie; j'avais à peine vingt-cinq ans! Je demandai, en y entrant, la permission d'écrire à ma famille, à mes amis, à celle surtout dont j'étais séparé d'une manière si cruelle. Le *castellano*, le gouverneur du château, m'accorda cette permission, à la condition que ma correspondance serait soumise à son contrôle. J'acceptai, et je commençai à écrire d'interminables lettres à tout le monde.

« Installé d'abord dans une cellule humide et triste, on me donna bientôt une chambre plus convenable. Les amis de ma famille m'avaient déjà fait recommander au gouverneur et aux principaux employés de l'établissement (1). Ma jeunesse, ma position, la douceur de mes manières, ne manquèrent pas d'ailleurs de m'attirer la sympathie de tous. Je me hâte de le dire, ma détention au château Saint-Ange n'avait rien de commun avec les horreurs du Spielberg, que tout le monde connaît d'après les révélations de Silvio Pellico. J'étais traité avec quel-

(1) La population du château Saint-Ange peut s'élever à deux mille personnes ; outre les condamnés de toute catégorie, le gouverneur, plusieurs employés civils et une assez nombreuse garnison résident dans cette forteresse.

ques égards, souvent avec une certaine bienveillance. Au bout de quelques mois, je commençai à m'habituer à mon nouveau régime de vie. J'avais réglé mes occupations : la lecture, l'étude, la promenade, ma correspondance, quelquefois les entretiens avec mes codétenus, remplissaient les heures de la journée. La promenade, surtout, avait pour moi des charmes tout particuliers, grâce au magnifique panorama qui se déroule devant le château Saint-Ange. Du sommet, où se trouve une espèce de plate-forme, on découvre toute la ville, coupée en deux par le Tibre : à droite, le Vatican; en face et à gauche le Colisée, le Panthéon, le Capitole; enfin, derrière la ville, toute la campagne romaine, Tivoli, Frascati, les Apennins, et ces mille paysages si artistement perchés sur la cime ou si coquettement nichés dans les flancs des collines suburbaines. Les jours de grandes solennités religieuses, j'échangeais volontiers ma chambre contre une des cellules pratiquées tout au sommet de la forteresse, près d'une chapelle appelée du nom significatif de *Sanctus Michael inter nubes*. J'étais là comme le démon sous les pieds de l'ange. Je ne me lassais pas de contempler la foule bigarrée qui se promenait sous les murs du château, et j'éprouvais une sorte de joie mélancolique à comparer ce mouvement lointain avec le calme profond de ma retraite aérienne.

« Malgré ces moments de distraction, j'étais accablé par l'ennui et le désespoir. Je ne pouvais me consoler d'être séparé de Séraphine; je ne savais à quel expédient recourir pour la voir. Voici ce qui fut imaginé : j'avais à Rome une tante dont la fille était à peu près de la taille de Séraphine. Mon père, s'autorisant de leur

16.

titre de parentes, demanda à venir me voir avec elles, ce qui fut autorisé non sans beaucoup de difficultés. Néanmoins plusieurs visites semblables se succédèrent, et, grâce à quelques protections, ma tante et ma cousine obtinrent d'avoir une entrevue avec moi tous les quinze jours. On devine le reste; Séraphine remplaça ma cousine, et de la sorte, deux fois par mois, je pouvais passer quelques instants en compagnie de ma tante et de ma fiancée. Peu à peu les employés du château s'habituèrent à la présence de ces deux femmes. Le gouverneur m'accorda même la permission de me faire accompagner par elles à la chapelle du château, où elles eurent des places réservées.

« Notre mutuelle passion redoubla d'ardeur; mais, malgré la violence de mon enivrement, nos entretiens restèrent toujours chastes. Une fois seulement, profitant de l'absence momentanée de ma tante, j'embrassai Séraphine avant qu'elle pût s'y opposer. Le lendemain, je reçus d'elle une lettre où elle me disait : « Charles, tu « as voulu être vainqueur ! tu as poussé avec violence « tes lèvres contre mes lèvres, tu as abusé de ta force « et de ma faiblesse... Maintenant, si par malheur je « ne devais pas être à toi, si le destin nous séparait en- « core et pour toujours, tu m'aurais tuée toi-même, tu « m'aurais livrée vivante à la mort. Ta haine alors au- « rait mieux valu pour moi que ton amour ! » A partir de ce moment, je ne me permis plus avec Séraphine la moindre familiarité.

« En attendant, notre jeunesse se passait, mais si je tombais parfois dans l'abattement, il n'en était pas de même de ma courageuse fiancée. Sa résolution grandissait avec les obstacles. Tout ce qu'elle fit pour obtenir on élargissement ne saurait se raconter. Forte de sa vertu et de la sainteté de sa cause, malgré l'opposition même de plusieurs de ses parents, elle osa se présenter devant mes juges, devant le gouverneur et les autorités de Rome. Elle se jeta aux pieds du cardinal secrétaire d'État, voulant à tout prix obtenir une grâce pour laquelle j'avais déclaré que je ne ferais point la moindre démarche. Partout où elle se présentait, sa jeunesse et sa beauté attiraient l'attention. Son nom, une fois prononcé, lui conciliait le respect et l'estime des personnes auxquelles elle s'adressait. Elle n'obtint pourtant que quelques promesses insignifiantes qui n'eurent aucun effet. Elle voulut alors arriver directement au pape et obtenir une audience de lui, mais sa demande fut rejetée. Trois années se passèrent en inutiles efforts que Séraphine me cacha pour ne pas me décourager.

« J'avais pour voisin de cellule le faussaire le plus habile peut-être qui ait jamais existé. Homme instruit, intelligent, laborieux et patient. Alberti avait toutes les bonnes qualités de sa mauvaise profession. Depuis longues années qu'il faisait le métier de faussaire, il avait réalisé des sommes considérables au moyen de prétendus manuscrits rares qu'il vendait surtout aux étrangers. Il avait étudié dans les bibliothèques publiques et dans les *fac-simile* les différents genres d'écriture propres aux grands hommes de la littérature italienne, notamment Dante, Pétrarque, le Tasse, et lorsqu'il était arrivé à posséder parfaitement la physionomie particulière que présentent les autographes de ces grands écrivains, il s'appliquait à les transcrire, et les donnait ensuite comme des copies faites par eux-mêmes, puis retrouvées par lui dans une vente aux enchères ou chez un bouquiniste. Cette première tentative, couronnée de succès, encouragea Alberti. Il alla plus loin : il voulut imiter le style de quelques auteurs célèbres, surtout de Pétrarque et du Tasse. Dans cette pensée, il se procura les anciennes éditions de quelques classiques latins, et il y ajouta des notes marginales qu'il donna comme écrites de la main même de Pétrarque. Il parvint aussi, à force d'études et grâce à une incontestable capacité, à contrefaire la prose du Tasse. Ce n'était pas seulement la forme qu'il avait réussi à imiter, c'étaient les sentiments, les pensées, les fautes, et jusqu'à certains néologismes, qu'il avait admirablement saisis. Il inventa de la sorte toute une correspondance amoureuse entre Éléonore d'Este et son malheureux adorateur. Il composa en outre des sonnets et des poésies, entre autres une ode au fameux bandit Sciarra, qui avait sauvé la vie au Tasse. L'habile faussaire parvint, à l'aide de ces manuscrits apocryphes, à tromper les savants les plus distingués de l'Italie. Il fut enfin compromis par un malheureux *Silius Italicus*, écrit à la main, qu'il avait donné comme ayant appartenu à Pétrarque et comme portant des notes marginales du poëte. L'idée de ce faux était très-ingénieuse. On sait que Pétrarque a traité, dans son beau poëme latin *De Africa*, des deux premières guerres Puniques, et que Silius Italicus a de son côté chanté la deuxième guerre de Carthage. Or, en partant d'un pareil fait, on pouvait aisément présumer que le poëte italien avait commenté, sinon copié, celui qui, avant lui, avait traité le même sujet. Ce calcul n'eût pas manqué de réussir, s'il n'eût renfermé une erreur de quelques années. En effet, le poëte espagnol ne fut retrouvé que quelque temps après la mort de Pétrarque, en 1414, par Poggio Paocciolini; donc il n'avait pu être illustré de notes par son prétendu commentateur. La fraude fut découverte, et le procès d'Alberti aboutit, comme le mien, à dix années de réclusion.

« Alberti était un homme d'un commerce très-agréable. Sa conversation variée, ses manières distinguées, son imagination très-vive, son caractère prévenant, me furent d'un grand secours. L'imitation était chez lui passée à l'état d'idée fixe, et elle se traduisit d'une manière curieuse dans les rapports qui existèrent entre nous. Je lui avais fait part de presque tous mes secrets; il parvint de la sorte à me tromper plusieurs fois, mais toujours dans des choses bien innocentes, en fabriquant des lettres au nom de mes parents, de mes amis, et même de Séraphine. Il me proposa un jour tout un plan de fausses pièces, au moyen desquelles nous aurions pu nous sauver, car, depuis l'ordre de sortie jusqu'au passe-port, tout lui paraissait facile à contrefaire. Il reproduisait surtout avec une exactitude incroyable les cachets et les sceaux des administrations. Un compas, quelques crayons, de l'encre et une plume lui suffisaient pour exercer son habileté.

« Deux autres personnages assez mystérieux étaient aussi détenus au château Saint-Ange. L'un d'eux, que je ne puis nommer, appartenait à une famille princière et se trouvait emprisonné pour un motif que je n'ai jamais bien connu. L'autre était l'abbé Dominique Abbo. de Gênes, dont le procès fit tant de bruit en Italie.

VII

« Cependant ma santé s'altérait gravement; l'ennui, le chagrin, une sorte de nostalgie s'étaient emparés de moi. La pensée d'avoir compromis l'avenir de Séraphine me poursuivait avec une persistance qui jetait parfois quelque trouble dans mon esprit. Je pris alors une douloureuse détermination; je voulus sacrifier mon bonheur à celui de ma fiancée. Je lui écrivis pour la supplier de renoncer à moi et de porter ailleurs son affection. Sa fortune, sa beauté, ses vertus lui garantissaient un établissement convenable, tandis qu'en s'obstinant à partager mon sort, elle n'épouserait, au bout de quelques années, qu'un malheureux brisé par les souffrances et incapable de lui assurer le bonheur dont elle était digne. Séraphine m'envoya pour toute réponse une courte lettre dans laquelle, après d'amers reproches, elle disait qu'elle ne consentirait jamais à m'abandonner, et que, si je venais à lui manquer, elle se retirerait dans un couvent.

« Le geôlier qui était spécialement chargé de notre surveillance se laissait facilement émouvoir par les doux sons de ce métal dont parle le Figaro de Rossini. Sa physionomie et son costume, d'une bouffonne originalité, ne s'effaceront jamais de ma mémoire. Petit, trapu, bossu, il se coiffait d'un béret en velours noir toujours sur le côté. Il portait une blouse à grandes raies verticales rouges et vertes. Son pantalon collant aboutissait aux tiges de ses bottes dans lesquelles il s'engagait. Ce bizarre accoutrement n'était rien en comparaison de l'expression particulière de son visage gravé de petite vérole. Sa bouche de requin, son nez à bec de perroquet, ses favoris *noir-brigand ;* tout contribuait à lui donner une expression étrange; et certes, avec ses yeux de poisson cuit, sa physionomie d'éponge molle et son costume de valet de pique, il ressemblait plutôt à une caricature tracée par quelque peintre fantaisiste qu'à un être réel. C'est de cet homme qu'il s'agissait d'obtenir, moyennant finance, quelques heures de liberté par mois ou par semaine. Je savais qu'à ses risques et périls, mais à beaux deniers comptants, il avait accordé à un autre détenu la faveur que je réclamais. Je lui en fis donc la proposition. Repoussé d'abord, je finis peu à peu par me faire entendre. Je hasardai un chiffre, mais le rusé compère faisait la sourde oreille. Enfin, grâce à mes économies, aux sacrifices de ma famille et à la générosité de Séraphine, je pus amasser une somme assez ronde et traiter avec mon geôlier. Deux fois par mois, il me fut permis de sortir du château le soir par une porte dérobée, à la faveur d'un déguisement. Mon absence ne pouvait durer plus de quatre ou cinq heures, et je m'engageai sur parole à ne pas dépasser cette limite.

« Tout était convenu, lorsqu'au moment de la mise à exécution, Grégoire s'avisa de m'imposer une nouvelle et très-onéreuse condition. Il voulut absolument un otage qui lui répondît de ma personne. Mon ami Giulio s'offrit généreusement, et la substitution eut lieu. Le geôlier, gorgé d'or et complétement rassuré, se montra de bonne composition pour le reste.

« L'idée que j'allais jouir d'un peu de liberté me rendit le calme et presque la santé. Le mois de mai venait de commencer. Le soleil souriait à plein ciel. L'aubépine la violette et le chèvrefeuille embaumaient les prairies qui entouraient le château. Il y avait en l'air ce je ne sais quoi d'animé, cette espèce de parfum tiède et capiteux qui enivre la tête et le cœur. Le moment désiré arriva enfin; les portes me furent ouvertes. Je me tâtais à deux mains, je me mettais à courir, j'aspirais l'air, puis je m'arrêtais, je respirais, je courais encore, au hasard, sans direction, pour me convaincre que l'état où je me trouvais n'était pas un rêve. Le souvenir de Séraphine me revint tout à coup. Je tressaillis à la pensée que j'allais la revoir et causer avec elle de notre amour. Quand j'arrivai, nous nous jetâmes dans les bras l'un de l'autre, et dans cette étreinte fiévreuse, dans ce trouble de deux cœurs inassouvis, nous ne pûmes contenir nos larmes!

« Je rentrai néanmoins à l'heure convenue. Bientôt, grâce à mon extrême exactitude, Grégoire consentit à m'accorder quelques sorties extraordinaires, et de la sorte je passais la nuit dehors deux fois par semaine. Enfin le concierge se décida à me laisser la clef de la porte dérobée par laquelle je sortais. J'avais soin cependant de rentrer exactement avant le lever du jour.

« Une nuit, lorsqu'après avoir évité les trois ou quatre sentinelles qui se trouvaient sur mon chemin, je me disposais à regagner ma cellule, je vins à passer auprès d'une porte que je savais s'ouvrir dans le corridor qui réunit le château Saint-Ange au Vatican. Cette porte n'était pas fermée; je la poussai légèrement, elle céda. La curiosité me fit aller plus loin ; je m'avançai, décidé à m'assurer si, comme on le disait, le corridor, au moyen d'une porte masquée, aboutissait à la chambre à coucher du pape. A peine avais-je fait une centaine de pas, que j'entendis derrière moi un léger bruit, puis un grincement de gonds et de verrous. Je me retournai et vis une lumière se rapprocher de moi. Ne sachant que penser de cette apparition, je hâtai le pas et je continuai à marcher rapidement dans l'ombre. A l'aide d'un faible rayon de lune qui pénétrait entre le toit et le mur, je remarquai au milieu du corridor une vaste guérite formant saillie sur l'enceinte extérieure. Je m'y cachai. Une minute après, je vis passer un homme portant une lanterne, puis un autre enveloppé dans un vaste manteau. Un rayon de lune les éclaira. Je les reconnus : c'était le pape précédé de son valet de confiance, Gaetanino ! Mon juge, mon persécuteur était en ma présence et presque en mon pouvoir. Je dus faire un effort surhumain pour rester maître de moi ; mais cet effort et la violence de mon émotion amenèrent bientôt une douloureuse réaction. Je tombai évanoui par terre, et ce fut la fraîcheur du matin qui me fit reprendre connaissance. Il était temps de regagner ma cellule; heureusement l'entrée du corridor n'était fermée que de mon côté, au moyen de deux verrous et d'une barre de fer, de sorte que je pus facilement ouvrir la porte. Giulio était inquiet de mon retard, mais le gardien ne s'en était pas aperçu. Je serrai la main à mon ami, qui se hâta de me quitter.

« La rencontre que j'avais faite du souverain pontife à une telle heure et dans un tel lieu était due au procès de l'abbé Dominique Abbo, procès qui s'instruisait au château Saint-Ange. L'interrogatoire du prévenu avait lieu la nuit, et c'est pour y assister secrètement que Grégoire XVI se rendait quelquefois du Vatican au château en passant par le corridor où je le rencontrai.

Déclaré coupable d'assassinat, Dominique Abbo fut condamné peu de jours après à la peine capitale et exécuté dans le château même.

VIII

« Un dimanche, ma tante et Séraphine s'étaient rendues dans la chapelle de la forteresse. La plupart des employés et des détenus s'y trouvaient réunis. Au moment où, vers la fin de la messe, le célébrant se tournait vers les assistants pour les bénir, je quittai ma place, et, donnant la main à Séraphine, j'allai avec elle m'agenouiller sur les marches du maître-autel. Là, à haute voix, je prononçai les paroles suivantes : « Monsieur le curé, celle-ci est ma femme. » Séraphine dit à son tour : « Monsieur le curé, celui-ci est mon mari. » Je me levai alors, et, me tournant vers le public, je repris : « Messieurs, soyez témoins de notre union légitimement et publiquement contractée. »

« Tout le monde a lu dans *les Fiancés* de Manzoni un projet de mariage semblablement tenté par Renzo et Lucia, mais qui manqua par suite des frayeurs de don Abbondio. On croit peut-être que cette manière d'entendre le septième sacrement est une invention de romancier, et qu'en réalité ces unions par surprise ne sont guère tolérées en Italie. Qu'on se détrompe. A Rome surtout, où le contrat civil n'existe pas, où l'on soutient la doctrine *probable* (pour me servir de l'expression des casuistes) que dans le mariage ce sont les contractants eux-mêmes qui sont les seuls ministres, et que le curé ne doit intervenir que pour donner la bénédiction nuptiale; à Rome, dis-je, les mariages clandestins sont assez communs : seulement les époux encourent l'excommunication *latæ sententiæ*, mais leur union n'en est pas moins légitime.

« Une confusion inexprimable succéda à l'étonnement causé d'abord par notre conduite. L'officier de service, furieux, envoya sur-le-champ auprès de moi un gardien pour me surveiller et pour s'emparer de ma personne.

« Invitée à se rendre auprès du gouverneur, Séraphine tint courageusement tête à ses menaces et à ses reproches. L'attitude de la jeune femme qui donnait un si noble exemple de constance et de dévouement produisit une heureuse impression sur l'esprit de quelques hauts fonctionnaires du gouvernement. Le pape même s'en émut. Notre aventure du château Saint-Ange et les démarches de Séraphine commencèrent à se répandre dans le public. Toute la ville se passionna pour la jeune héroïne de ce roman, qui avait commencé dans la chapelle d'une prison et qui se continuait dans le palais des membres du Sacré-Collége. La jeunesse surtout se préoccupa beaucoup de cette affaire. On ne parlait plus dans les salons de Rome que de notre mariage. On fit des sonnets en l'honneur de Séraphine, et partout où elle se présentait elle était accueillie avec des marques d'admiration et de respect.

« Cependant la police finit par s'alarmer de tout ce bruit. On fit croire au gouverneur de la citadelle que les étudiants voulaient m'enlever à main armée, et je fus mis plus rigoureusement au secret. On doubla les postes, on consigna la garnison, on fit des arrestations, tandis que moi, enfermé dans ma cellule, j'ignorais complètement ce qui se passait. Ma santé se ressentit de ce redoublement de sévérité. Je commençai à cracher le sang, et, après force supplications, j'obtins d'être transféré à l'infirmerie.

« Le clergé et les ordres religieux, de leur côté, prirent part au débat, mais seulement au point de vue canonique. Les avis étaient partagés; tous convenaient cependant que c'était un nouveau cas présentant des caractères particuliers. On s'accordait sur la validité du mariage, en en discutant seulement les conséquences probables. Un dernier et suprême effort restait à tenter : c'était d'aborder le pape lui-même et d'obtenir du souverain ce que ses représentants refusaient avec tant d'obstination. Grégoire XVI, d'ailleurs, connaissait parfaitement notre situation. Séraphine, qui avant notre mariage avait déjà essuyé un refus formel, ne se découragea point : elle demanda une nouvelle audience au Saint-Père. Je dis *audience*, quoique le mot soit impropre ; le pape n'accorde jamais d'audience aux femmes; seulement, lorsqu'il consent à écouter leurs plaintes, ce qui est extrêmement rare, il se laisse aborder, à l'heure de la promenade, dans les jardins du Vatican ou du Quirinal. C'est donc une rencontre en quelque sorte fortuite plutôt qu'une réception convenue.

« On s'adressa à des protecteurs haut placés pour tâcher d'obtenir cette espèce d'entrevue en plein air. Le prince-cardinal Massimo, qui connaissait la famille de Séraphine, fut prié de prendre en main notre cause et de ménager à la jeune femme une occasion favorable. Il promit beaucoup, mais il nous fit perdre un temps précieux par d'interminables délais. Peut-être voulait-il montrer par ses éternelles lenteurs qu'il était bien le véritable descendant de Fabius Maximus le *Temporisateur*, dont il se prétendait issu en ligne directe. Les ancêtres de cet honorable prélat, pour mieux prouver leur origine séculaire, ont imaginé de se donner des armes parlantes : ce sont des empreintes de pas sur un champ azuré, simulant les nombreuses marches et contremarches du général romain qui, par ce moyen, avait lassé Annibal et sauvé sa patrie. Quoi qu'il en soit, Son Éminence se crut dispensée d'agir avec cette vigueur et cette célérité qui nous étaient indispensables, et nous dûmes renoncer à sa protection.

« Sur ces entrefaites, Grégoire XVI partit pour Castel-Gandolfo, sa résidence habituelle pendant l'automne. Un éclair d'espérance traversa l'esprit de mon infatigable solliciteuse. Sans perdre de temps, elle se rendit avec sa mère à Albano, petite ville située auprès de la résidence papale. Une fois installée près du château pontifical, Séraphine n'eut d'autre soin que d'étudier les habitudes du pape, et quand elle fut complétement fixée sur le plan à suivre, elle se mit en devoir de l'exécuter.

IX

« C'était par une belle soirée d'automne. Le pape avait parcouru dans la journée toutes les petites villas qui entourent sa résidence, et partout il avait reçu un accueil enthousiaste. A Albano, toutes les rues par lesquelles il devait passer avaient été jonchées de fleurs déposées avec l'art qui préside à une *infiorata*, comme on dit en

Italie. On se procure d'immenses quantités de fleurs de toute espèce, et on les effeuille dans de grands paniers, dont chacun reçoit sa couleur. A l'aide de quelques bandes de carton et de quelques cercles de bois, on forme dans les rues, sur la surface du pavé, une mosaïque de fleurs et de verdure, à laquelle on donne plusieurs centimètres d'épaisseur. On compose ainsi des arabesques de toutes sortes, des emblèmes au milieu desquels sont tracées les lettres initiales du nom du prince ou du souverain à qui on veut rendre hommage. Lorsque l'*infiorata* est faite, la circulation est momentanément interdite, et le pape et son cortége ont seuls le droit d'en déranger l'élégante symétrie. C'est ainsi qu'on venait de célébrer à Albano l'arrivée du pontife, accompagné de l'ex-roi de Portugal, don Miguel de Bragance.

« Le soir, le pape se promenait à pied dans la villa Barberini, située aux portes de Castel-Gandolfo; son cortége le suivait à une assez grande distance, comme il en avait donné l'ordre. Il marchait lentement dans une allée assez étroite, bordée de chaque côté par une charmille assez épaisse, que coupaient à intervalles réguliers des niches de verdure où se trouvaient des bancs et des statues. L'allée se terminait à un rond-point en forme de terrasse, décoré de vases et de fontaines, d'où l'on jouissait d'un magnifique panorama. Le pape venait d'arriver sur cette espèce de plate-forme, quand une femme habillée de noir, la tête couverte d'un long voile, se leva d'un banc de pierre où elle était assise et courut se jeter à ses pieds. Le vieillard interdit s'arrêta. Très-timide lui-même, il parut vouloir retourner sur ses pas. Séraphine, voyant que de cette rencontre dépendaient tout mon avenir et tout notre bonheur, rompit la première le silence, et le plus brièvement possible, mais avec une visible émotion, elle fit connaître l'objet de sa démarche et prononça mon nom. A cette révélation, le pontife devint blême de colère, et, tout en murmurant dans son dialecte vénitien quelques mots inintelligibles, par un brusque mouvement en arrière il tenta de se débarrasser de l'importune solliciteuse. Celle-ci écarta son voile et, tout en pleurant, elle serrait vivement le bout de l'étole du pontife. La situation était critique. La pauvre jeune femme, vaincue par tant d'émotions, s'évanouit. Grégoire XVI, effrayé, la soutint et la fit asseoir sur un banc. Tout à coup le cortége du pape se montra. La plate-forme de la villa Barberini offrit alors un curieux tableau. Le successeur de saint Pierre tenait entre ses bras une épouse vierge, au pied d'une statue de Jupiter, dont l'Église qui le reconnaissait pour chef avait abattu les autels, et sur les ruines d'une villa de Domitien dont il occupait le trône ! En ce moment le soleil couchant envoyait à travers les massifs un dernier rayon sur ce groupe étrange, et illuminait en même temps la vieillesse et la beauté, la personnification du célibat et l'héroïne de la fidélité conjugale ! Le silence solennel que gardaient les spectateurs de cette scène n'était interrompu que par les sanglots de la jeune femme, qui suppliait le souverain pontife, au nom de la religion dont il était le représentant, de lui rendre l'époux que cette religion lui ordonnait de suivre, d'aimer et de réclamer.

« Deux jours après cet événement, je fus mandé devant le gouverneur du château Saint-Ange. Il m'annonça d'abord que ma mise au secret était levée ; puis, après un long préambule sur la clémence inépuisable de Sa Sainteté et l'énormité de mes fautes, il me fit savoir que je ne devais pas espérer une remise pleine et entière de ma peine, mais que, si je le désirais, les cinq années de réclusion qui me restaient à subir séraient changées en exil.

« Je demandai quarante-huit heures pour réfléchir. Le geôlier Grégoire, quand je quittai le gouverneur, me remit une lettre de Séraphine, qui me racontait ce qui venait d'arriver et me conseillait d'accepter toute commutation de peine, quelle qu'elle fût. Néanmoins j'hésitais. L'exil perpétuel à la place de cinq années de détention, c'était plutôt une aggravation de peine qu'une grâce ; toutefois je réfléchis que, même après l'expiration de mes cinq années, il était possible qu'on m'éloignât arbitrairement, et par mesure de sûreté, de Rome et des États pontificaux. J'acceptai donc.

« Le lendemain, les portes du château Saint-Ange s'ouvrirent pour me rendre à la liberté. Je me séparai de mes compagnons d'infortune les larmes aux yeux. Ma nouvelle famille m'attendait; je courus la retrouver. Séraphine, belle comme une Vierge de Raphaël, s'était parée avec une certaine coquetterie que ma captivité lui avait fait oublier. Une rose placée dans ses beaux cheveux noirs faisait ressortir sa figure pâle et expressive. Je me jetai dans ses bras, et dans cette solennelle étreinte j'oubliai les angoisses du prisonnier comme les appréhensions du proscrit (1).... »

(1) F. Buloz, *Revue des Deux Mondes*, novembre 1858.

CHAPITRE XXVIII

I. Discussion importante au sénat français. — II. Le gouvernement papal un gouvernement modèle, au dire des cardinaux. — III. Échec du parti clérical. — IV. Régime des prisons de la Sabine et de l'Ombrie, d'après un document officiel. — V. La justice du gouvernement pontifical mise en relief : suite du même sujet. — VI. Un devoir d'élève sur l'affaire Mortara. — VII. Appréciation de la police papale, par un ancien grand prévôt de l'armée française à Rome. — VIII. Paroles foudroyantes de Lamennais sur la cour de Rome.

I

Mon arrivée à Rome avait coïncidé avec la distribution des journaux français portant la discussion de l'adresse au palais du Luxembourg. La salle du sénat avait rarement retenti de débats aussi orageux. Le paragraphe relatif à Rome excita particulièrement la verve des orateurs. On parlait beaucoup alors de mettre un terme prochain à notre occupation, et tous les efforts du parti ultramontain tendaient à empêcher le départ de nos troupes, qui, à quelque époque qu'il se produise, sera la mort de la papauté temporelle. A cet effet, il avait présenté un amendement que ses auteurs avaient eu l'adresse de « diriger plutôt contre la révolution et les révolutionnaires que contre l'Italie.

C'était, dans leur esprit et dans leurs discours, à la révolution que l'on en voulait surtout. Il n'y avait, selon eux, que la révolution qui pût demander l'abolition du pouvoir temporel. C'était comme une dernière œuvre de destruction qu'elle voulait accomplir ; et l'on suppliait le sénat, qui n'est pas seulement le conservateur des lois, mais qui est aussi celui de la morale et de la religion, de s'opposer à cette dernière destruction. On rappelait avec beaucoup d'habileté, et en y mêlant des flatteries de toutes sortes, les antécédents du chef de l'État en faveur du Souverain Pontife ; on le faisait intervenir dans la discussion par toutes sortes de moyens ingénieux. Cette tactique, cette habileté, ces flatteries, cette perpétuelle invocation à la position particulière du chef de l'État échouèrent. L'amendement qui demandait le *maintien du pouvoir temporel* comme une garantie *sine qua non* de l'indépendance spirituelle (1), » fut rejeté, grâce surtout au discours du prince Napoléon, de MM. Pietri et Billault, qui trouvèrent, pour repousser les prétentions antiitaliennes de leurs adversaires, des accents d'une véritable éloquence.

II

Cependant le parti rétrograde n'accepta point sa défaite en silence, et le lendemain il s'efforça d'aborder par des subtilités une discussion que le sénat avait déclaré s'interdire. Ce qui se dit de mots violents dans cette séance, pour empêcher la pression que les ultramon-

(1) Léon Plée, *Siècle* du 8 mars 1861.

tains voulaient exercer sur l'assemblée, restera certainement comme un des traits les plus curieux des annales parlementaires; mais le but que nous nous proposons est tout autre que celui de rappeler un scandale gratuit, et il nous suffira d'opposer aux éloges qu'on va lire du gouvernement papal des faits qui en sont la condamnation éclatante.

Après que LL. ÉÉm. les cardinaux GOUSSET et MORLOT eurent lu ou prononcé des discours où nous ne voyons que des redites, S. Ém. le cardinal MATHIEU, abordant plus carrément la question :

« Le pouvoir temporel du pape, » dit-il entre autres choses, « ne doit pas être examiné seulement au point de vue du Piémont, qui veut l'absorber, mais surtout au point de vue des puissances catholiques et au point de vue de la papauté. Eh bien! les puissances catholiques des deux hémisphères le veulent, et ce n'est pas assurément une petite chose que de froisser ainsi leurs sentiments! Et quant à la papauté, elle le réclame dans son intégrité.

« Tout ou rien, » dit-elle; c'est là son ultimatum, et si on la blâme, l'éminent prélat déclare, au contraire, que cette attitude est à la fois la plus claire, la plus noble et la plus conséquente; la plus claire, car toutes les propositions de vicariat ne sont que des masques pour cacher le renversement du pouvoir temporel de la papauté; la plus noble, car il est préférable d'être renversé du pouvoir que de garder un pouvoir avili; la plus conséquente, car comment le pape, privé de ses États, rétribuerait-il ses serviteurs, ses employés? Comment nourrirait-il sa ville de Rome? Mieux vaut alors qu'il soit réduit à la croix! Sa situation apostolique sera digne de la vénération de tous, et l'aversion publique flétrira les spoliateurs.

« Passant ensuite à l'examen des reproches dirigés contre la législation des États du saint-siége, S. Ém. le cardinal Mathieu demande pourquoi on veut établir à Rome notre code de lois civiles. Les principes qui sont la base de nos lois règnent à Rome comme en France; mais, à côté de ces principes communs, il y a la partie politique de la loi ; et c'est précisément celle qu'on voudrait introduire à Rome. Or rien ne serait plus difficile et plus contraire aux intérêts de Rome.

« L'orateur compare alors notre législation sur le mariage, sur la puissance paternelle, sur la propriété, les successions, les donations, les substitutions, les contrats qui règlent les droits entre les époux, et proclame la supériorité de la législation du saint-siége, qui ne reconnaît pas au pouvoir civil le droit de célébrer le mariage, qui conserve la puissance paternelle si ébranlée chez nous et qui admet les substitutions.

« Son Éminence étudie enfin la question des réformes administratives, et s'attache à repousser ces accusations d'après lesquelles il semblerait que les États du saint-siége sont dans un état pire qu'au moyen âge, que le peuple y demeure courbé sous un joug de fer. Pie VI n'a-t-il donc pas desséché les marais Pontins? Sixte-Quint n'a-t-il pas créé la caisse des sociétés agricoles? La pensée d'autoriser l'exportation des grains n'est-elle pas due à Clément VII?

« Plusieurs membres. Aux voix! Aux voix!

« M. Le Président. Vous avez voulu que la discussion fût continuée; il faudrait au moins écouter l'orateur.

« S. Ém. le cardinal Mathieu dit qu'il poursuit son

argumentation au milieu du bruit, mais que si le bruit peut étouffer sa voix, il ne fera pas défaillir son courage. L'orateur examine alors, en le comparant avec ce qui existe en France, l'état de l'instruction publique, primaire et supérieure, la question des impôts, celle de la statistique criminelle, celle de l'assistance publique, et cherche à établir le bon état dans lequel sont tous les services publics dans les États du saint-père. »

A S. Ém. le cardinal MATHIEU succéda (1) S. Ém. le cardinal de BONALD; mais, dans le discours de Mgr de Lyon, nous ne voyons encore rien qui n'ait été dit, et mieux, par d'autres membres de l'épiscopat.

III

Pour mieux faire apprécier cependant l'étendue de l'échec qu'éprouva l'ultramontanisme dans cette mémorable séance du sénat français, nous citerons les dernières paroles de Mgr de Lyon.

Repoussant l'assimilation qu'on voudrait faire de l'application du suffrage universel en Italie et en France, « Quand la France a voté, » dit Son Éminence, « elle l'a fait librement et elle a voté pour l'Empereur, parce que c'était voter la fin de l'anarchie, le retour de l'ordre et de la paix intérieure : il n'en est pas de même en Italie, où le suffrage, émis sous la crainte du poignard, des canons et des baïonnettes, n'a pas été libre; c'est un solennel mensonge, comme l'unification de l'Italie est

(1) SÉNAT. — Séance du jeudi 7 mars 1861.

une chimère, comme toutes les entreprises contre *Rome* (1) ne sont que de la déloyauté.

« Si l'on cède aux envahissements de ce droit des gens d'une nouvelle espèce, c'est rouvrir l'abîme des révolutions où viendront s'engloutir tous les principes. »

Malgré cet épouvantail, étalé aux yeux d'un corps qui n'est pas fort suspect de tendances démocratiques, l'amendement papal resta définitivement *enterré*. Les amis de la cour de Rome durent en prendre leur parti et se consoler avec ces paroles de S. Ém. le cardinal Mathieu, prononcées dans la même séance :

« Maintenant, que va devenir la question qui s'agite
« devant l'Europe? Les ennemis du pouvoir temporel
« disent que sa dernière heure a sonné; mais le glas de
« cette agonie a ses mystères. On lègue quelquefois la
« solution à ses neveux, comme aussi l'avenir peut être
« demain le présent; mais qu'on soit rassuré : l'avenir,
« quel qu'il soit, ne sera pas la fin. »

IV

En même temps qu'avaient lieu les débats dont nous venons d'esquisser quelques traits, M. Napoléon Pepoli, ex-commissaire royal dans l'Ombrie, présentait au gouvernement du roi d'Italie un rapport où se trouve la page suivante. Le lecteur jugera si ces foudroyantes

(1) Le texte du compte rendu que nous avons sous les yeux porte ici l'*Italie* au lieu de Rome ; mais il est évident que ce doit être une erreur d'impression.

révélations ne sont pas la condamnation la plus éclatante du pouvoir temporel du pape.

Des prisons pontificales dans l'Ombrie.

« Les prisons des condamnés et les prisons préventives ont été l'objet d'études spéciales de la part du gouvernement de l'Ombrie, car si la justice humaine a le droit de punir les crimes, elle est dominée par un devoir impérieux qui l'oblige à observer dans l'exercice de ce droit les lois de l'humanité, ne pouvant, sous aucun prétexte, aggraver la peine par des traitements barbares.

Dans les prisons d'Orviéto, dans un réduit bas, souterrain, obscur, on voit écrites, pour l'éternelle condamnation du gouvernement clérical, ces effroyables paroles : *Destructis grassatoribus*, laissant douter si, dans ce lieu terrible, des malfaiteurs ont péri par le fer, par la faim ou par les tortures !!!

J'ai parcouru personnellement une grande partie de l'Ombrie, et nombreuses sont les prisons que j'ai visitées ; mais quelque détestable que me paraisse le système pontifical, pour rendre hommage à la vérité, je n'hésite pas à croire que le gouvernement supérieur a toujours ignoré les actes arbitraires, les violences commises ou tolérées par les gouvernements locaux.

Je désire vivement que cette page tombe sous les yeux du saint-père, afin qu'il puisse par lui-même juger si les accusations et les plaintes qui se sont élevées de toutes parts contre le système de son gouvernement étaient injustes et mensongères.

J'exposerai rapidement quelques faits qui m'ont amené à nommer une commission chargée d'investigations minutieuses touchant les cruautés en usage dans les prisons.

Souvent j'ai trouvé de pauvres fous enfermés dans des prisons isolées, sans que personne vînt leur porter secours ou consolations.

M'étant rendu à Orviéto pour y visiter les prisons, je fus obligé d'en sortir au bout de quelques instants avec les magistrats qui m'avaient accompagné, tant était suffocante l'odeur fétide qui s'échappait de cet horrible lieu sans air et sans lumière. Et, en vérité, l'aspect pâle et émacié des condamnés prouverait assez que ces horribles prisons avaient la puissance de détruire par elles-mêmes les détenus.

Sur le seuil des prisons de Spolète apparut devant moi un homme à l'aspect farouche et sur le front duquel se lisait toute une série de forfaits. Je lui demandai qui il était, ce qu'il voulait: Il me répondit brièvement être le préposé aux châtiments (*correttore*) de la prison, implorant une commutation de peine en récompense de ses fidèles services. M'étant enquis de la nature des services qu'il avait rendus si fidèlement, il fixa en souriant les regards sur un fouet et sur un nerf de bœuf qui pendaient accrochés à un clou sur la muraille nue.

Je crus un instant qu'il mentait; mais le gardien m'annonça que le fouet, le nerf de bœuf et le bâton étaient des instruments de torture légalement en usage dans ce lieu, et m'invita à lire une notification pontificale du cardinal Laute du 11 avril 1806 (confirmée par notifications postérieures de la secrétairerie d'État du 21 septembre 1832 et 21 novembre 1840), qui commençait par la phrase consacrée : *Sa Sainteté a daigné approuver*, etc., etc.

En vertu de cette ordonnance, cent coups de bâton sont administrés à tous les détenus qui blasphèment le nom de Dieu, de la Madone et des saints.

Le traitement infligé aux condamnés aux galères à vie est encore plus étrange et plus barbare. Si l'un d'eux vient à être condamné, pour un nouveau forfait (*delitto*) commis dans le bagne, à dix années de prison, par exemple, ne pouvant augmenter sa prison au delà de sa vie, en substitution il est condamné pendant dix ans à une distribution annuelle de 200 coups de bâton !

J'ai aboli cette loi barbare par décret en date du 5 novembre 1860.

Il ne faut pas croire que cette loi n'était pas en vigueur. Le directeur de la prison de Spolète, interrogé, déclara s'être servi du fouet et du nerf, non-seulement en vertu de l'ordonnance grégorienne contre les condamnés, mais encore, ce qui est plus barbare et plus arbitraire, contre les détenus en prévention.

Je ne puis passer sous silence qu'en visitant ces lieux de douleur je me trouvai en face d'un vieillard presque éteint et consumé par une anxiété terrible, qui gisait sur un misérable grabat. Quand je m'approchai de lui, j'entendis sortir de ses lèvres ces paroles entrecoupées : *C'est pour demain, peut-être?* et il tomba en proie à d'horribles convulsions. C'était un condamné à mort. Il y avait trois ans que le tribunal de première instance l'avait condamné, un an que le tribunal d'appel avait confirmé la sentence, mais le tribunal de révision n'avait pas encore dit son dernier mot.

Et ce malheureux rêvait toutes les nuits qu'on le conduisait à la mort ; et chaque jour, en proie à d'atroces convulsions, de vigoureux et fort qu'il était, il ne lui restait plus qu'un souffle de vie.

V

« En présence de ce spectacle lamentable, je sentis se fortifier en moi la croyance que si le législateur a pu juger nécessaire à la sûreté de la société cette usurpation de l'homme sur les droits de Dieu, tous seront d'accord pour condamner le gouvernement qui prolonge l'agonie du coupable d'une façon aussi barbare.

Et afin de mettre *en relief la justice du gouvernement pontifical*, j'ordonnai de procéder à une statistique, de laquelle il résulte que de longues années s'écoulaient toujours entre le crime, la condamnation et l'expiation.

La commission, dans un rapport éloquent et remarquable, met à nu les plaies et les abus qui se commettent dans les prisons de la Sabine et de l'Ombrie.

Composée d'un avocat distingué, d'un médecin consciencieux, d'un citoyen honorable, elle a parcouru toutes les prisons, même celles situées au sommet des montagnes comme celles cachées au fond des vallées.

Elle a noté, prison par prison, les énormités découvertes, les adoucissements impérieusement exigés par les lois de l'humanité, les besoins et les souffrances des condamnés.

Vingt-huit prisons furent visitées par cette commission. Plusieurs sont placées dans d'anciens repaires infects du moyen âge (Magione Spello, Gualdo Tadino, etc.) Dans les passages et dans les chambres peu d'air et peu de lumière (Castiglione del Lago, Féculli, Orvieto); manque général d'infirmeries (Pérouse, prison des femmes, Citta della Pieve, Rocca Limbalda), la plupart du temps latrines mal tenues, et, comme conséquences, exhalaisons mortelles et puanteur insupportable (presque toutes, spécialement Spello, Pérouse).

Les lits de camp sur lesquels dorment les condamnés sont remplis d'une vermine immonde (presque toutes, spécialement Nocera, Pérouse, Féculli); dans beaucoup de prisons, l'eau suintant des murailles (Visso, Castiglione del Lago); dans quelques-unes, le sol couvert de fange et d'excréments (Bevagna, Visso); le fouet, le chevalet et les chaînes pendus aux murs (Rieti, Magliano).

Une seule prison, celle de Rieti, bâtie sous l'empire français, fut trouvée salubre.

Peu de garanties pour la justice et peu de sécurité, car les cellules secrètes en beaucoup d'endroits communiquent entre elles ou avec l'extérieur. Parmi les condamnés, aucune de ces distinctions exigées par la moralité, par l'équité, la convenance. Dans la même chambre on voit souvent réunis celui qui subit une première condamnation et le voleur de profession, l'assassin mêlé au coupable de simple délit.

L'arrêté préventivement peut-être innocent, l'homme honnête retenu en prison par un créancier impitoyable, condamnés à partager le lit, la nourriture du dernier des malfaiteurs. Le vieux condamné ayant toute liberté de corrompre le jeune homme laissé sous sa garde pendant de longues heures de prison sans que personne puisse se hasarder à combattre et à troubler les leçons du vice.

Les prévenus politiques traités sans pitié! A Orvieto,

une chambre étroite leur est réservée en haut d'une tour ; une barre de fer qui traverse cette chambre attire souvent la foudre, qui en une seule fois atteignit mortellement sept prisonniers.

Je ne sache pas qu'il y ait, après toutes ces horreurs, de preuves plus indiscutables pour condamner l'autorité temporelle du saint-siége.

Dans ces prisons, où le prêtre ne devrait faire entendre que des paroles d'oubli, de charité, de pardon, en faisant tous ses efforts pour rendre les peines moins amères et moins dures, où il devrait par sa parole ouvrir une nouvelle vie au condamné, au nom du vicaire de Dieu, on corrompt, on flagelle, on tue.

Quatre cents condamnés renfermés dans la prison de Rocca di Narni demandent d'une seule voix du pain et du travail. La loi leur mesure injustement le pain ; et le professeur Breschi, médecin qui faisait partie de la commission, n'hésita pas à déclarer que la nourriture était insuffisante pour les besoins de ces malheureux, qui se précipitaient au-devant de lui et de ses collègues, en criant : Nous avons faim ! ! !

NAPOLÉON PEPOLI. »

VI

Le parti clérical trouvera sans doute une excuse pour toutes ces horreurs. Il a excusé bien d'autres crimes contre l'humanité. Ainsi, pendant que l'enlèvement du jeune Mortara soulevait le plus la conscience publique, voici, selon *l'Écho du Nord*, le texte de la composition qu'on donnait aux élèves de l'institution ecclésiastique de Marcy :

Affaire Mortara.

N° 1. Exposé des faits.

N° 2. Quelle doit être avant tout examen la conduite d'un vrai enfant de l'Église dans cette affaire?

N° 3. Cause des récriminations contre l'Église à cause de l'enlèvement d'Edgar Mortara.

N° 4. La question doit être ainsi posée : Doit-on rendre au père infidèle un fils chrétien, si le père peut librement abuser de son autorité pour contraindre son fils à apostasier?

N° 5. Appartient-il aux incroyants, aux protestants et aux grecs schismatiques de condamner l'Église dans cette occasion?

N° 6. L'Église respecte et protége le droit paternel; mais elle ne peut en faire une condition essentielle du sacrement de baptême.

N° 7. Les parents de Mortara ne sont pas fondés à se plaindre, puisqu'ils ont été cause de ce qui est arrivé en désobéissant aux lois établies.

N° 8. Deux choses seulement à examiner : 1° le baptême a-t-il été réellement administré? 2° l'a-t-il été validement?

N° 9. La sentimentalité ne peut prévaloir contre les lois divines. Il ne s'agit ici que de fournir à l'enfant le moyen de rester chrétien.

N° 10. Le droit du père n'est pas violé, mais *surpassé* par un droit plus grand, celui de Dieu.

N° 11. Le pape ne fait que réduire en pratique le mot de l'Évangile.

N° 12. Conséquence qui ressort de la conduite de l'Église à l'égard de Mortara.

(*Extrait du cahier d'un élève.*)

Ainsi, sous prétexte d'un droit supérieur, que l'Église s'arroge et que la raison lui dénie, l'enfant peut être soustrait à l'autorité du père et la loi naturelle impunément violée! — Qu'on s'étonne du reste!

VII

Et quels sont les agents de ce pouvoir qui prétend substituer son action à celle que les lois civiles, confirmant le droit de la nature, ont voulu donner à la famille? Voici ce que M. Belot de la Vigne, ancien grand prévôt de l'armée française à Rome, écrivait à M. Balmette père, à propos d'un mariage tristement célèbre : « J'ai fait arrêter à Rome des assassins de la pire espèce, qui, sous le prétexte de réaction napolitaine, avaient commis des crimes atroces dans les provinces, séquestrant les gens qu'ils arrêtaient, les rançonnant, puis les faisant mourir après des mutilations qui duraient plusieurs jours. Ces assassins, j'ai conservé leurs noms et le souvenir exact de leurs cruautés. Ils avaient tous des papiers en règle délivrés par la police romaine, et quelques-uns trouvaient asile dans les couvents. J'ai fait arrêter des voleurs dans les églises, au grand scandale du clergé, quand on les prenait en flagrant délit; mais la police romaine, alors qu'elle devait les rendre, les mettait en liberté le lendemain. Il est bon de faire connaître ces faits, que j'affirme sur l'honneur, pour qu'on sache bien à quoi s'en tenir sur la justice d'un pays qui n'a aucune espèce de ressemblance avec le nôtre. »

VIII

En présence de tels documents, nous pourrions peut-être trouver suffisante la réfutation des éloges donnés au gouvernement papal devant le sénat français. Cependant, encore quelques mots pour clore dignement le chapitre.

Personne n'ignore que l'abbé de Lamennais, alors ardent catholique, fit un voyage à Rome, afin de conférer avec le Pape sur certains points de doctrine émis dans ses livres. A son retour, l'illustre penseur écrivait à une catholique fervente, madame de Senft, femme de l'ambassadeur d'Autriche à Turin :

« J'ai vu là le plus infâme cloaque qui ait jamais souillé des regards humains. L'égout gigantesque des Tarquins serait trop étroit pour donner passage à tant d'immondices. Là, nul autre dieu que l'intérêt ; on y vendrait les peuples, on y vendrait le genre humain, on y vendrait les trois personnes de la sainte Trinité, l'une après l'autre ou toutes ensemble, pour un coin de terre ou pour quelques piastres. J'ai vu cela, et je me suis dit : Ce mal est au-dessus de la puissance de l'homme ; et j'ai détourné les yeux avec dégoût et avec effroi (1). »

(1) Reproduit d'après *l'Opinion nationale*.

CHAPITRE XXIX

I. Suite du récit de ma captivité à *San Michele*. Rigueurs pour les communications des prisonniers avec leurs familles. — II. Pas de cour de récréation à *San Michele*. Une chapelle pour promenade. — III. Pas de bains, même aux malades. Un mot facétieux. — IV. Des directeurs de prison comme on n'en voit qu'à Rome. Les captifs sans protection contre le caprice ou la méchanceté. — V. La visite de grâce ou gracieuse. Danger de se plaindre. — VI. Une faveur ridicule. Réponse des prisonniers qui en sont l'objet. — VII. Aucun politique, à Rome, jamais gracié sur-le-champ ni complétement. La générosité du Pape. — VIII. Le Saint-Père responsable et instruit de tout ce qui se fait en son nom. Colloque de Pie IX avec un artiste. — IX. Effet des renseignements recueillis en prison. Première nuit tolérable depuis mon entrée à *San Michele*. — X. Nouvelle comparution devant le juge d'instruction. Que notre ambassadeur était instruit de mon emprisonnement. La France comparée à l'Angleterre et à la Russie. — XI. Ce que j'espérais en prenant mon passe-port. — XII. La capture d'un bâtiment et l'arrestation d'un citoyen. Le passe-port et la patente. — XIII. La cause vraie ou fausse de mon arrestation. Insistance du juge à propos de Mazzini. — XIV. Reproduction de mes plaintes et de mes premières observations. Menace de la responsabilité qu'on encourt en me gardant. — XV. Une dénonciation venue du dehors, au dire de M. Rossi. Ma réponse à cette nouvelle. — XVI. Un dénonciateur méchant et pas trop bête. Soupçons sur l'auteur de la calomnie. — XVII. Rapport de l'interprète à la police. On m'annonce que ma détention sera courte. — XVIII. Tendance à un *procès de tendance*. Quels hommes le gouvernement romain qualifie de mazziniens. — XIX. Comment on en vient à conclure que je dois être venu à Rome pour conspirer contre la Papauté. Le grand mot lâché. — XX. Le vrai motif de mon arrestation. Haine du gouvernement romain pour *le Siècle*. — XXI. Vives protestations contre un procédé injuste. Tout élément de procès échappe à mes bourreaux.

I

Reprenons maintenant le récit de ma propre captivité. La mesure que j'ai le moins comprise à *San Michele* est l'interdiction d'écrire à sa famille plus d'une fois tous les quinze jours, quelque événement qui arrive. A cet effet, on vous remet deux fois par mois une feuille de papier dont vous devez compte à la direction. Dès que vous ne pouvez écrire sans que la police lise vos lettres, il est évident que c'est là une cruauté gratuite. Il en est une autre qui n'est pas moindre : c'est que la famille du prisonnier ne peut le voir qu'une fois par mois; et encore la visite a-t-elle lieu entre deux grilles, avec un gendarme qui se promène incessamment dans l'espace qui les sépare. On ne peut donc parler qu'à haute voix, et tout épanchement intime est impossible. Sous ce rapport encore les détenus politiques de Rome sont complétement assimilés aux forçats des autres pays.

II

Soit imprévoyance de l'architecte, soit calcul du gouvernement romain, il n'y a pas de cour pour promenade. Jamais les prisonniers de *San Michele*, au moins ceux de la division où j'étais, ne respirent un air sain et libre. D'un bout de l'année à l'autre, ils ne sortent de leur cellule empestée que pour passer dans une chapelle, qui est un lieu de récréation lorsqu'elle ne sert pas aux exercices religieux. Je laisse de côté ce qu'ont de peu convenable deux destinations si opposées, pour ne m'occuper que de la question hygiénique. Comment se bien porter lorsque l'air le plus pur qui rafraîchisse vos poumons est vicié par la respiration de quatre-vingts ou cent personnes?

III

Autre imprévoyance ou autre calcul. Aucune disposition n'a été prise, aucun cabinet n'a été ménagé, même à l'infirmerie, pour que les prisonniers puissent se baigner; et si vous avez une maladie qui exige un bain, vous devez vous résigner à mourir. Le directeur de *San Michele* tenait beaucoup, paraît-il, à ce que j'emportasse l'idée que la prison d'État de Rome valait mieux que les prisons d'État de France. Il alla même un jour, ma parole, jusqu'à me dire qu'elle avait servi de modèle aux prisons d'État de plusieurs autres pays. Je dédaignai de comparer sous une foule de rapports, et je ne lui parlai que des bains, considérés en tous les lieux du monde comme indispensables à la santé. Le docteur me répondit qu'on pouvait prendre des bains de pieds!

IV

Je viens de parler du directeur; c'est un singulier fontionnaire. Pour le bien du prisonnier il n'a aucun pouvoir, pour son mal il les a tous. Qu'un détenu demande du linge, de l'argent, un volume, quoi que ce soit, son billet ira rigoureusement à la police, afin qu'elle juge elle-même si l'écrit doit être envoyé; qu'il s'agisse, au contraire, d'une punition à infliger, le directeur peut faire à sa volonté. Le jour où mon secret a été levé, il y avait plus de six semaines qu'un nommé Frattini était en punition parce qu'on avait surpris qu'il écrivait au dehors, et il ne savait quand sa porte recommencerait à s'ouvrir; un de mes voisins fut envoyé au cachot parce qu'il demandait avec impatience plus de vin qu'on ne voulait lui en laisser acheter, et le directeur ne prit même pas la peine de lui dire pour combien de temps il le punissait. Je pourrais multiplier les exemples : ceux-là suffisent pour montrer que les prisonniers de *San Michele* sont soumis au plus révoltant arbitraire, et qu'aucun règlement ne les protége contre le caprice ou la méchanceté.

V

A la vérité, il y a une fois par an une visite faite par un monsignore, et qu'on appelle la visite de grâce, ou gracieuse, je ne sais plus trop le nom (1). Ce jour-là, il

(1) Je crois devoir répéter que tout ceci est écrit de mémoire, n'ayant pu emporter de la prison le moindre bout de papier qui me servît de guide.

est loisible au prisonnier de dire tout ce qu'il veut. On est venu pour l'écouter. Mais le prisonnier sait très-bien que, s'il porte la moindre plainte contre les gens dont il dépend, il payera sa hardiesse fort cher quand le monsignore sera parti. En général, il aime donc mieux s'abstenir, et ses bourreaux, qui le savent, en profitent pour continuer leur inique despotisme et pour le tenir à merci.

VI

Dans ces visites gracieuses, il arrive que le monsignore, qui alors a tout pouvoir, accorde personnellement des faveurs, et quelquefois il en accorde de bien ridicules. Un jour, ce souverain d'un moment fit grâce d'un mois à des prisonniers politiques qui étaient condamnés à trente ans de galères. Lorsque le directeur vint pour annoncer cette grande nouvelle, les prisonniers lui dirent : « Si vous voulez la grâce pour vous, vous pouvez la garder ; quant à nous, nous n'en voulons pas. » Ils furent punis pour leur dédain.

VII

Puisque j'en suis sur les grâces, je dirai tout de suite qu'excepté les voleurs et les assassins, jamais à Rome personne n'est gracié sur-le-champ, ni complétement. Lorsque le Pape accorde une grâce politique, la décision porte que... un tel... sortira (si c'est une liberté et non une mitigation de peine) à telle époque, si, d'ici là, sa conduite est irréprochable. En attendant, il demeure en prison ; et que de tentatives pour le faire tomber en faute ! Supposons qu'il n'a pas succombé : quand enfin il est sorti, le gracié est soumis pour toute sa vie à l'obligation d'être rentré chez lui chaque soir à l'*Ave Maria* (l'Angelus); et s'il y manque une seule fois, il est condamné à un an de prison. Voilà la générosité du Pape !

VIII

Et je dis le Pape à dessein, et non le gouvernement, car, on l'a déjà vu dans cet écrit, le Saint-Père n'ignore rien de ce qui se fait. En matière de grâces particulièrement, je tiens de source certaine qu'un jour un artiste ayant demandé à Sa Sainteté la liberté de deux jeunes gens, trop enfants, disait-il, pour être coupables et surtout chefs de parti, comme on les en accusait, Pie IX fit à l'artiste l'histoire de ces jeunes gens depuis l'alpha jusqu'à l'oméga. C'était dans une église. Comme l'artiste insistait, le Pape finit par dire : « Je verrai. » Il avança de trois pas vers la porte, et, trouvant sans doute que ces vagues paroles l'engageaient déjà trop, le Pape revint vers l'artiste et lui dit avec animation : « Mais faites bien attention que je ne promets rien ! » — Que conclure de là ? Que l'exercice de certains pouvoirs gâte les meilleurs cœurs.

IX

Tous ces renseignements pris en un jour, ou plutôt en quelques heures, avaient fait assez rapidement passer le temps ; et la promenade incessante dans la chapelle tantôt avec l'un, tantôt avec l'autre des prisonniers, lesquels m'instruisaient à tour de rôle, m'avait causé une fatigue qui, pour être inaperçue pendant le feu des conversations, n'en était pas moins réelle. D'un autre côté, l'amélioration que l'exhaussement avait apportée à mon lit devait, par le constraste, favoriser le sommeil. Pour la première fois donc, depuis mon entrée à *San Michele*, je passai une assez bonne nuit.

X

Le lendemain matin, avant dix heures, je fus de nouveau appelé à la salle d'attente. C'était encore le juge, accompagné du greffier et de l'interprète, qui venait m'interroger. Cette fois, j'insistai pour que l'on constatât sur le procès-verbal que j'avais en vain, par trois fois, demandé à écrire à notre ambassadeur. M. Rossi dicta la mention de bonne grâce, et il ajouta qu'au surplus M. le duc de Grammont avait été prévenu de mon arrestation par le gouvernement romain. Ainsi le représentant de la France savait officiellement qu'un Français avait été perquisitionné quoiqu'il n'eût commis aucun délit, qu'il était retenu en prison au mépris de tout droit, et je n'avais nulle nouvelle de ses efforts pour faire cesser un tel état de choses! — Quelle différence avec les réparations qu'exige l'Angleterre quand on se permet de mettre la main sur un citoyen anglais, et avec les garanties dont la despotique Russie elle-même entoure ses sujets à l'étranger (1)!

(1) V. une lettre de Yassi, *Siècle* du 30 octobre 1861.

XI

Assurément lorsque, le 18 mai 1860, je pris un passe port à Paris pour sortir de France et venir en Italie, je m'attendais à ce que ce passe-port me protégeât contre les abus. Que porte en effet son texte? Il est bon de le citer, quoique la formule soit fort connue : « Au nom « de l'Empereur, Nous... requérons les autorités civiles « et militaires de l'Empire français, et prions les au- « torités civiles et militaires des États amis ou alliés « de la France de laisser passer librement M., etc., et « *de lui donner aide et protection en cas de besoin.* » Or, je demande quelle aide, quelle protection m'a donnée M. le duc de Grammont, *autorité civile de l'Empire français,* lorsque le gouvernement romain a attenté à ma liberté? Aucune. Certainement je ne doute pas que la police papale n'ait fait à notre ambassadeur toutes sortes de contes pour justifier mon arrestation. Mais le devoir du représentant de la France était d'exiger la preuve d'un délit quelconque, et non de se contenter de simples assertions.

XII

Singulière contradiction ! Qu'une nation amie ou rivale se permît de capturer un de nos bâtiments, ou simplement de le visiter de force, ce serait un cas de guerre, ou tout au moins on n'aurait pas assez d'indemnités à réclamer, même quand le captureur ou le visiteur prétendrait avoir agi en vertu d'une fraude supposée. Qu'au contraire on viole le domicile d'un citoyen voyageant à l'étranger, qu'on saisisse ses livres, qu'on emporte ses papiers, l'individu aussi gravement atteint dans ses intérêts et préjudicié dans ses droits n'a pas vent que les autorités françaises s'efforcent de mettre fin à ces violences et exige aucune satisfaction! Je demande cependant si le passe-port n'équivaut pas à la patente, si l'un et l'autre ne sont pas délivrés au nom du souverain de la France, si tous les deux ne portent pas la signature et le visa des autorités françaises? Mais laissons ce triste sujet, et revenons à mon interrogatoire.

XIII

Ce jour-là, je devais enfin connaître la cause vraie ou fausse de mon arrestation. M. Rossi revint d'abord sur Mazzini. Il me demanda combien de fois je l'avais vu. Je répondis que je ne l'avais vu qu'une fois, et que je ne lui avais pas parlé deux minutes. Mais, observa le juge, — « vous nous avez dit hier que vous l'aviez salué dans la rue, et maintenant vous dites que vous lui « avez parlé : vous l'avez donc vu deux fois? » — Je répliquai que je n'avais jamais parlé de rue. Il paraît qu'on tenait à la chose, car l'interprète se mit de la partie, et riposta à son tour : — « Vous l'avez dit. » — J'insistai, ils insistèrent; leur erreur réelle ou supposée provenait de la mauvaise interprétation donnée à ces mots prononcés par moi dans le premier interrogatoire : « Je n'ai eu que le temps de le saluer. » — J'expliquai alors qu'en France nous entendions par cette phrase n'être pas entré en conversation; et le juge se résigna à ne constater qu'une entrevue (1).

XIV

Mais, moi, je pris texte de cette insistance pour revenir sur mes plaintes et sur mes observations. Je dis au juge : « Il est trop clair, à la marche de l'interro- « gatoire, que vous n'avez aucun délit à me reprocher « et que la visite domiciliaire faite chez moi par la po- « lice, aussi bien que mon arrestation, sont un simple « abus de la force. Vous agiriez donc sagement en met- « tant un terme à vos mauvais procédés. Relâchez-moi, « je vous promets de ne pas rester vingt-quatre heures « dans un pays où la liberté individuelle est si peu ga- « rantie. En me gardant, au contraire, vous augmentez « une responsabilité dont mon gouvernement pourra « vous demander compte. Réfléchissez à cela. »

XV

M. Rossi me dit alors : — « Mettez-vous à la place du « gouvernement. Vous êtes dénoncé du dehors comme « un agent mazzinien. Doit-on se croiser les bras et « vous laissez faire ? » — Le grand mot était lâché ! — « Mais, » répliquai-je, « tout mouchard qui veut gagner

(1) A propos de cette entrevue, je dois faire ici une légère rectification. J'ai dit au juge que ma visite avait eu lieu en compagnie d'un officier garibaldien. En fouillant mieux dans mes souvenirs, je me suis rappelé plus tard que j'étais allé chez Mazzini avec le correspondant d'un journal de Paris. C'est la seule erreur de mémoire que je croie avoir commise dans le cours de deux interrogatoires qui ont duré plus de huit heures.

« 10 francs peut dénoncer l'homme le plus inoffensif.
« Seulement, il est plus facile de dénoncer que de prou-
« ver. Qu'aviez-vous à faire après la dénonciation, si
« dénonciation il y a? Vous avez une nombreuse police ;
« il fallait me faire surveiller, voir si je justifiais l'ac-
« cusation, et, dans le cas contraire, me laisser tran-
« quille. Que si, malgré l'absence de tout délit, ma pré-
« sence à Rome vous faisait ombrage, vous pouviez m'ex-
« pulser de l'État ; mais m'arrêter et me retenir en
« prison, quand je n'ai rien fait contre vos lois, ce n'est
« pas l'exercice d'un droit, c'est une abominable tyran-
« nie. » — Le juge ne répondit rien.

XVI

Avant d'aller plus loin, je dirai que, si la dénonciation d'agent mazzinien était perfide, elle n'était pas trop bête. Le dénonciateur savait que les gouvernements de l'Europe, et le plus grand nombre de journaux qui s'y publient, sont peu sympathiques à Mazzini. Il s'était donc dit qu'en m'imputant de mazzinisme, et en faisant que la police romaine accréditât cette accusation, l'injustice et la violence dont on se rendrait coupable à mon égard feraient beaucoup moins de bruit et exciteraient moins de sympathies pour la victime que si, par exemple, il m'accusait simplement d'être un partisan de Victor-Emmanuel. Et l'événement a prouvé que le mouchard avait deviné juste. Quant au lieu d'où était partie la dénonciation, on ne me l'a pas dit, et je l'ignore. Un gendarme a bien prétendu dans la prison qu'elle venait de Paris ; mais je ne le crois point. On m'a dit soupçonner un légitimiste qui, à Naples, faisait avec moi le bon apôtre ; d'autres ont accusé de cette bassesse un néo-catholique, qui ne me pardonnait point de ne l'avoir pas appuyé dans une élection ; enfin un Anglais, qui était à Rome en même temps que moi, m'a dit à Turin que, pour lui, la dénonciation provenait de Rome même et d'une personne jouissant de toute ma confiance. Mais rien de tout cela ne me paraît suffisamment prouvé.

XVII

Du reste, comme j'insistais sur ce que j'étais venu à Rome uniquement pour voir ce qui s'y passait et le consigner dans ma correspondance, l'interprète ne craignit pas de dire devant le magistrat qu'en effet l'état où l'on avait trouvé les papiers dans ma chambre, où tout était à découvert et où rien ne sentait le mystère, n'indiquait guère un conspirateur. Il ajouta : — « J'ai dit cela à ces « messieurs, et cela a paru leur faire plaisir. » — Il termina en me donnant à comprendre que ma détention serait très-courte, ce que m'avait déjà fait pressentir M. Rossi. Cependant il n'en devait pas être ainsi !

XVIII

Après quelques explications, insignifiantes à mes yeux, mais qui, pour lui, avaient sans doute de l'importance, le juge entra dans une sorte d'inquisition qui me démontra clairement qu'en l'absence de tout délit positif et actuel, il voulait me faire un *procès de tendance*. Je ne le laissai pas longtemps cheminer sur ce terrain. M. Rossi passa alors au raisonnement, et, de déduction en déduction, il en vint à accuser de mazzinisme un patriote, maintenant exilé, qui m'avait dit à moi-même être *ultra-modéré*, et une dame qui a pu être républicaine, mais qui est aujourd'hui emmanuéliste jusqu'au bout des ongles. Comme je cherchais à lui prouver combien ses appréciations étaient fausses, M. Rossi me dit tout naïvement : *Tous ceux qui sont contre le pouvoir temporel du pape sont mazziniens.* — « En ce cas, » répliquai-je, « les mazziniens sont nombreux en Europe ! »

XIX

La conversation sur ce point s'arrêta là. Mais le juge, reprenant un à un tous les hommes déjà passés en revue d'après mes carnets, et les groupant avec beaucoup d'art sur le procès-verbal, conclut des opinions que, selon lui, avaient ces hommes, lesquels étaient tous mes amis, disait-il, quoiqu'il n'en sût rien, que je devais nécessairement être venu à Rome dans l'intention de conspirer contre la papauté. Il ajouta que mon projet paraîtrait encore plus évident si l'on réfléchissait que j'étais *le correspondant d'un journal qui s'était montré constamment l'adversaire, et l'adversaire acharné, du gouvernement romain.*

XX

On a dit que c'est dans le post-scriptum d'une lettre qu'il faut chercher la pensée dominante de l'écrivain. Je crois, de même, que c'est dans les derniers mots de mon interrogatoire qu'on doit voir le vrai motif qui porta le gouvernement papal à me faire arrêter. Il haït profondément *le Siècle* pour sa constante opposition au pouvoir temporel, et, ne pouvant se venger sur le directeur, ni sur aucun de ses rédacteurs principaux, il fit tomber sa colère sur un modeste correspondant du journal. La dénonciation d'agent mazzinien, que, d'ailleurs, rien ne me prouve avoir réellement été faite, n'était qu'un prétexte. Comment expliquer autrement qu'on ait saisi et gardé des papiers qui n'avaient aucun trait à l'objet de la dénonciation, et des livres dont un seul, poëme en vers, parlait de Rome, et encore pour montrer le respect le plus pieux envers le pouvoir *spirituel* du pape ?

XXI

Je protestai vivement contre un procédé qui rendait responsable de la direction d'un journal un homme qui n'avait aucun pouvoir sur cette direction. J'ajoutai qu'au surplus, quelles que fussent les doctrines du *Siècle*, que j'étais loin de désapprouver, elles n'étaient nullement justiciables de Rome, mais de la France, et encore moins le Pape pouvait-il, à moi qui n'étais ni rédacteur en chef, ni rédacteur principal, me les imputer à délit. Tous mes articles étaient signés. S'il y avait quelque culpabilité à induire d'une publication faite à Paris, c'étaient eux seulement qu'il fallait voir. Mes observations furent en substance consignées sur le procès-verbal, l'interrogatoire fut clos, et je compris que ce serait le dernier. Tout élément de procès échappait décidément à mes bourreaux, et de mon arrestation il ne restait que l'odieux de leurs procédés.

CHAPITRE XXX

I. Promesse du juge instructeur d'accorder des permis de visite. Personne néanmoins n'a pu venir me voir en prison. — II. M. Rossi s'engage à transmettre mes lettres à notre ambassadeur. Crainte qui me vient à ce propos. — III. Éclaircissement demandé. Réponse du juge instructeur. Je m'abstiens d'écrire à M. le duc de Grammont. — IV. Conversations avec mes codétenus au sujet d'une condition qu'on veut m'imposer. Distinction qu'on fait à *San Michele* entre la France et l'Angleterre. — V. Notre amour-propre national froissé par une idée généralement répandue en Italie. Les prisons de Rome gardées par des soldats français. Le général Baraguay-d'Hilliers et le général de Goyon. — VI. Ce qui advient des lettres que j'écris de *San Michele*. Délicatesses inconnues du gouvernement romain. — VII. Tout un bataillon de censeurs pour le moindre de mes écrits. Linge de corps attendu pendant trois jours.—VIII. Impossibilité d'avoir aucun de mes livres. Une bonne fortune inattendue. — IX. La bibliothèque d'un prisonnier. Plutarque tout entier lu en quinze jours. — X. Adoucissements aux rigueurs de *San Michele*. Le travail permis, mais non obligatoire. Objets fabriqués par les prisonniers. — XI. Quelques jeux permis pendant la récréation. Délices de malheureux. — XII. Aliments cuits par les prisonniers eux-mêmes. Un verre de café sucré pour une baïoque. Des fourneaux mis à ma disposition. — XIII. Services que me rendent les prisonniers de *San Michele*. Locatelli mon interprète avec un contadin. — XIV. Nouvelle prouesse du gouvernement des prêtres. Un monsignore ennemi des barbes. Refus d'exécuter un ordre absurde et tyrannique — XV. Anachronismes qui font rire les étrangers et les Romains. Préjudice porté à la religion par ses ministres.—XVI. Punition à tout détenu qui ne fait point ses pâques. Le vin blanc d'Orvieto et la communion. Pourquoi on passe sur la transgression d'un ordre. — XVII. La cérémonie de la *Scala Santa*. Les salueurs de la Madone. — XVIII. Singulière alliance de principes chez les sanfédistes. Insinuation d'un gendarme pontifical contre les Français.

I

Avant de me séparer du juge instructeur, je lui demandai si le peu de personnes que je connaissais à Rome pourraient venir me voir. Il me répondit qu'il accorderait des permis de grand cœur à tous ceux qui lui en réclameraient. J'ai pourtant appris plus tard que personne, absolument personne, n'avait pu obtenir de me visiter ni de m'écrire. Tout le temps de mon emprisonnement, l'interdiction a été complète et sans réserve. M. Rossi s'est-il ravisé, ou une autorité plus puissante que lui a-t-elle mis obstacle à ses bonnes dispositions? Je ne sais; mais mon isolement du monde extérieur a été entier durant vingt-deux jours.

II

J'avais aussi renouvelé à M. Rossi ma demande d'écrire à M. l'ambassadeur de France. Il m'avait répondu que je pouvais lui envoyer une lettre, qu'il s'empresserait de la transmettre à M. le duc de Grammont. Au moment d'écrire il me vint une réflexion. Le magistrat entendait-il que cette lettre fût ouverte et en prendre connaissance avant l'ambassadeur lui-même? En ce cas, je préférais n'en pas faire, car il me paraissait peu digne pour mon pays que le premier représentant de la France n'eût connaissance d'un écrit à lui personnellement destiné qu'après qu'une autorité romaine l'aurait lu et que peut-être la police se le serait passé de main en main? Qui sait même si l'on n'aurait pas porté la hardiesse jusqu'à biffer quelques mots?

III

Je voulus m'éclairer sur ce point délicat, et j'écrivis en conséquence à M. Rossi une lettre très-polie, dans laquelle, sans expliquer mes motifs, je déclarais simplement que si ma lettre pour M. le duc de Grammont devait lui être envoyée ouverte, afin que lui ou tout autre pût en prendre connaissance avant l'ambassadeur de mon pays, je m'abstiendrais d'écrire. M. Rossi me fit répondre par le directeur de *San Michele*, qu'aux termes des règlements de la police romaine, aucune lettre ne pouvait sortir de la prison cachetée. Je me résolus alors à garder le silence.

IV

Quand je parlai avec mes codétenus de l'étrange condition qu'on voulait m'imposer, ils me dirent avec conviction : « C'est fâcheux sans doute, parce que M. le « duc de Grammont peut ignorer la vraie cause de « votre silence; mais, autrement, soyez certain qu'en « aucun cas vous n'auriez vu personne de l'ambassade. « Une croyance commune veut que le gouvernement

« français, très-susceptible quand on touche à la na-
« tion, ait peu de sollicitude pour les individus, et de là
« l'apathie de ses agents à l'étranger. L'Angleterre
« considère toute injure faite à un individu comme une
« injure faite au corps : elle l'a prouvé particulière-
« ment dans l'affaire Pisacane ; mais la France, on ne
« sait pourquoi, n'a pas les mêmes idées. A tort ou à
« raison, le Pape et les cardinaux se figurent qu'ils
« n'ont rien à craindre d'un déni de justice envers un
« Français, et c'est pour cela qu'ils ont mis si peu de
« façon à vous arrêter; si vous eussiez été Anglais, ils
« auraient eu garde de vous toucher un cheveu de la
« tête ! »

V

Malheureusement pour notre amour-propre national, cette manière de juger et de voir est générale en Italie. Depuis que je suis hors des griffes de la police romaine, on m'a répété vingt fois la même chose, et presque dans les mêmes termes. Ce qui rendait ma position plus bizarre, c'est que *San Michele* est gardé par un poste français. Le général Baraguay-d'Hilliers, aussi bien que son prédécesseur, avait refusé de laisser faire à nos troupes le service des prisons; le général de Goyon y a consenti ; et c'est ainsi qu'un Français, arrêté au mépris de tout droit et de toute justice par la police romaine, se trouvait gardé par des soldats français !

VI

Pour mes communications avec le dehors, j'étais souvent au même régime que les autres prisonniers. Mes lettres ne pouvaient partir sur le seul vu du directeur, et l'autorité s'arrogeait le droit de les retenir. J'en écrivis plusieurs à Paris et ailleurs. Sont-elles restées à Rome? Je l'ignore; mais je n'ai reçu aucune réponse, et pour l'une d'elles, je sais positivement qu'elle n'est jamais arrivée, quoique le juge instructeur m'ait assuré qu'il les avait, lui, toutes fait partir. On aurait dû au moins me rendre celles que la Consulte ne jugeait pas à propos d'envoyer; mais ce sont de ces délicatesses que le gouvernement romain est incapable de comprendre.

VII

Le moindre de mes écrits devait passer par la police. Demandais-je, via della Croce, une pièce de linge ou tout autre objet insignifiant, il fallait que le juge instructeur s'assurât d'abord par lui-même que ma demande ne contenait rien de révolutionnaire. Puis il confiait le billet à quelque agent inférieur, qui, à son tour, jugeait et décidait si l'écrit pouvait être remis à sa destination ou à la poste. Quelquefois le sbire chargé de le porter était lui-même admis à faire ses réflexions; en sorte qu'il m'est arrivé d'attendre trois jours une chemise ou une paire de bas!

VIII

Je ne pouvais demander de livres, puisqu'on ne m'en avait laissé aucun, et j'aurais craint de compromettre M. Piale en le priant de m'en envoyer de temps à autre pour prix de mon abonnement. Mais il m'arriva une bonne fortune. Le frère du général Roselli avait été détenu avec quelques-uns des prisonniers actuels de *San Michele;* mathématicien et philosophe, M. Hercule Roselli avait une petite bibliothèque parfaitement choisie. En se séparant de ses camarades, il laissa à un jeune mosaïste, Annibal Locatelli, qu'il affectionnait beaucoup, une traduction italienne de Plutarque. Le possesseur de ce trésor le mit à ma disposition.

IX

J'avais déjà lu les versions d'Amyot et de Ricard; mais Plutarque est un livre qu'on ne se lasse jamais de relire. La version italienne était d'ailleurs excellente, et je trouvais ainsi l'occasion de faire à la fois une étude d'histoire et une étude de langue. Combien les heures me parurent alors moins longues! Malgré les promenades et les récréations, je dévorai Plutarque en quinze jours; et jamais je n'ai mieux compris tout ce que l'homme pourrait acquérir de connaissances s'il n'avait pas la malheureuse habitude de gaspiller son temps.

X

J'ai dit le mauvais côté du régime de *San Michele ;* la justice veut que je parle de quelques adoucissements réservés aux détenus. D'abord le travail n'est pas obligatoire, mais permis. Tous ceux qui ont une profession peuvent l'exercer, pourvu qu'elle ne soit pas de nature à exiger plus que l'espace d'une cellule. On fabrique donc à *San Michele* des bottes, des souliers, des pantoufles, des habits, des chaussettes, des calottes, quelques mosaïques, et une foule de ces petits objets en os ou en ivoire dont les bagnes ont fait la réputation. Par exemple, les travailleurs sont étroitement renfermés pendant qu'ils travaillent, et l'on veille bien à ce qu'aucun outil ne sorte de leur cellule ; mais, enfin, les prisonniers industrieux et sans ressources peuvent ainsi gagner quelques baïoques par jour et se procurer un peu de soulagement.

XI

Quelques jeux sont également permis, non en cellule (1), mais pendant la récréation, c'est-à-dire dans la chapelle, puisqu'il n'y a pour les prisonniers ni cour, ni jardin. On joue aux cartes, aux dames, au loto, et le triste état des jeux indique suffisamment que l'autorité n'a pas besoin de fixer un maximum à la partie. Je

(1) Quelquefois, souvent même, les cellules, dont j'ai dit les dimensions étroites, renferment, non pas un, mais deux prisonniers.

doute que dans les bouges de la défunte Cité on eût admis les cartes qui servent à *San Michele;* un pédagogue râpé ne voudrait pas de son jeu des dames, et le dernier de nos villages repousserait son loto. Mais tout cela fait les délices de malheureux qui ne peuvent avoir mieux.

XII

Un autre adoucissement consiste en ce que les prisonniers peuvent cuire eux-mêmes les aliments qu'ils font venir du dehors, et avoir pour une baïoque un verre de café sucré. L'administration a permis à deux ou trois d'entre eux d'acheter du charbon et de le brûler dans la chapelle. Ceux-là ont l'entreprise du café, qui leur donne déjà un léger bénéfice. Indépendamment de cette opération, ils prêtent leurs fourneaux pour la mince cuisine de leurs camarades, ou souvent ils la font eux-mêmes, et c'est encore là une petite source de profit. Grâce au sympathique dévouement de quelques détenus, qui voyaient avec peine combien le traiteur abusait de ma position, j'ai pu moi-même deux ou trois fois me servir de ces fourneaux.

XIII

Ces captifs qui se sont montrés si affectueux pour moi, Zamboni, Locatelli et son oncle Tassi, le beau-frère du général Cluseret, etc., ne méritent pas seulement ma reconnaissance pour les petits services relatifs à ma nourriture ; ils m'ont été aussi très-utiles dans mes rapports avec l'auxiliaire chargé de me procurer les choses nécessaires. En sa qualité de contadin, il n'entendait pas plus l'italien que ne l'entend le bas peuple de Naples, et moi je ne comprenais pas son dialecte. Les cinq détenus, au contraire, que je viens de nommer, en avaient une connaissance plus ou moins parfaite, et Locatelli particulièrement me servait d'interprète en toute occasion.

XIV

Un matin Locatelli entra dans ma cellule, et, le mépris sur les lèvres, il me parla d'une nouvelle prouesse du gouvernement des prêtres. Le monsignore spécialement chargé de la haute direction de *San Michele* avait appris que la plupart des prisonniers portaient la barbe. Aussitôt le voilà qui ordonne que tous les coupables de ce méfait aient à se faire raser, faute de quoi ils seront mis au cachot. Sur 230 détenus, plus de cent refusèrent de se soumettre à cet ordre aussi absurde que tyrannique. Cependant on ne sévit pas contre eux ; je vais dire pourquoi.

XV

Le gouvernement papal a commis à Rome des anachronismes qui font rire les étrangers et les Romains eux-mêmes. Il a mis des tableaux de saints au Panthéon, le chemin de la Croix au Colisée, des statues d'apôtres sur des colonnes païennes. Mais ce sont là de simples bêtises qui ne font de tort qu'à l'intelligence de leurs auteurs. Ce qui est plus grave, au point de vue catholique, c'est le préjudice réel porté à la religion par un sacerdoce qui, ne pouvant posséder la réalité, veut de force avoir les apparences. A compter de la semaine dite de la Passion jusqu'après la semaine de Pâques, la police force les cafés et autres lieux publics à fermer leurs portes, de deux à six heures du soir, pour que maitres, domestiques et consommateurs puissent assister aux rites de l'Église. Personne n'y va; on se borne à fermer les portes extérieures, le public est reçu ou gardé de contrebande, et le résultat de la mesure est de faire maudire ses auteurs et le culte dont ils sont les ministres.

XVI

Pour les prisons, c'est bien autre chose! Le moment de la Pâque venu, on punit tout détenu qui ne communie point, et l'on donne une demi-fiaschette de vin blanc d'Orvieto à celui qui communie. Il est même arrivé à un prédicateur de dire en chaire : — « J'espère que cette année il n'y aura pas de récalcitrant, car ce n'est point une demi-fiaschette que je donne, mais une fiaschette entière. » Ce vin obtenu par la pratique d'un sacrement donne lieu, au moins à *San Michele*, aux propos les plus étranges, les plus impies. Et le gouvernement romain ne doit pas les ignorer, car ils ont été tenus à ses représentants eux-mêmes. Cependant il persiste dans son déplorable système. Or, si l'on avait puni les prisonniers qui refusaient de couper leur barbe, ils n'auraient pu communier. On passa donc sur la transgression de l'ordre.

XVII

J'ajouterai que, sous des formes moins crues peut-être, cette excitation aux sacrements religieux est pratiquée depuis des années envers les autres parties de la société. Il en est résulté qu'à Rome il n'y a presque plus de catholiques, je veux dire des catholiques autres que de nom. J'ai vu la cérémonie de la *Scala Santa* (1); il y avait quelques femmes, mais pas un homme ; j'ai entendu prêcher la Passion au Colisée, par un moine qui ne parlait pas trop mal : nous étions quatorze auditeurs : je suis entré dans une église au moment où l'on chantait les vêpres : il y avait moins de fidèles que de prêtres. Quant à la superstition, il y a longtemps que les excès du gouvernement romain en ont guéri les classes moyennes ; autrefois on montrait au doigt celui qui ne saluait point la Madone, maintenant on signale celui qui la salue.

XVIII

Tout cela tient à ce que les sanfédistes, qui dominent à Rome, trouvent le moyen d'allier le principe religieux aux principes les plus abominables, au mépris souverain

(1) Cette cérémonie consiste à gravir un long escalier en pierre avec les genoux, sans s'aider des pieds ni des mains.

de toute morale. J'ai eu à *San Michele* un exemple de ce que vaut cette secte célèbre. J'étais occupé à lire les dernières pages de Plutarque, lorsqu'un prisonnier entra dans ma cellule et me répéta avec horreur un propos que venait de lui tenir un gendarme : — Savez-vous, me dit-il, ce qu'il a osé m'insinuer? Il m'a dit : — « Ah ! vous et les autres vous sortiriez bien vite tous, si l'on croyait que vous eussiez assez de cœur pour faire de nouvelles vêpres ! » — « Des vêpres! ai-je répondu, pas contre les Français, sans doute, qui sont nos amis, à nous les libéraux? » Le gendarme s'est tu et m'a quitté. — Voilà le sanfédisme !

CHAPITRE XXXI

I. Nouvelle et dernière entrevue avec mon juge instructeur. La suite de mon procès remise aux autorités françaises. — II. Bizarreries et contradictions. Singularité de ma position. — III. Un monsieur les doigts pleins de bagues. Comment j'agis avec cet intrus. — IV. Annonce de ma libération. Défense de voir personne à Rome. — V. Ordres promptement exécutés. Une sentence pour réparation. — VI. Arrivée d'un inspecteur de police. Instructions forcées. — VII. Notes en règle. Les policiers se promènent à mes frais. — VIII. Avis de départ pour Civita-Vecchia. Crainte d'un contre-ordre. — IX. Désolation du directeur de *San Michele*. Nouveaux renseignements sur les *cachots du Pape*. — X. La *Braga* appliquée dans plusieurs forteresses de l'État romain. Ce que c'est que les *Mazzi*. — XI. La peine du *Cavaletto*, du *Collare* et de la *Mordacchia*. En quoi consistent ces divers supplices. — XII. Cruautés d'un autre âge. Souvenirs de Beccaria. Comment on punit à Rome les offenseurs du Pape-Roi.

I

Cependant j'étais arrivé à mon vingtième jour de prison, et, comme on me l'avait prédit, je n'avais eu aucune nouvelle de l'ambassade. Le 10 avril au matin, M. Rossi me fit appeler et me dit : — « Votre affaire « ne me regarde plus, ni le gouvernement romain. Nous « avons remis toutes les pièces du procès (1) à M. Man-

(1) Je ne suis pas très-sûr que ce soient là les termes dont se servit le magistrat ; mais je garantis au moins qu'il me déclara être dégagé de toute instruction ultérieure.

« gin, le chef de la police française, et maintenant, si « l'instruction doit avoir quelque suite, ce sont vos au« torités et non les nôtres que la chose concerne. » — Je ne comprenais pas trop par le fait de quelle combinaison je pouvais me trouver perquisitionné, arrêté, emprisonné par la police romaine, et puis placé dans les mains de la police française. Toutefois je m'applaudissais de pouvoir enfin m'expliquer librement sur la violence dont j'étais victime.

II

Mais tout devait être bizarreries et contradictions dans cet étrange épisode de ma vie politique. Je ne vis pas plus, pour connaître la vérité, des délégués de M. le préfet Mangin, que je n'avais vu des délégués de M. l'ambassadeur de Grammont. Ma position fut même alors plus extraordinaire que jamais. Suivant la déclaration de M. le juge Rossi, j'étais placé sous la juridiction des autorités françaises ; et néanmoins je me trouvais dans une prison romaine, surveillé par des gendarmes romains, et gardé par un poste de soldats français : vit-on jamais un tel embrouillement ?

III

Le lendemain on me fit encore demander à la salle d'attente. Je trouvai là un monsieur, les doigts pleins de bagues, qui, sans me dire qui il était, dès mon arrivée se mit à écrire. Il est assez d'usage en Italie, et particulièrement à Rome, de ne pas se découvrir quand on parle aux gens. Mais M. Rossi avait au moins la politesse, s'il restait couvert, de m'engager moi-même à me couvrir. Celui-ci ne me dit rien. Toutefois, comme je n'ai pas l'habitude de parler découvert aux personnes qui me parlent le chapeau sur la tête, je me couvris sans la permission de cet intrus, et je le laissai ensuite griffonner tout à l'aise.

IV

Je crois qu'il prenait mon signalement. Quand il eut fini, il me dit : — « Vous allez quitter l'État romain, « et j'ai l'ordre absolu de ne pas vous laisser circuler « dans Rome. » — « Quoi ! » répliquai-je, « pas même « pour parler à mon ambassadeur ? » — « Vous ne pou- « vez parler à personne. » — « Mais je pourrai, au « moins, aller faire ma malle, régler mes comptes et « retirer une petite somme que j'ai mise en dépôt ? » — « Je ne le crois pas. Au surplus, je vais vous envoyer « un inspecteur de police, il sera à votre disposition, et « vous vous entendrez avec lui. Avez-vous de l'argent ? » — « Oui, pour me rendre là où je veux aller. » — « C'est bien ! Tenez-vous prêt pour après-demain. Les « ordres sont donnés. »

V

Je fis observer que j'avais du linge à blanchir, l'inconnu me répondit qu'on le blanchirait dans la prison ;

et, en effet, il donna au directeur des ordres qui furent promptement et rigoureusement exécutés. Ensuite ce personnage mystérieux me présenta un papier qu'il me pria de signer, et dans lequel il était dit en substance que le gouverneur de Rome, en vertu de ses pouvoirs, avait rendu une sentence, aux termes de laquelle, si je rentrais jamais dans les Etats de l'Église, je serais, sans autre formalité, mis en prison et détenu pendant un an. Ma signature devait, pour le pouvoir papal, tenir lieu de signification légale; quant à moi, on jugeait inutile de me donner un double de la sentence.

VI

J'aurais signé pour dix ans aussi bien que pour un, car assurément tant que ce détestable pouvoir papal sera debout, il ne me prendra point fantaisie de retourner à Rome. Mon inconnu s'en alla. Une heure après son départ, arriva un inspecteur de police. Il me confirma formellement que je ne devais quitter la prison que pour sortir de l'État romain, et me demanda mes instructions pour régler toutes mes affaires. Ne pouvant mieux, je donnai ces instructions. Je réclamai en même temps mes livres et papiers saisis, dont le gouvernement papal n'avait plus que faire, puisqu'il allait me renvoyer sans procès. L'inspecteur de police ne répondit rien et s'en alla.

VII

Il revint le lendemain avec ma malle, mon linge et tous mes autres effets. Il me portait aussi mes petits comptes açquittés et l'argent qui restait du dépôt après règlements faits. Naturellement, la police avait dû payer ce qu'on lui avait demandé, sans savoir si je devais ou non ; mais je lui rends cette justice que toutes ses notes étaient parfaitement en règle. Quoique ce ne fût point ma faute si je n'arrangeais pas mes affaires moi-même, je dus supporter plusieurs courses de voiture, faites, disait-on, dans mes intérêts. Comment l'éviter, puisque j'étais complétement à la discrétion de mes ennemis?

VIII

Quand j'eus donné décharge de tout, l'inspecteur de police me dit : « Tenez-vous prêt pour demain matin à « cinq heures : nous partirons pour Civita-Vecchia par « le premier convoi. » — J'étais debout à quatre heures : l'inspecteur ne vint pas. — « Ce sera sans doute pour le « convoi de onze heures, » me dit le directeur : à onze heures, l'inspecteur ne vint pas. A midi il me fit dire que nous partirions par le dernier convoi. L'heure du dernier convoi passa comme les autres, personne ne vint. Le lendemain personne, le surlendemain personne. Je crus à un contre-ordre, à de nouvelles complications.

IX

Le directeur de *San Michele*, qui pourtant n'est pas tendre, se montrait désolé. — « C'est la dernière fois, » disait-il, « qu'un prisonnier est prévenu d'avance de son « départ ; car je conçois que, lorsqu'il compte partir, un « jour lui paraisse plus long que des mois entiers quand « il ne s'attend à rien. »—Pour calmer mon impatience, je demandai quelques éclaircissements qui me manquaient encore sur le régime en vigueur dans les *cachots du Pape*.

X

J'appris alors que la *Bragà* n'avait pas seulement été appliquée à Paliano, mais qu'elle était employée fréquemment dans plusieurs forteresses de l'État romain, et plus particulièrement à la Darsena de Civita-Vecchia. Durant la nuit, on attache à la *Chaîne longue*, par 300 et même 500 ensemble, les 2,000 galériens qui se trouvent là. Aussi la santé des condamnés va-t-elle se détériorant chaque jour. Que si quelqu'un attaché à la chaîne longue ose parler ou se mouvoir, à l'encontre du règlement, il est aussitôt frappé par le bâton des *Mazzi*. Et qu'est-ce que les *Mazzi*? Les galériens les plus avilis par leur conduite au bagne, qui généralement accompagnent les gardiens, toujours munis de stylets dans leurs poches.

XI

J'avais lu dans un auteur grave (1) que la peine du *Cavaletto* existait dans les prisons papales. On m'assura que le fait était exact ; et j'ai vu depuis, dans l'opuscule de Tergolina, que ce prisonnier a été témoin de l'application du *Cavaletto* aux *Carcere Novi*, ainsi que du *Collare* de fer et de la *Mordacchia*. Et savez-vous en quoi consistent ces supplices?

Le *Cavaletto* se compose d'un morceau de pierre aussi dure que le marbre, devant lequel le patient est contraint de s'agenouiller, en mettant dessus sa poitrine. On lui attache au sol, avec des fers, d'un côté les jambes, et de l'autre les mains. Dans cet état, on le frappe sur le dos avec un nerf de bœuf, long d'environ deux pieds, préparé pour cet usage. Les coups varient de 25 à 30, selon la gravité présumée de la faute.

Le *Collare* de fer est un anneau fermé au cou, et fixé au mur par une chaîne très-courte. Le patient est debout, et on le laisse ainsi durant plusieurs heures. Ce supplice est appliqué aux détenus qui manquent de respect envers les gardiens.

La *Mordacchia* est une espèce de ciseau ou pince de fer, au moyen de laquelle on saisit et maintient hors de la bouche, pour un temps qui est à la volonté du gardien-chef, une grande partie de la langue. Irritée et enflammée par la vive pression d'un corps étranger, la

(1) Luigi Carlo Farini, *Lo Stato Romano dall' anno* 1851 *al* 1850 ; vol. quarto, p. 292.

la langue se gonfle tellement, qu'elle ne peut ensuite, pendant un long espace de temps, rentrer dans la bouche ! La *Mordacchia* est la punition réservée aux blasphémateurs, spécialement contre la Vierge et contre les saints.

XII

En voyant de semblables cruautés, penserait-on qu'il s'agit de notre temps, et ne se croirait-on pas rejeté en plein moyen âge? Penserait-on surtout que ces monstruosités se passent dans un État dont le chef se proclame le vicaire de Jésus-Christ?

Combien, s'il sortait de sa tombe, Beccaria, n'aurait-il point à gémir sur la capitale de sa belle patrie, lui qui a dit : « On ne peut nier que l'atrocité des peines ne « soit directement opposée au bien public et au but « même qu'elles se proposent, celui d'empêcher les « crimes. » Et plus loin : « Les pays et les siècles où « l'on mit en usage les plus barbares supplices furent « toujours déshonorés par les plus monstrueuses atro- « cités (1). »

Pour compléter l'édification du lecteur, nous dirons que, au rapport de Tergolina, ce ne sont pas seulement les blasphémateurs de la Vierge et des saints qui endurent les supplices dont nous venons de parler, mais aussi les offenseurs ou les supposés offenseurs du Pape-Roi !

(1) *Traité des délits et des peines*. Paris, J.-Fr. Bastien, 1773 ; I vol. in-12 ; p. 28 et 193.

CHAPITRE XXXII

I. Nouvelle de mon départ immédiat. Pourquoi il y avait eu ajournement. Ce que j'ai appris sur notre ambassadeur après ma sortie de Rome. — II. Défense de remonter dans ma cellule. Ordre de me fouiller. — III. Recommandation de quelques prisonniers. *Délicatesse* de la police romaine. — IV. De la prison au chemin de fer. Un policier à l'œil torve. — V. Recommandation d'un commissaire de police. Deux gendarmes près de moi dans le wagon. — VI. Rencontre heureuse à Pala. Recommandation à un compatriote. — VII. Ce que me conseille et me promet un officier de l'infanterie française. Arrivée à Civita-Vecchia. — VIII. Visite du capitaine Labatut à l'hôtel de l'Europe. La police était venue avant lui. — IX. Besoin de repos. Bruits et senteurs étranges. Les voisins qu'on m'a donnés. — X. Ma visite au Consulat de France. Protection et bienveillance du consul. — XI. Un personnage de mauvaise mine. Colloque entre nous. Le *signor officiale* toujours sur mes pas. — XII. Refus de me rendre mon passe-port. Le visa pour Marseille. Mes réclamations à ce sujet. — XIII. Le directeur de la police de Civita-Vecchia. Seconde visite au consul de France en compagnie d'un mouchard. — XIV. Lettre à Rome pour une modification du visa. Ma relation à l'ambassadeur de France de ce qui s'est passé. — XV. Refus de me rendre à la direction de la police. Tout chemin mène en France. Départ de Civita-Vecchia.

I

Le 12 avril, dans l'après-midi, un gendarme vint me dire qu'on me demandait : c'était encore le même inspecteur de police qui venait enfin m'annoncer mon départ immédiat ; et j'ai su plus tard que l'ajournement qui m'avait tant surpris tenait à ce que M. l'ambassadeur de France ne voulait pas viser mon passe-port. Pour obtenir le visa, il avait fallu que le gouverneur de Rome, monsignor Matteuci, allât deux fois de sa personne à l'ambassade. Peut-être M. le duc de Grammont voulait-il me voir et obtenir ainsi des éclaircissements qu'il n'avait pas jugé à propos de me faire demander en prison.

Malgré le soin qu'avait pris la police romaine pour cacher le véritable état des choses, quelques personnes en position d'être écoutées s'étaient occupées de moi, et il est probable que M. de Thouvenel avait fait partir pour Rome des instructions qui ne permettaient plus à notre ambassadeur de rester indifférent à ma situation. Jusque-là, il avait poussé l'oubli de ses devoirs au point de dire à de mes amis qui sollicitaient son intervention pour me voir, de n'en rien faire s'ils ne voulaient se compromettre eux-mêmes.

Cette singulière conduite de notre ambassadeur finit vraiment par faire croire à toute la diplomatie étrangère que je devais être un grand coupable. Le correspondant d'un journal anglais, avec qui j'étais en rapports journaliers avant mon arrestation, voulut aussi me rendre visite. Il s'adressa pour obtenir un permis à un consul général qui le protégeait spécialement. Ce diplomate lui répondit : — « Si vous voulez être expulsé de Rome « dans les vingt-quatre heures, je vous conseille de de- « mander à voir M. Paya. » — Et deux jours après on me relâchait, faute d'avoir aucun délit à me reprocher!

Voilà comme les Français étaient protégés à Rome sous l'ambassade de M. le duc de Grammont!

II

Une fois descendu, il ne me fut plus permis de remonter dans ma cellule. J'eus beau dire que j'avais des petites choses à régler, par suite de légères fournitures qu'on m'avait faites, tout fut inutile. La police ne voulait pas qu'un partant fît ses adieux aux restants. On chargea un auxiliaire d'aller mettre dans mon sac de nuit le peu d'objets que je pouvais avoir et de rapporter le tout. Quand il fut arrivé, les gendarmes me dirent qu'ils avaient ordre de me fouiller, ce qui ne m'est jamais arrivé en France. On ne me trouva rien de prohibé, et ce fut une infamie gratuite de plus.

III

Quand je dis qu'on ne trouva rien à saisir, peut-être me trompé-je. Lorsqu'on sut à *San Michele* que je devais partir, quelques prisonniers me chargèrent de diverses commissions. L'un me pria de le rappeler au souvenir d'un général avec lequel il avait combattu à Venise ; un autre, de dire à un protecteur qu'il lui serait toujours reconnaissant de ce qu'il avait fait pour lui ; un autre, de saluer en son nom un ex-compagnon d'armes ; un autre, de m'informer si la minute d'un testament qui l'intéressait n'était pas déposée à Florence. C'étaient là assurément des missions fort innocentes. Aussi avais-je placé sans mystère et à découvert dans mon sac de nuit le petit bout de papier qui les mentionnait. Arrivé à Florence, je n'ai plus trouvé ce petit papier. On me l'a donc pris en fouillant dans mon linge, et sans me prévenir? Le lecteur appréciera la délicatesse du procédé!

IV

Ce fut encore à mes frais que nous allâmes de la prison au chemin de fer. Les voitures qui servaient à d'autres qu'à moi ne coûtaient jamais rien à la police. Rendu à la station, je demandai mon passe-port. L'inspecteur me répondit : « Vous le trouverez à Civita-Vecchia. » — A Civita-Vecchia on m'avait dit que je le trouverais à Rome! — « Mais, » dis-je, « à qui m'adresserai-je pour « l'avoir? » — « A la Direction de la police. D'ailleurs, « M. l'officier qui vous accompagne vous le dira. » — Je vis alors un homme qui me regardait d'un œil torve; c'était un employé de police, supérieur sans doute, auquel on donnait le titre d'officier.

V

Au moment où j'allais sortir du bureau des passeports, un commissaire de police dit à haute voix à un individu qui me précédait : « Faites attention que c'est « un galant homme, un seul gendarme suffit! Seule- « ment montrez-lui bien monsieur. » — Quand je fus entré dans le wagon, je vis se placer en face de moi, mais dans un autre compartiment, un carabinier papal avec son fusil, et près de lui un officier de la même arme. Ainsi les ordres étaient dépassés, à moins que l'officier ne comptât point pour un gendarme. Ils m'accompagnèrent tous deux jusqu'à Civita-Vecchia; mais ni l'un ni l'autre ne me dirent un seul mot dans la route.

VI

Entre Rome et Civita-Vecchia, et exactement à mi-chemin, est la station de Pala. Ici montèrent dans mon wagon et prirent place dans mon compartiment trois chasseurs, que j'appris bientôt être des officiers français en garnison à Civita et devant partir le lendemain pour Rome. Le hasard voulut que l'un d'eux, le capitaine Labatut, fût natif de mon département et d'un village voisin de ma petite ville. Nous eûmes bientôt fait connaissance. Je lui contai mon aventure et j'ajoutai : — « Je suis escorté par la gendarmerie et accompagné par « la police. Si par hasard on me serrait de trop près à « Civita-Vecchia, ayez la bonté de voir M. le Consul de « France et de lui dire que je désire lui parler ! »

VII

Le capitaine Labatut me promit avec empressement de faire ce que je demandais. Puis se ravisant : — « Mais ne vaut-il pas mieux, dit-il, que vous écriviez une lettre dans laquelle vous expliquerez vous-même à M. le Consul ce qui s'est passé. J'irai ce soir à huit heures à l'hôtel de l'Europe, puisque c'est là que vous vous proposez de descendre, et je vous promets que la police papale ne m'empêchera point de prendre cette lettre et de la remettre à destination. » — La chose demeura convenue ainsi.

VIII

Mon compatriote fut très-exact au rendez-vous. Il arriva à huit heures précises en grand uniforme, sa croix d'honneur sur la poitrine. Après l'avoir vivement remercié de sa complaisance, je lui dis : — « La police est déjà venue pour s'assurer que j'étais là. Elle m'espionne et me surveille ; mais cependant je ne crois pas que les choses aillent à ce point que je ne puisse moi-même parler au Consul. Ainsi je n'ai pas fait de lettre. » — Le capitaine se retira et je ne l'ai plus revu. A mon grand regret, il n'était point au quartier lorsque j'allai prendre congé de lui.

IX

Après la souffrance et les agitations que je venais d'éprouver, je sentais un grand besoin de repos. Je gagnai donc ma chambre de bonne heure. Il y avait à peine quelques instants que j'étais au lit, lorsque j'entendis derrière les cloisons de droite et de gauche un bruit de voix dont le diapason s'élevait par intervalles pour retomber aussitôt à la note du chuchotement ; puis ce fut un cliquetis de verres, puis le son de bouteilles qui se choquent ; enfin arriva par les fissures des portes et par le couloir sur lequel ma chambre donnait une odeur âcre et nauséabonde indiquant une fumée qui sort de pipes sales et mal tenues. J'allais me lever pour me plaindre au maître d'hôtel, car il n'était pas possible de dormir dans de pareilles conditions. Mais, au moment d'ouvrir la porte, il me vint une idée : c'est que cette compagnie de bas étage qui flanquait les deux côtés de ma chambre, pouvait bien avoir été apostée là par la police comme elle avait placé pendant la soirée des agents autour de l'hôtel. Et, en effet, j'ai su plus tard que je ne me trompais point dans mes conjectures. — Quel pays aimable que cet État pontifical!

X

Le lendemain, à l'ouverture des bureaux, j'étais au consulat de France. Ce qui frappa le plus M. Breuil dans l'exposé que je lui fis de ce qui m'était arrivé, ce fut qu'on m'eût empêché d'écrire et de parler à mon ambassadeur. La prétention de l'autorité romaine de ne transmettre que des lettres non scellées parut aussi blesser beaucoup la susceptibilité française de ce fonctionnaire. Au demeurant, sa bienveillance pour moi fut extrême. M. Breuil me promit son appui en tout ce qui pourrait dépendre de ses fonctions, et il finit par me donner rendez-vous pour le jour même, après que j'aurais vu l'autorité locale.

XI

En sortant du Consulat, je me dirigeai vers le bureau central de police. Comme je passais dans une rue qui y conduit directement, je fus interpellé par mon nom, et un personnage d'assez mauvaise mine me pria de le suivre à la direction. — « J'y allais, lui dis-je; mais « comment se fait-il que vous me connaissiez? » —

« Je vous ai vu, me répondit-il à l'hôtel de l'Europe, « où j'étais déjà allé ce matin, et d'où je viens encore « actuellement pour vous chercher. » — Mais la figure de cet homme ne m'était pas entièrement inconnue, et en cherchant dans mes souvenirs, je me rappelai que c'était lui qu'on avait désigné à la gare de Rome par la qualification de *signor officiale*. Il était donc toujours sur mes pas.

XII

Me voilà au bureau de police. Je réclamai mon passe-port. Un employé me répondit qu'on me le remettrait sur le vapeur en partance, où l'on avait ordre de m'accompagner. — « Vous devez savoir sans doute, » ajouta-t-il, « que vous partez directement pour la France. » — « Moi! pas du tout; c'est à Livourne que je veux aller, « pour de là me rendre à Florence. » — « Cela ne se « peut pas, puisque votre passe-port est visé pour Mar- « seille. » — « Que m'importe votre visa? Est-ce que « j'ai pu parler à mon ambassadeur? C'est vous qui avez « tout fait : je ne suis responsable de rien, je veux rester « en Italie, et vous n'avez pas le droit de m'en empê- « cher. Au surplus, j'ai vu mon consul, et je dois le « revoir. Il avisera. »

XIII

Quand la police apprit que je m'étais entretenu avec le consul de France, elle se radoucit beaucoup; et jamais je n'ai mieux compris ce qu'aurait pu faire notre ambassadeur à Rome, s'il avait voulu. On alla parler au secrétaire, qui est à proprement parler le directeur. Cet employé me fit accompagner chez le consul par une espèce de mouchard, afin de voir comment on pourrait accorder les ordres venus de Rome avec la protection que m'accordait notre agent. M. Breuil n'était pas chez lui. Il fut convenu que nous nous retrouverions au Consulat une heure après; mais ce jour-là était un dimanche, le policier ne revint pas, et le vapeur des messageries impériales partit sans moi.

XIV

Quand je revis le consul et que je lui eus raconté l'histoire de mon passe-port, il me dit avec bonté : « Je « ne puis changer un visa mis par une autorité supé- « rieure à la mienne et hors de ma juridiction; « mais je vais écrire à S. Exc. M. l'ambassadeur de « France à Rome pour me faire autoriser. J'ajouterai « une lettre pour M. le premier secrétaire d'ambassade, « afin qu'il presse l'autorisation, et je vous enverrai la « réponse à votre hôtel dès qu'elle sera arrivée. Jusque- « là, soyez sans inquiétude : maintenant que l'on sait « que vous vous êtes adressé aux autorités de votre « pays, il ne vous arrivera rien. » — Cet excellent fonctionnaire voulut bien, en outre, se charger de faire parvenir une lettre de moi à notre ambassadeur à Rome. J'écrivis à M. le duc de Grammont tout ce qui s'était passé, et je terminai en demandant s'il ne serait pas possible de ravoir mes livres et mes papiers saisis. J'ignore l'effet de cette lettre, dont je n'ai jamais eu de nouvelles.

XV

Le lendemain matin, avant huit heures, le secrétaire de police m'envoya dire de passer à la direction. Je fis répondre que j'attendais à l'hôtel les instructions de mon consul. Personne ne revint. A dix heures entra dans le port *le Blidah*, de la compagnie Frayssinet, le même vapeur précisément qui m'avait porté de Naples à Civita. Ce bateau faisait escale à Livourne et il était commandé par le capitaine Portal, double motif pour moi de partir avec lui. J'allai voir M. Breuil : aucune réponse n'était arrivée. Je lui dis alors : « On dit en « France que tout chemin mène à Rome; nous pouvons « ici renverser la proposition et dire : Tout chemin « mène en France. Pourquoi, même aux termes du visa, « ne passerais-je pas par Livourne et Florence pour me « rendre à Marseille? » — « Je suis persuadé, » répondit le consul, « que vous le pouvez sans aucun danger. « Au surplus, attendez-moi un quart d'heure. Je vais « tout simplement voir moi-même le directeur de la « police. » — Il revint, me remit mon passe-port, et me dit que je pouvais arrêter ma place pour Livourne. A dater de ce moment, personne n'osa me suivre, et, une heure après, j'étais hors des eaux maudites qui baignent l'État romain.

FIN

TABLE DES MATIERES

FIN DE LA TABLE

Paris. — Imp. Poupart-Davyl et Cie, 30, rue du Bac.

EN VENTE A LA MÊME LIBRAIRIE

PARIS, IMP. POUPART-DAVYL ET Cie, 30, RUE DU BAC

www.ingramcontent.com/pod-product-compliance
Ingram Content Group UK Ltd.
Pitfield, Milton Keynes, MK11 3LW, UK
UKHW021845190726
13855UKWH00001B/160

9 782012 832879